一本书读懂区块链

第 2 版

王腾鹤 辛泓睿 张 潮 编著

机 械 工 业 出 版 社

本书共六章，全面介绍了区块链技术及其应用，内容包括：区块链是什么、深入理解区块链、"玩转"区块链——从加密数字货币开始、区块链+——区块链技术的全面应用、区块链生态圈——链圈、币圈和矿圈、思考区块链。本书内容深入浅出，区块链知识零基础的读者，通过本书也可以轻松地认识和了解区块链技术和区块链行业生态。

本书适合对区块链感兴趣的大众读者阅读，也适合高校和培训机构作为区块链技术人才培养的教材或参考书。

图书在版编目（CIP）数据

一本书读懂区块链/王腾鹤，辛泓睿，张潮编著. —2 版. —北京：机械工业出版社，2020.4（2020.11 重印）
ISBN 978-7-111-65173-4

Ⅰ. ①一… Ⅱ. ①王… ②辛… ③张… Ⅲ. ①电子商务－支付方式－基本知识 Ⅳ. ①F713.361.3

中国版本图书馆 CIP 数据核字（2020）第 051636 号

机械工业出版社（北京市百万庄大街 22 号　邮政编码 100037）
策划编辑：王　斌　　责任编辑：王　斌
责任校对：张艳霞　　责任印制：郜　敏

北京圣夫亚美印刷有限公司印刷

2020 年 11 月第 2 版 • 第 3 次印刷
169mm×239mm • 19.5 印张 • 376 千字
7501－10000 册
标准书号：ISBN 978-7-111-65173-4
定价：89.00 元

电话服务　　　　　　　　　网络服务
客服电话：010-88361066　　机　工　官　网：www.cmpbook.com
　　　　　010-88379833　　机　工　官　博：weibo.com/cmp1952
　　　　　010-68326294　　金　书　网：www.golden-book.com
封底无防伪标均为盗版　　　机工教育服务网：www.cmpedu.com

前　　言

历史和社会不会爬行，只会跳跃，它们从一个断层跃上另一个断层，中间只有很少的摇摆。——纳西姆·尼古拉斯·塔勒布《黑天鹅》

从农耕时代到工业时代再到信息时代，技术进步不断推动人类社会的发展。区块链是当前信息技术领域中一种极具爆发力和潜力的技术，它秉承着去中心化的思想，正以始料未及的速度，在全球掀起一场影响社会多个层面的深刻变革。

区块链具有去中心化、不可篡改、可追溯的特性，区块链技术甚至被某些追随者认为是继蒸汽机、电力、互联网之后第四次工业革命的关键技术之一。目前，区块链技术已经成为全球关注的焦点，从上市公司到初创企业，从商业领袖到技术大咖，纷纷投身这个充满可能性的技术领域。

区块链技术具有广阔的应用场景。区块链技术已经在加密数字货币、数据存储与鉴证、金融交易、选举投票等领域得到了应用并有着出色的表现。未来，随着区块链技术与更多应用场景的结合，区块链技术将会在更多的领域发挥更大的作用。

在国务院印发的《"十三五"国家信息化规划》中，区块链技术和人工智能、虚拟现实、大数据、无人驾驶、基因编辑等多项高新技术被定义为战略性前沿技术。在此前提下，无论是在科技界还是金融界，区块链都是当下最热的技术应用方向之一。

作为中国最大的汽车零部件制造商之一的万向集团，在 2015 年 9 月成立了中国第一家区块链技术专业机构——万向区块链实验室，并成立了区块链专项投资基金。近些年，IBM、阿里巴巴、腾讯、百度等越来越多的互联网知名企业及 Linux 基金会等组织相继宣布进入区块链领域；同时，除了科技公司关注外，中国平安银行、民生银行、招商银行等金融业巨头也相继入局，共同探索基于区块链技术的业务模式。

区块链技术的应用和发展之势已经不可逆转，而我们正好处在这项技术所带来的变革当中。随着区块链在社会中的认知度日益提高，越来越多人在关注它，随之而来的就是人们迫切想了解：区块链到底是什么？区块链这个行业发展成什么样子了？什么是链圈？什么是币圈？什么是矿圈？我们该如何从容应对区块链带来的变革，是否该投身其中？

解答这些问题，是 2018 年底出版本书第 1 版的初衷。随着政策形势的快速变化和信息技术的不断进步，区块链技术和区块链产业也在快速变化和发展。本书在前一版的基础上进行了大量的补充和完善，充分体现了这些变化和发展。

本书仍分为六章。

第一章：区块链是什么。介绍区块链的定义、特性，区块链的类型、区块链的发展进程。

第二章：深入理解区块链。介绍区块链的核心技术：分布式账本、共识机制、智能合约，以及区块链中的密码学。

第三章："玩转"区块链——从加密数字货币开始。介绍加密数字货币是什么，介绍区块链技术的典型应用——比特币、以太坊、瑞波币、Libra（天秤币），其中重点介绍了如何"玩转"大名鼎鼎的比特币，以及一经提出就引起全球瞩目的 Libra（天秤币）。

第四章：区块链+——区块链技术的全面应用。介绍区块链技术与众多行业相结合的应用场景及落地案例。从"区块链+金融"和"区块链+实体经济"两方面进行介绍，较前一版增加了大量实际案例。

第五章：区块链生态圈——链圈、币圈和矿圈。本章是本书特色之一，介绍什么是链圈、币圈、矿圈，以及传统互联网巨头在区块链行业中的布局，全球主要国家对于区块链行业的态度和监管政策。

第六章：思考区块链。对区块链的优缺点进行分析，介绍对区块链的冷思考，以及区块链行业发展的趋势。

本书内容力求系统全面，并且能够深入浅出地介绍区块链这个有一定技术门槛的事物。希望通过本书能够解答众多对区块链感兴趣的读者的种种问题。

本书由王腾鹤（微博@区块链逍遥子）、辛泓睿、张潮编写。感谢张雪松、张栩鹏、张俊、廖亮、刘峰、李春良等对本书编写提供的帮助；并特别感谢本书技术顾问肖勇的支持。本书内容参考了很多朋友分享的资料和知识，无法一一提及，在此一并表示感谢！

本书于 2020 年 2 月修订完成，修订期间政策变动剧烈，虽然已经最大限度地保证信息的及时性，但难以保证出版后信息是最新的，望读者朋友们知悉。

最后，希望本书的出版能够为推动区块链技术在我国的普及、发展以及相关应用的落地贡献绵薄之力。

作　者

2020.2.14

目　　录

前言

第一章　区块链是什么 / 1

1.1　区块链的定义 / 2

1.2　区块链的实质 / 2

1.3　区块链的特性 / 3

1.4　区块与链 / 7

    1.4.1　区块 / 7

    1.4.2　区块链 / 9

1.5　生成一个区块链 / 10

1.6　区块链的类型 / 15

    1.6.1　根据应用范围分类 / 15

    1.6.2　根据部署机制分类 / 16

1.7　区块链的层级结构 / 16

1.8　区块链的前世今生 / 19

    1.8.1　密码朋克、中本聪、比特币与区块链 / 20

    1.8.2　从 P2P 到区块链 / 27

    1.8.3　区块链技术发展简史 / 28

第二章　深入理解区块链 / 32

2.1　分布式账本 / 33

2.2　共识机制 / 33

    2.2.1　共识问题的提出：拜占庭将军问题 / 34

    2.2.2　共识问题的解决：实用拜占庭容错算法（PBFT）/ 35

2.2.3 区块链中的共识机制 / 35

2.3 智能合约 / 38

　　2.3.1 区块链中的智能合约 / 38

　　2.3.2 智能合约的运作方式 / 39

　　2.3.3 智能合约的现实价值 / 40

2.4 区块链中的密码学 / 41

　　2.4.1 Hash（哈希）算法 / 42

　　2.4.2 加密算法 / 47

第三章 "玩转"区块链——从加密数字货币开始 / 51

3.1 数字货币 / 52

　　3.1.1 什么是数字货币 / 52

　　3.1.2 从实体货币到电子货币 / 52

　　3.1.3 加密数字货币 / 54

3.2 比特币 / 55

　　3.2.1 比特币的基本概念 / 55

　　3.2.2 比特币的发展史 / 56

　　3.2.3 比特币运行机制 / 63

　　3.2.4 "玩转"比特币 / 68

　　3.2.5 比特币的优点与不足 / 85

3.3 以太坊 / 86

　　3.3.1 以太坊是什么 / 86

　　3.3.2 以太坊设计原则 / 94

　　3.3.3 以太坊发展历史 / 95

　　3.3.4 以太坊项目评价 / 99

　　3.3.5 以太坊的未来 / 100

3.4 瑞波币 / 107

　　3.4.1 瑞波币与瑞波系统 / 107

　　3.4.2 瑞波币发展历史 / 109

3.4.3 瑞波币项目评价 / 111

3.5 Libra（天秤币）/ 115

3.5.1 无国界的货币 / 115

3.5.2 Libra 的运作机制 / 116

3.5.3 Libra 的潜在影响 / 119

3.5.4 Libra 面临的挑战 / 121

3.6 其他知名币种 / 130

第四章 区块链+——区块链技术的全面应用 / 137

4.1 区块链+ / 138

4.2 区块链+金融 / 139

4.2.1 区块链+供应链金融 / 139

4.2.2 区块链+资产管理 / 150

4.2.3 区块链+跨境支付 / 152

4.2.4 区块链+保险 / 156

4.3 区块链+实体经济 / 160

4.3.1 区块链+政务 / 161

4.3.2 区块链+房地产 / 164

4.3.3 区块链+医药 / 168

4.3.4 区块链+零售 / 169

4.3.5 区块链+教育 / 171

第五章 区块链生态圈——链圈、币圈和矿圈 / 174

5.1 链圈 / 175

5.1.1 什么是链圈 / 175

5.1.2 链圈现状 / 176

5.1.3 链圈人物 / 180

5.1.4 链圈名企 / 191

5.2 币圈 / 195

5.2.1 什么是币圈 / 195

5.2.2 币圈现状 / 197
  5.2.3 币圈人物 / 207
  5.2.4 币圈名企 / 214

5.3 矿圈 / 218
  5.3.1 什么是矿圈 / 218
  5.3.2 矿圈现状 / 223
  5.3.3 矿圈人物 / 227

5.4 互联网巨头的区块链布局 / 240
  5.4.1 国内互联网巨头的区块链布局 / 241
  5.4.2 海外互联网巨头的区块链布局 / 247

5.5 监管者们在行动 / 254
  5.5.1 亚洲国家 / 255
  5.5.2 美洲国家 / 265
  5.5.3 欧洲国家 / 270
  5.5.4 大洋洲国家 / 277
  5.5.5 非洲国家 / 278

第六章 思考区块链 / 279

6.1 区块链的优缺点分析 / 280

6.2 区块链冷思考 / 287
  6.2.1 区块链是否存在泡沫 / 287
  6.2.2 区块链能否成为基础设施 / 289
  6.2.3 币改还是链改 / 291

6.3 区块链行业发展趋势 / 293

参考文献 / 298

第一章

区块链是什么

　　如今,全世界都在关注区块链,有一些人为了理解区块链甚至彻夜不眠,在各类社群中交流探讨区块链技术在当下的应用场景。然而,似乎从未有人尝试过用通俗化的语言完整地阐述区块链是什么。

　　有人说,区块链是一种信仰。也有人说,区块链是一种社会思潮,它预示着人类社会由传统互联网时代向价值互联网时代的跃进。

　　那么,区块链究竟是什么?

1.1 区块链的定义

区块链不但是比特币的底层技术，更是一种采用了分布式数据存储、点对点网络、共识机制、加密算法等计算机技术的新型应用模式。

狭义来讲，区块链是一种采用密码学算法和链式关联结构组织数据块，由参与节点共同维护以保证数据几乎不可能被修改、最终保证数据一致性的分布式数据存储技术；是一种按照时间顺序将数据区块以顺序相连的方式组合成的一种链式数据结构，并以密码学方式保证的不可篡改和不可伪造的分布式账本。

广义来讲，区块链指在所有节点均不可信的点对点网络中，通过共识算法和经济学常识建立信任机制，并最终实现节点数据存储一致性的网络系统。

1.2 区块链的实质

通俗地讲，区块链技术就是一种全民参与记账的方式。所有的中心化的系统都有一个相应的数据库，若是把这个数据库比作一个账本，那么这些账本通常是各自记各自的账。打个比方，淘宝的账本是由阿里巴巴进行记账的，而微信的账本是由腾讯进行记账的。但在区块链系统中，每个人都有机会参与记账，系统会选择记账最好最快的人，把他的内容记到账本上，并且会把账本的内容发送给系统内的所有人备份，使每个人都有相同的账本，保证记账的过程是透明的，区块链系统中不存在"中央总账本"。

以前互不信任的双方要进行交易比较难，为了交易的安全，需要一个第三方平台作为中介，而区块链技术可以让人们在没有第三方平台的情况下安全地完成交易。比特币交易的底层技术就是运用了区块链技术,所以有很多人会把比特币跟区块链联系起来;也正是因为比特币运行多年都非常稳定,所以让人们注意到了它的底层技术。人们把比特币的底层技术抽象提取出来,就叫区块链技术。

1.3　区块链的特性

如上所述,可以将区块链理解成一个将各个节点连成一个链条的、分布式的公共账本,是一种点对点的记账系统,其中每一个节点都可以在区块链上面记录信息。其基本理念是通过建立一个基于网络的公共账本(数据区块),由网络中所有参与的用户共同在账本上记账,在该区块链网络中所有的数据都是公开透明的,且可被用于验证信息的有效性。这样,每一个区块包含了一组网络交易的信息,不需要信任中介就能在技术层面保证信息的真实性和不可篡改。

在区块链系统中,一个节点就是一个数据库(服务器)。任何一个节点都可以记账,而且直接连接另外一个节点(即点对点模式),中间无须第三方服务器。当其中两个节点发生交易时,这笔加密的交易会广播到其他所有节点(记账),目的是防止交易双方篡改交易信息。

区块链进行记账的示意图如图 1-1 所示。

打个比方,在一个 100 人的村子里,张三买了李四家一头牛,张三向李四支付 1 万元。普通的做法是,张三可以告知村里的会计赵六作为担保人(信任中介),将自己账下 1 万元转到李四账下。但在区块链的运行模式下,张三无须再通过总记账人——会计赵六,而是直接将自己账本上的 1 万元转到李四账本上;同时这笔交易信息也会同步传给全体村民(即整个区块链系统)。当村里的其他人知道并确认了这笔交易,交易才算最终完成。而且,因为这笔交易被加密处理,只有李四才能收到这 1 万元,而其他 98 人只能在账户记录中看到有这笔交易信息,但无法对这条交易记录做任何操作。并且,系统可以完整记录交易过程,整个交易可以被有效溯源。

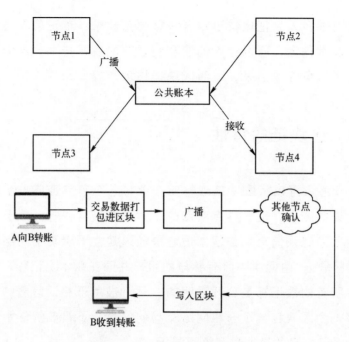

图 1-1　区块链记账示意图

假如张三把这 1 万元误转给了王五,因为交易被加密,王五在没有密钥的情况下无法得到这笔转款。另外,如果张三转完这 1 万元后又重复转给李四 1 万元,因为其他 98 人已经收到过相同信息(即张三已经转账给李四 1 万元了),便不会再次确认这条重复信息,这种情况下这笔交易便不会成立。还有一种情况,张三发起 1 万元转款后突然后悔,想私自把转的 1 万元改成 100 元,那么他需要将其他 98 人账户内的之前的交易信息都要由 1 万改成 100 元才可以,这实现起来相当困难。如果全网节点足够多(也就知道交易记录的人足够多),这样的修改需要极高成本(远高于交易成本),因而理论上这种修改是不能实现的。

在这一交易过程中,在不通过担保人作为中介的情况下,全村人共同构成一个点对点网络为村民之间的交易提供担保。

看到这里,相信大家对于区块链有了一定了解。上述例子就是一个区块链运作的过程,这个例子也初步揭示了区块链的特性。区块链的特性如图 1-2 所示。

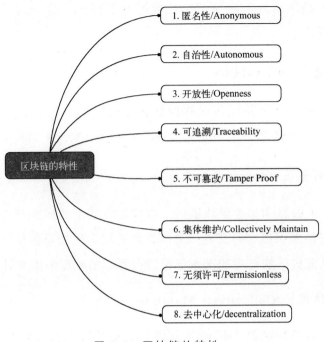

图 1-2　区块链的特性

1．匿名性/Anonymous

由于区块链各个节点之间的数据交换遵循固定的算法，其数据交互是无须信任中介的（区块链中的程序规则会自行判断数据是否有效），因此交易双方无须通过公开身份的方式让对方自己产生信任。

2．自治性/Autonomous

区块链技术试图通过构建一个可靠的自治网络系统，从根本上解决价值交换与转移中存在的欺诈和寻租现象。

在具体应用中，区块链采用基于协商一致的规范和协议（一套公开透明的算法），各个节点都要按照这个规范来操作，这样就使所有的工作都由机器完成，使得对人的信任改成了对机器的信任，任何人为的干预不起作用。

3．开放性/Openness

区块链系统是开放的，除了数据直接相关各方的私有信息通过非对称加密技术被加密外，区块链中的数据对所有节点公开，因此整个系统信息高度透明。

4．可追溯/Traceability

一个区块链系统通过区块数据结构存储了创世区块后的所有历史数据，区块链上的任意一条数据皆可通过链式结构追溯其本源。

5．不可篡改/Tamper Proof

一条交易信息添加至区块链后，就被区块链上的所有节点共同记录，并通过加密技术保证这条交易信息与其之前和之后加至区块链中的信息互相关联，从而对区块链中的某条记录进行篡改的难度与成本非常高。

6．集体维护/Collectively Maintain

区块链系统是由其中所有具有维护功能的节点共同维护，所有节点都可以通过公开的接口查询数据和开发应用。

7．无须许可/Permissionless

区块链系统中的所有节点都可以请求将任何交易添加到区块链中，但只有在所有用户都认为这条交易合法的情况下才可进行交易。

8．去中心化/Decentralization

去中心化，最早指互联网发展过程中形成的社会关系形态和内容产生形态，是相对于"中心化"而言的新型生产过程。

在区块链系统中，每笔交易信息都会被记录在每一个节点的账本中，而每新增一笔交易，所有节点也都能成为该笔交易的"检查站"，并且使用密码学原理检测其正确性。由此，即使没有交易中心，各种交易仍能安全运行。由于区块链系统中没有中心节点，不仅信息透明度大幅提升，更不会存在因为中心节点出错而导致全盘皆错的安全性问题。

1.4 区块与链

了解了区块链的定义和特性，接下来会为大家介绍区块链的分类、结构与一些基本概念。首先我们先来了解一下区块链这个名字的渊源。

区块链是由"区块"和"链"构成的。

区块（Block），是指存储已记录数据的文件，里面按时间先后顺序记录了链上已发生的所有价值交换活动。

每个区块均由三部分构成：本区块的哈希值（包括本区块的大小、生成时间等所有信息）、所有交易单（每一笔交易的详细情况）与在其先后的区块哈希值（即前后区块中所有交易信息经过算法压缩后形成的一个字符串）。

区块的生成时间由系统设定，通常平均每几分钟区块链中会生成一个新区块。由于每个区块中都包括了前一个区块和后一个区块的哈希值，这种设计使得每个区块都能找到其前后节点，从而可以一直追溯至起始节点，形成一条完整的交易链条，即构成区块链。

"区块"+"链"=时间戳（Time Stamp）：区块链让全网所有节点都在每一个区块上盖一个时间戳以记录每一条信息写入的时间，整个区块链由此形成了一个不可篡改、不可伪造的数据库。时间戳可以证明某人在某天确实做过某事，可以证明某项活动的最先创造者是谁。任何事情的"存在性"证明变得十分简单。

从第一个区块开始，到最新产生的区块为止，区块链上存储了系统全部的历史数据，区块链上的每一条交易数据，都可以通过链式结构追本溯源，一笔一笔进行验证。

1.4.1 区块

区块是在区块链上承载交易数据的数据包，是一种被标记上时间戳和之前一个区块的哈希值的数据结构，区块经过区块链的共识机制验证并确认区块中的交易。

一个完整区块的基本构成如图1-3所示。

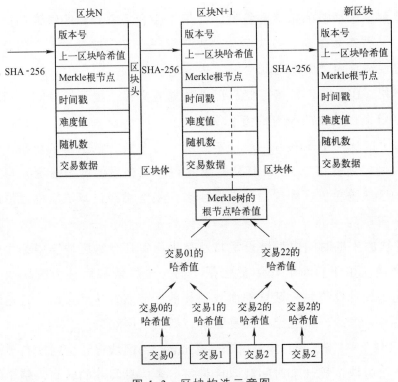

图 1-3　区块构造示意图

1. 区块头/Block Header

记录当前区块的元信息,包含当前版本号、上一区块的哈希值、时间戳、随机数、Merkle根节点的哈希值等数据。区块体的数据记录通过Merkle树的哈希过程生成唯一的Merkle树根节点的哈希值记录于区块头。

2. 区块体/Block Body

记录一定时间内所生成的详细数据,包括当前区块经过验证的、区块创建过程中生成的所有交易记录或是其他信息,可以理解为账本的一种表现形式。

3. 时间戳/Time Stamp

时间戳是指从区块生成的那一刻起就存在于区块之中，是用于标识交易时间的字符序列，具备唯一性。时间戳用以记录并表明存在的、完整的、可验证的数据，是每一次交易记录的认证。

4. 区块容量/Block Size

区块链的每个区块都是用来承载某个时间段内的数据的，每个区块通过时间的先后顺序，使用密码学技术将其串联起来，形成一个完整的分布式数据库，区块容量代表了一个区块能容纳多少数据的能力。

5. 区块高度/Block Height

一个区块的高度是指该区块在区块链中它和创世区块之间相隔的块数。

1.4.2 区块链

区块链（Blockchain）由区块按照发生的时间顺序，通过区块的哈希值串联而成，是区块交易及状态变化的日志记录。由区块串联而成的"链"如图1-4所示。

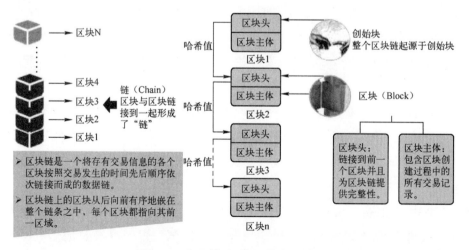

图1-4 由区块串联而成的"链"

1.5 生成一个区块链

为了对区块链的结构和特性有一个直观的认识，可以自己动手生成一个区块链。登录以下网址：https://blockchain.adesso.ch/#，可以在线生成一个模拟的区块链。该模拟网站首页如图1-5所示，单击"Blockchain Demo"链接进入模拟生成区块链的页面，可生成一个简化版本的模拟区块链。

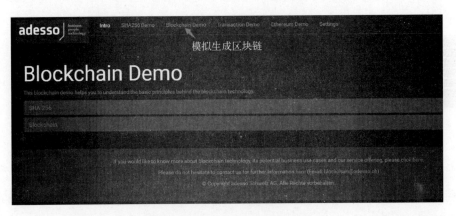

图1-5　模拟生成区块链

进入Blockchain Demo页面后，显示的区块为该区块链的"创世区块"，如图1-6所示。这是一个极简版本的区块，区块头中只包括区块的索引值（ID）、前一区块的哈希值、本区块的哈希值，区块体中Data为本区块所包含的数据。作为创世区块，它没有前一个区块，所以前一区块的哈希值为0（64个字符）。此时它本身也没有根据区块体中的数据生成的本区块哈希值，所以本区块的哈希值为空。

单击"Mine"按钮，会生成根据区块体中的数据生成的本区块哈希值，如图1-7所示。此时区块从橙色变为绿色，说明已经可用。

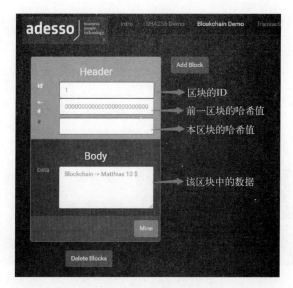

图 1-6　创世区块

图 1-7　生成了创世区块的哈希值

接下来生成下一个区块。单击图 1-7 中的"Add Block"按钮生成了第二个区块，如图 1-8 所示。此时前一区块链的哈希值与创世区块的哈希值是一样的，区块之间就是凭借这个哈希值相互链接在一起。接下来单击该区块的"Mine"按钮，会生成本区块的哈希值，如图 1-9 所示。

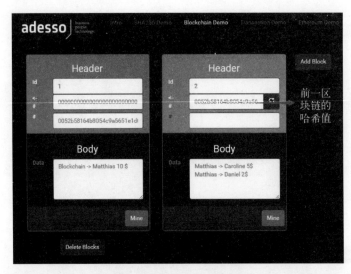

图 1-8　添加第二个区块

图 1-9　生成第二个区块的哈希值

依照上述操作类推，可以生成一个含有 4 个区块的模拟区块链。如图 1-10 所示。它们之间都是后一个区块通过前一个区块的哈希值两两相连而成。

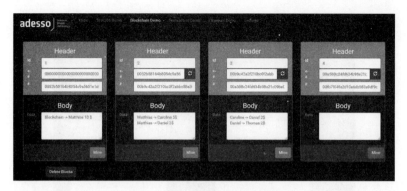

图 1-10 包含 4 个区块的区块链

此时重新生成创世区块的哈希值，可见后边的第二个区块变为无效的橙色状态，因为它与之前的、旧的创世区块的链接断了，如图 1-11 所示。不仅如此，与第二个区块相链接的两个区块也都成为无效状态。这说明，如果要修改某一个区块的信息，则与之相链接的所有区块信息都要修改，这在实际中难度极高。

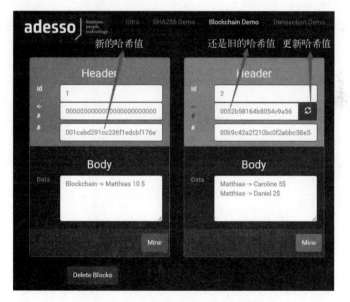

图 1-11 哈希值变化后区块失效

此时单击图 1-11 中第二个区块的"更新"按钮，然后再单击该区块的"Mine"按钮，则可以恢复该区块与创世区块的链接，如图 1-12 所示。

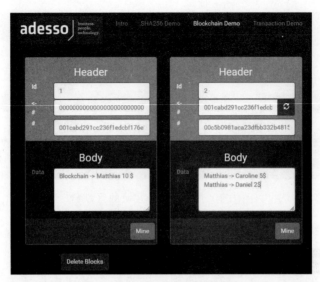

图 1-12　区块重新恢复链接

通过上述操作，可以比较直观地认识区块链的结构和特性。除了这个模拟生成区块链的网站之外，另外再为大家推荐一个模拟区块链生成网站：https://blockchaindemo.io/，该站点不仅可以可视化地生成一个模拟区块链，并且还可以生成多个节点形成一个区块链网络，也非常有趣，如图1-13所示。有兴趣的朋友也可以去这个网站体验一下，加深对区块链概念和特性的认识。

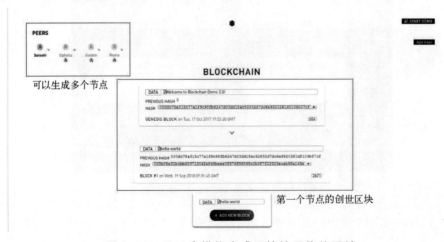

图 1-13　另一个模拟生成区块链网络的网站

1.6　区块链的类型

本节将从应用范围和部署机制等方面对区块链进行分类。

1.6.1　根据应用范围分类

（1）公有链/Public Blockchain

公有链的任何节点都是向所有参与者开放的，每个用户都可以参与到这个区块链中的计算，而且任何用户都可以下载获得完整的区块链数据。

（2）联盟链/Consortium Blockchain

联盟链是指链上每个节点的权限都完全对等，各节点在不需要完全互信的情况下就可以实现数据的可信交换，联盟链的各个节点通常有与之对应的实体机构组织，通过授权后才能加入或退出网络。联盟链是一种公司与公司、组织与组织之间达成联盟的模式。

（3）私有链/Private Blockchain

在某些区块链的应用场景下，开发者并不希望任何人都可以参与进来，因此建立了一种不对外公开、只有被许可的节点才可以参与并且查看所有数据的私有区块链，私有链一般适用于特定机构内部的应用场景，比如数据管理与审计。

公有链、联盟链与私有链对比如图 1-14 所示。

	公有链	联盟链	私有链
定义	链上的所有人都可读取、发送交易且能获得有效确认的共识区块链。通过密码学技术和POW、POS等共识机制来维护整个链的安全	联盟链是指有若干个机构共同参与管理的区块链，每个机构都运行着一个或多个节点，其中的数据只允许系统内不同的机构进行读写和发送交易，并且共同来记录交易数据	私有链是指其写入权限仅在一个组织手里的区块链。读取权限或者对外开放，或者被任意程度地进行了限制
参与者	任何人	预先设定或满足条件后进成员	中心控制者决定参与成员
中心化程度	去中心化	多中心化	中心化
是否需要激励	需要	可选	不需要
特点	1. 保护用户免受开发者的影响 2. 所有数据默认公开 3. 低交易速度	1. 低成本运行和维护 2. 高交易速度及良好的扩展性 3. 可更好地保护隐私	1. 交易速度非常快 2. 给隐私更好的保障 3. 交易成本大幅降低甚至为零
代表	比特币、以太坊、NEO、量子链	RIPPLE、R3	企业中心化系统上链

图 1-14 公有链、联盟链与私有链对比

1.6.2 根据部署机制分类

（1）主链/主网/Main Net

主链是某个区块链社区公认的可信区块链网络，其交易信息被全体成员所认可。有效的区块会被追加到主链中。

（2）测试链/测试网/Test Net

测试链对应主网具有相同功能，但主要目的是用于测试的区块链系统。由于测试链是为了在不破坏主链的情况下尝试新想法而建立的，只作为测试用途。

1.7 区块链的层级结构

一般来说，区块链系统由数据层、网络层、共识层、激励层、合约

层和应用层组成。其中，共识层主要封装各类共识算法；激励层将激励机制集成到区块链技术体系中来，主要包括经济激励的发行机制和分配机制等；合约层主要封装各类脚本、算法和智能合约，是区块链可编程特性的基础；应用层则封装了区块链应用于各种应用场景的应用程序。该模型中，基于时间戳的链式区块结构、分布式节点的共识机制、基于共识算法的激励机制和灵活可编程的智能合约是区块链技术最具代表性的创新点。

数据层、网络层、共识层是构建区块链应用的必要元素，而激励层、合约层和应用层则不是每个区块链应用的必要因素，一些区块链应用并不完整包含此三层结构。

区块链的层级结构如图 1-15 所示。

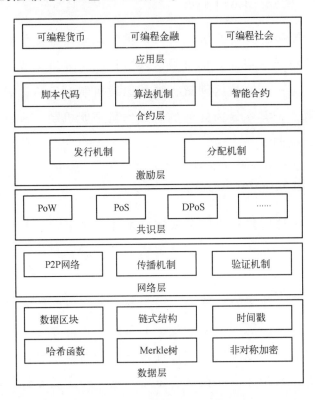

图 1-15　区块链的层级结构

1. 数据层/Data Layer

数据层是整个区块链技术中最底层的数据结构，描述了区块链从创世区块起始的链式结构，它包含了区块链的区块数据、链式结构以及区块上的随机数、时间戳、公私钥数据等信息。

2. 网络层（对接层）/Network Layer

网络层包括分布式组网机制、数据传播机制和数据验证机制等，网络层主要通过 P2P 技术实现，因此区块链本质上可以说是一个 P2P 网络（对于 P2P 网络在后边内容会有详细介绍）。

3. 共识层/Consensus Layer

共识层主要包含共识算法以及共识机制，能让高度分散的节点在去中心化的区块链系统中高效地针对区块数据的有效性达成共识，是区块链的核心技术之一，也是区块链社群的治理机制。目前已经出现了十余种共识机制算法，其中最为知名的有工作量证明机制、权益证明机制、股份授权证明机制。

4. 激励层/Actuator Layer

激励层将经济因素集成到区块链技术体系中来，主要包括经济激励的发行机制和分配机制，其功能是提供一定的激励措施，鼓励节点参与区块链的安全验证工作。

激励层主要出现在公有链中，因为在公有链中必须激励遵守规则参与记账的节点，并且惩罚不遵守规则的节点，才能让整个系统朝着良性循环的方向发展。所以激励机制往往也是一种博弈机制，让更多遵守规则的节点愿意进行记账。而在私有链中，则不一定需要进行激励，因为参与记账的节点往往是在链外完成了博弈，也就是可能有强制力或者有其他需求来要求参与者记账。

5. 合约层/Contract Layer

合约层主要包括各种脚本、代码、算法机制及智能合约，是区块链可编程的基础。通过合约层将代码嵌入区块链或是令牌中，实现可以自定义的智能合约，并在达到某个确定的约束条件的情况下，无须经由第三方就能够自动执行，是区块链实现机器信任的基础。

6. 应用层/Application Layer

区块链的应用层封装了区块链面向各种应用场景的应用程序，比如搭建在以太坊上的各类区块链应用就部署在应用层。应用层类似于Windows 操作系统上的应用程序、互联网浏览器上的门户网站、搜索引擎、电子商城或是手机端上的APP，开发者将区块链技术应用部署在如以太坊、EOS、QTUM上并在现实生活场景中落地。

1.8 区块链的前世今生

抛开区块链相对枯燥的定义和概念，区块链技术到底是怎样的一种技术？区块链与互联网和比特币又有什么关系？区块链从何而来，又要往哪里去？本节，笔者将为大家深入解读区块链的前世今生。接下来的内容将会从两条线来为大家介绍区块链的发展历程，一条线从历史发展角度介绍，另一条线则从技术关联性上介绍，二者相辅相成。

区块链的产生首先与一个叫密码朋克的组织成立和发展密不可分，更与神秘的中本聪和大名鼎鼎的比特币直接相关。密码朋克与比特币如图1-16所示。

图 1-16　密码朋克与比特币

1.8.1　密码朋克、中本聪、比特币与区块链

1992 年炎热夏日的某个傍晚，英特尔高级科学家蒂姆·梅在自己的家中和朋友聚会。在聚会上，就互联网应该如何更好地保护人们的隐私这个问题，蒂姆·梅和朋友们一直讨论到深夜。

当晚，他们成立了一个名叫"密码朋克"的科学研究小组，这个小组的宗旨是用技术建立一个公平的互联网世界。

在聚会结束一周后，密码朋克小组中的埃里克·休斯就创作出了一个可以接收加密邮件、擦除所有身份标记、并将它们发送回用户列表的程序。

1993 年，埃里克·休斯和其他人升级了电子邮件加密系统，直接把这个邮件系统改名叫"密码朋克"。密码朋克也不再只是一个小组，使用密码朋克邮件系统的用户达到约 1400 人。这些人逐渐形成了一个非常私密的圈子。

同样是在 1993 年，埃里克·休斯发布了《密码朋克宣言》："在电子信息时代，个人隐私在一个开放的社会中是必需品。我们不指望政府、公司或者其他什么组织来承诺保护我们的隐私权。我们必须保护我们的隐私。必须有人站出来做一个软件，用来保护个人隐私……我们计划做这样一个软件。"

密码朋克的组织成员来自世界各地。他们一起在邮件系统里讨论具有相当深度的数学难题、加密技术、计算机技术、各国政治、哲学当然还有些私人问题。密码朋克早期的成员都是世界级的黑客和极客，当然还有不少 IT 精英，比如后来名震天下的维基解密创始人朱利安·阿桑奇、BT 下载的发明者布拉姆·科恩、万维网的发明者蒂姆·伯纳斯·李、提出智能合约概念的尼克·萨博、Facebook 的创始人之一肖恩·帕克。有不少密码朋克的成员参与到了众多的数字货币和支付系统项目当中，并在密码朋克圈子中分享经验。

大卫·乔姆是密码朋克的领袖级人物，他在 1990 年发明了密码学匿名电子支付系统，即 Ecash。乔姆认为分布式的、真正的电子支付系统应该为人们的隐私加密。因此他的 Ecash 电子支付系统是加密的。这个 Ecash 还有一个小特点就是支付时付款方是匿名的，收款方非匿名。按照他的设想，每个人都随身携带装有匿名数字现金的可充值智能卡，这种数字现金和智能卡能和来自家里、公司或者政府的电子现金流畅往来。

Ecash 当时风头正劲，微软和 VISA 等巨头纷纷宣布支持。大卫·乔姆的 Ecash 从德意志银行、澳大利亚高级银行、瑞士信贷和日本三井住友银行获得了牌照。只可惜 Ecash 的理念太超前了，而当时的社会并没有大范围实施的基础，在 1998 年 Ecash 宣布倒闭。

英国密码学专家亚当·贝克也是密码朋克的成员。1997 年，他发明了哈希现金，用到了工作量证明系统（Proof of Work）。工作量证明系统也是后来出现的比特币的核心理念之一，其实亚当·贝克最初发明这个系统是想解决垃圾邮件的问题，也就是为了避免其他人发送包含有相同信息的邮件。哈希现金的工作量证明系统解决了数字货币的一大难题——如何保证数字货币不被交易过很多次？这就要求计算机在获得信息之前，做一定的工作量计算来避免重复交易。

1997年，密码朋克成员哈伯和斯托尼塔提出了时间戳概念（一种签名协议）。这个概念可用来保证数字货币的安全问题，即用时间戳的方式来保证文件的先后顺序。时间戳协议要求一个文件在创建后，不能被改动。运用到数字货币中时，当一个数字货币被交易时，会被盖上时间戳，它就不能再被改动了。

还有一个密码学专家叫戴伟，他是个中国人。在1998年，戴伟发明了B-money。B-money强调点对点的交易和不可更改的交易记录。每个交易者都保持对交易追踪的权力。但是在B-money系统中，戴伟并没有解决账本同步的问题。

2004年，PGP加密公司的开发人员哈尔·芬妮提出了电子货币和加密现金的概念，她同时也是密码朋克组织里的计算机技术专家之一。但是这个设想还是不够成为一种世界通行的数字货币。

2008年，当一切技术条件成熟，时间条件也成熟时，中本聪发现了之前的数字货币先驱们失败的原因。中本聪指出，之前对于数字货币的尝试失败最重要的原因是，它们都有一个中心化的结构，所有的交易数据都会汇总到某一个数据中心，和政府发行的货币没有什么两样，一旦为数字货币提供支撑的公司倒闭，或者存有总账本的中央服务器被黑客攻破，这个数字货币系统就会面临崩溃的风险。于是，中本聪对大卫·乔姆的Ecash进行了优化，综合了时间戳、工作量证明机制、非对称加密技术，最终发明了比特币。

比特币诞生的时候，人们用大写的B来指比特币的网络和网络协议，这就是区块链。用小写的b来指这个网络上运行的加密数字货币，这就是比特币。人们把比特币的底层技术称为区块链。

区块链不是一个单一的技术，它是上述一系列技术的集合。

中本聪早年混迹于密码朋克，一直很低调。他是个全能天才，不但精通密码学、计算机技术，还对传统金融世界有着深刻的理解。

2008年，他发布了白皮书《比特币：一种点对点的电子现金系统》，提出比特币概念。白皮书问世后，中本聪立刻在密码朋克组织中封神。通过加密邮件的简单沟通，他把哈尔·芬妮收之麾下，哈尔·芬妮也成为比特币项目的二号人物。凭借中本聪强大的感召力，越来越多的人物加入到比特币项目的开发中。

当然，这群密码朋克只是拉开了区块链技术带来的伟大变革的序幕，区块链想要发展成为一项成熟的技术还有很长一段路要走。

扩展阅读：比特币创始人中本聪

中本聪（Satoshi Nakamoto），自称日裔美国人，日本媒体常译为中本哲史，此人是比特币协议及其相关软件 Bitcoin-Qt 的创造者，但其真实身份并不为人所知。

2008年11月1日，中本聪在"metzdowd.com"网站的密码学邮件列表中发表了一篇题为《比特币：一种点对点式的电子现金系统》（Bitcoin: A Peer-to-Peer Electronic Cash System）的论文。在这篇论文中，中本聪详细描述了如何创建一套去中心化的、不需要创建在交易双方相互信任基础之上的电子交易体系。很快，2009年1月3日，他发布了首个比特币软件，并正式启动了比特币金融系统，他开发出首个实现了比特币算法的客户端程序并进行了首次挖矿（Mining），获得了第一批的50个比特币。这一事件也标志着比特币金融体系的正式诞生。

2010年12月5日，在维基解密泄露美国外交电报事件期间，比特币社区呼吁维基解密接受比特币捐款以打破金融封锁。中本聪表示坚决反对，认为比特币还在摇篮中，经不起冲突和争议。七天后的12月12日，他在比特币论坛中发表了最后一篇文章，提及了最新版本软件中的一些小问题，随后不再露面，电子邮件通信也逐渐终止，中本聪逐渐淡出并将项目移交给比特币社区的其他成员。据传闻，中本聪持有约一百万个比特币，这些比特币在2013年底时的价值超过十亿美元。

自从发表论文以来，中本聪的真实身份就长期不为外界所知，维基解密创始人朱利安·阿桑奇（Julian Assange）称中本聪是一位密码朋克（Cypherpunk）。另外，有人称中本聪是一名无政府主义者，他并不希望比特币被某国政府或中央银行控制，而是希望其成为全球自由流动、不受政府监管和控制的货币。

2015年，加州大学洛杉矶分校金融学教授Bhagwan Chowdhry曾提名中本聪为2016年诺贝尔奖经济学奖的候选人。Bhagwan Chowdhry指出，比特币的发明简直可以说是革命性的，中本聪的贡献不仅将会彻底改变我们对金钱的思考方式，很可能会颠覆央行在货币政策方面所扮演的角色，并且将会取代如西联这样高成本汇款的服务，彻底消除如VISA、MasterCard、PayPal收取2%～4%的中间人交易费，消除费事且昂贵的公证和中介服务，事实上它将彻底改变法律合约的方式。

事实上，中本聪极少透露自己的真实个人信息。在P2P基金会网站的个人资料中，他自称是居住在日本的37岁男性。然而，他却从没有使用过日语，反而是英语纯熟地道。用他的姓名在网上搜索，无法找到任何与这个人相关的信息。各种迹象表明，"中本聪"（"中本哲史"）可能是一个虚构身份。中本聪在发言和程序中切换使用英式英语和美式英语，并且随机在全天不同的时间上线发言，这显示他或者是有意隐瞒自己的国籍和时区，或者是账号的背后有多人操纵。然而，根据对其语言习惯和时间统计的分析，一些人士认为他可能是一位居住在美国中部或西部的英国人或爱尔兰人。曾在比特币核心开发团队工作的Laszlo Hanyecz则认为其算法设计过于精良，以至于不像是一个人单枪匹马所能完成的。

猜测一：望月新一

2012年5月，计算机科学家泰德·尼尔森（Ted Nelson）认为中本聪就是日本数学家望月新一（Shinichi Mochizuki），认为其足够聪明，研究领域包含比特币所使用的数学算法；更重要的是，望月新一不使用常规的学术发表机制，而是习惯独自工作，发表论文后让其他人自己理解。

然而也有人提出质疑，认为设计比特币所需的密码学并非望月新一的研究兴趣，望月新一本人亦予以否认。

猜测二：尼克·萨博

萨博热衷于去中心化货币，还发表过一篇关于"比特黄金"（Bit Gold）的论文，被认为是比特币的先驱。他也是一个著名的从20世纪90年代起就喜欢使用化名的人。

在2011年5月的一篇文章中，萨博谈起比特币创造者时表示："在我认识的人里面，对这个想法足够感兴趣并且能付诸实施的，本来只有我自己、戴维（Wei Dai）、哈尔·芬尼三个人，后来中本聪出现了（假定中本聪不是芬尼也不是戴维）。"

2013年12月，博客作家 Skye Grey 通过对中本聪论文采用文体学分析得出结论，认为中本聪的真实身份是前乔治·华盛顿大学教授尼克·萨博。

猜测三：多利安·中本

最为公众所熟知的关于中本聪真实身份的猜测发生在2014年3月6日。

新闻周刊记者 Leah McGrath Goodman 发表文章称自己已经找到真正的中本聪，他是一个居住在加利福尼亚州的日裔美国人，名叫多利安·中本，而"哲史"是他出生时的名字。

除了名字相同以外，Goodman 还找到了一些佐证，其中最有力的一条是，面对 Goodman 在采访中提出的关于比特币的问题，多利安的回答看起来确认了其比特币之父的身份："我已经不再参与它了，不再讨论它。它已经被转交给其他人，他们现在在负责。我已经与之没有任何联系。"这段话的真实性亦得到了当时在场的洛杉矶警察的确认。

报道被公开后受到了包括比特币社区在内舆论的质疑和批评，但同时也引起了媒体的巨大兴趣。记者们蜂拥而至多利安的住宅外蹲守，甚至追逐他的汽车。然而在后来的正式访谈中，多利安否认了自己与比特币的全部联系，称自己从未听说过，只是误解了 Goodman 的提问，以为她问的是自己之前从军方承接的保密性工作。当天晚些时候，中本聪本人也站出来否认。他的 P2P 基金会账户在尘封五年之后发了一条消息，称：“我不是多利安·中本。”

猜测四：克雷格·史蒂芬·怀特

2015 年 12 月，《连线杂志》报道说澳大利亚学者克雷格·史蒂芬·怀特很有可能是中本聪的本尊。同时也指出，也许只是他精心设计的一个高明的骗局想让我们相信他就是中本聪本人。

2016 年 5 月 2 日澳大利亚企业家克雷格·史蒂芬·怀特公开承认自己就是发明比特币的中本聪，其证据是中本聪的加密签名档。但有人质疑该签名档只要是稍微高级一点的黑客都能在暗网中找到下载，早就在不少业内高手圈中流传，另一证据是早期第 1 及第 9 区块比特币地址的私钥，但此私钥如果是早期比特币开发人员或其亲近者都有可能拿到。

猜测五：其他

还有一些其他个人或团体被认为是中本聪的真身。

1）芬兰经济社会学家 Dr Vili Lehdonvirta 及爱尔兰密码学研究生 Michael Clear。两人分别否认。

2）德国及美国研究人员 Neal King、Vladimir Oksman 和 Charles Bry。他们曾共同申请注册一项与比特币相关的专利，而比特币项目官方网站的域名 bitcoin.org 恰好注册于专利申请提交之后的第三天。但三人均否认此猜测。

3）比特币基金会首席科学家 Gavin Andresen、日本比特币交易平台 Mt.Gox 创始人 Jed McCaleb、美国企业家及安全研究员 Dustin D.Trammell，但他们均公开否认。

4）也有人认为 Satoshi Nakamoto 的名字实际上是四家公司名字的组合，包括三星（Samsung）、东芝（Toshiba）、中道（Nakamichi）和摩托罗拉（Motorola），暗示着比特币其实是这四家公司联手开发并以Satoshi Nakamoto，即"中本聪"的化名来发表。

1.8.2 从 P2P 到区块链

区块链技术的实现有一个前提，那就是 P2P。提起 P2P，很多人会想起网络借贷、信息中介等概念，会想起陆金所、宜人贷、人人贷等网贷平台。但此 P2P 非彼 P2P，这里的 P2P 指的是对等网络（Peer to Peer，P2P），也就是前文提到的点对点网络。

要想说明白对等网络，得先说一说生活中最常用的中心化网络，先给大家举两个例子，一个是淘宝购物支付货款，一个是微信转账。

我们在淘宝上买完东西要支付时候，先要将货款打给支付宝，收到货物确认收货之后，支付宝再把货款打给商家；如果要通过微信转账转给别人 100 块钱，不论是通过绑定的银行卡还是通过微信钱包转账，都会把钱转入到对方的微信账户，对方要想把这 100 块钱取出来，则需要通过微信账户把钱再转入自己的银行账户。

通过以上这两个例子我们会发现，在淘宝购物支付货款和微信转账的过程中，始终有个第三方存在，就是支付宝背后的阿里和微信背后的腾讯。在整个交易和资金流动的过程中，用户都是先把钱打给了他们，钱在阿里和腾讯手里过了一道手，再由他们将钱转给相应的收款人。这一过程中，实际有一个前提，就是我们默认阿里或者腾讯信用没问题，他们不会在资金账户上做手脚，而且相信在后续的购买和转账流程中，阿里或者腾讯一定会帮用户完成支付和转账。

再举一个最常见的例子，我们日常发微信朋友圈的时候，过程都是一样的：不管是发图片、视频还是文字，我们发出的信息首先传输到微信的服务器端，然后再由服务器转发给其他用户。这个微信的服务器在整个微信网络中起到了一个"中心节点"的作用。

上述例子中提到的第三方和中心节点，就是中心化的网络模式，这种模式存在两大潜在弊端：一是安全性，如果中央服务器被黑客入侵或者被病毒感染，就能够很快地将病毒辐射到所有的终端用户，从安全上来说，这是件非常可怕的事，如果用户基数非常大，都有可能会危及社会稳定；二是中央服务器对用户数据的掌控性太强，如果一家企业商业道德底线过低，可能会肆意分析、售卖用户的数据，2018年引起轩然大波的Facebook泄漏用户隐私的事件即为一例。

说到这里，对等网络的概念已经呼之欲出了，所谓对等网络（P2P网络），其初衷便站在了这种第三方和中心化的对立面。在对等网络里，没有特殊的节点，所有节点在功能上是相同的，都可以对外提供全网所需的全部服务，每一个节点在对外提供服务的时候，也在使用别的节点为自己提供的服务，正是因为这样，对等网络不用依赖任何特殊的第三方来完成自身系统的运转，也没有所谓的中心枢纽，因此保证了数据的自由、平等、透明、高效流通。

对等网络因为全网无特殊节点，每个节点都可以提供全网所需的全部服务，任何一个节点垮掉，都不会对整个网络的稳定性构成威胁，所以是非常安全的。

区块链正是以对等网络为组网模型的一种系统，可以说，对等网络是区块链系统的重要基石。用学术一点的话来说，区块链是一种去中心化的分布式记账系统。通俗一点说，区块链是一种全民参与记账的方式，系统中每个人都可以进行记账，每个人记的账都会发给系统内的其他人备份，这样系统中每个人都有了一本完整的账本，这就是去中心化。因为每个人都有一套完整账本，如果有人想作弊，一定要同时修改整个系统中超过半数的数据，这种做法代价极高，导致几乎不可能实现，所以区块链系统中的数据会变得非常安全。

1.8.3　区块链技术发展简史

1982年，莱斯利·兰伯特提出拜占庭将军问题（Byzantine Generals

Problem），把军中各地军队彼此取得共识、决定是否出兵的过程，延伸至运算领域，试图建立具有较高容错性能的分散式系统。在这一系统中，即使部分节点失效仍可确保系统正常运行，并且让多个基于零信任基础的节点达成共识，从而确保资讯传递的一致性。

大卫·乔姆提出注重隐私安全的密码学匿名现金支付系统。这一体系具有不可追踪的特性，也是区块链在隐私安全方面的雏形。

1985年，椭圆曲线密码学被提出。尼尔·科布利茨和维克多·米勒分别提出椭圆曲线密码学（Elliptic Curve Cryptography，ECC），首次将椭圆曲线用于密码学，相较于RSA算法，采用ECC的好处在于可用较短的密钥（在明文转换为密文或将密文转换为明文的算法中输入的一种参数），达到相同的安全程度。

1990年，大卫·乔姆基于先前理论打造出了不可追踪的密码学匿名电子支付系统，也就是后来的Ecash，不过Ecash并非去中心化系统。

莱斯利·兰伯特提出具有高容错的一致性演算法Paxos。

1991年，斯徒尔特·哈伯与W·斯科特·斯托尼塔提出用时间戳确保数位文件安全的协议，此概念之后被比特币区块链系统所采用。

1992年，斯科特·万斯通等人提出椭圆曲线数字签名算法（Elliptic Curve Digital Signature Algorithm，ECDSA）。

1997年，亚当·贝克发明Hashcash（哈希现金），Hashcash是一种工作量证明算法（Proof of Work，PoW），此算法仰赖成本函数的不可逆特性，达到容易被验证，但很难被破解的特性，最早被应用于阻挡垃圾邮件。Hashcash之后成为比特币区块链所采用的关键技术之一（亚当·贝克于2002年正式发表Hashcash论文）。

1998年，戴伟发表匿名的分散式电子现金系统B-money，引入工作量证明机制，强调点对点交易和不可窜改特性。不过在B-money中，并未采用亚当·贝克提出的Hashcash算法。戴伟的许多设计之后被比特币区块链所采用。

尼克·萨博发表去中心化的数字货币系统 Bit Gold，参与者可贡献运算能力来解出加密谜题。

2005 年，哈尔·芬尼提出可重复使用的工作量证明机制（Reusable Proofs of Work，RPoW），结合 B-money 与亚当·贝克提出的 Hashcash 演算法来创造加密数字货币。

2008 年，中本聪发表了一篇关于比特币的论文，描述了一个点对点电子现金系统，能在不具信任的基础之上，建立一套去中心化的电子交易体系。第一代区块链由此诞生。

2009 年 1 月 3 日，中本聪在位于芬兰赫尔辛基的一个小型服务器上挖出了比特币的第一个区块——创世区块（Genesis Block），并获得了首批"挖矿"奖励——50 个比特币。在创世区块中，中本聪写下这样一句话："The Times 03/Jan/2009 Chancellor on brink of second bailout for banks 财政大臣站在第二次救助银行的边缘"。

2009 年 1 月 11 日，比特币客户端 0.1 版发布，这是比特币历史上的第一个客户端，它意味着更多人可以挖掘和使用比特币了。第二天，中本聪将 10 枚比特币发送给开发者、密码学活动分子哈尔·芬尼，第一笔比特币交易诞生。

2014 年，维塔利克·布特林（V 神）发布以太坊白皮书，并提出智能合约的概念，以用于货币以外的数字形式资产的转移，如股票、债券等。开发者可以在以太坊网络上基于智能合约开发各种分布式应用（DAPP），这极大地扩展了区块链的应用场景，第二代区块链由此诞生。

2015 年，这一年是区块链技术的高光时刻。旨在提升区块链系统性能、突破区块链网络运行速度瓶颈、拓展区块链应用场景的多个重要技术及应用都在这一年产生，包括 IPFS（InterPlanetary File System，中文名叫星际文件系统）、闪电网络、石墨烯技术、Interledger 支付协议（ILP）等。与此同时，区块链技术在实体经济当中的应用也渐入佳境。

2016年4月5日，去中心化电子商务协议OpenBazaar上线，它能够让点对点的数字商务成为可能，并使用比特币作为一种支付方式，类似于一个去中心化的"淘宝"。

2018年4月，22个欧盟国家签署了建立欧洲区块链联盟的协议，旨在使该联盟成为交流区块链技术和监管经验等专业知识的平台。美国政府同样关注区块链的发展，2018年，美国国会、商务部国家标准与技术研究院等部门先后发布了多份区块链报告，认可了区块链的发展潜力，多个州对区块链技术的相关问题进行立法。此外，美国产业界也早已认识到区块链的发展潜力，纷纷从技术、底层平台到行业应用进行了深入探索，如Facebook的加密货币Libra计划等。

目前为止，亚洲区块链项目数量遥遥领先。日本、新加坡、韩国等亚洲主要国家同样对区块链技术的应用持积极态度，根据链塔智库统计，截止到2019年5月底，其数据平台收录了8000多个项区块链项目，其中亚洲项目占比达到60%，领先其他大洲，其次为北美，占比达到22%。在这些项目中，以矿机生产、矿场和矿池为代表的项目，以及为区块链提供底层架构、开发平台的生态的项目为主，而将区块链应用于各行业、服务最终用户的项目数量较少。

受到习近平总书记于2019年10月24日在中共中央政治局就区块链技术发展现状和趋势进行第十八次集体学习时的重要讲话的鼓舞，中国区块链行业赋能实体经济的基调已经确定，"区块链+""链改""DAO（自组织）"等概念日益成为社会各界讨论和学习的焦点，"区块链"再度站在时代风口。

第二章

深入理解区块链

了解了区块链的性质、架构与发展历程之后,接下来将为大家介绍区块链的技术核心是什么。

区块链实际是按照时间顺序将数据区块以顺序相连的方式组合而成的一种链式数据结构,并以密码学方式保证的不可篡改和不可伪造的分布式账本。区块链中有四项不可缺的核心技术,分别是分布式账本、共识机制、智能合约和密码学。本章主要从概念上介绍这四项核心技术。

2.1 分布式账本

分布式账本的存在是区块链系统得以稳健运营的基石。

分布式账本（Distributed Ledger）是一种在网络成员之间共享、复制和同步的数据库，分布式账本记录网络参与者之间的交易，比如资产或数据的交换。这种共享账本消除了调解不同账本之间差异的时间和开支。

分布式账本中的每条记录都有一个时间戳和唯一的密码签名，这使得账本成为网络中所有交易的可审计历史记录。网络中的参与者根据共识原则来制约和协商对账本中的记录的更新，无须第三方仲裁机构（比如金融机构或票据交换所）的参与。

分布式账本从实质上说就是一个可以在多个站点、不同地理位置或者多个机构组成的网络里进行分享的资产数据库。在一个区块链里的参与者可以获得一个唯一、真实的账本的副本。账本里的任何改动都会在所有的副本中被反映出来，反应时间会在几分钟甚至是几秒内。在这个账本里存储的资产的安全性和准确性是通过公私钥以及签名的使用来保证的。根据区块链中达成共识的规则，账本中的记录可以由一个、一些或者是所有参与者共同进行更新。

2.2 共识机制

所谓"共识机制"，是指通过特殊节点的投票，在很短的时间内完成对交易的验证和确认；对一笔交易，如果利益不相干的若干个节点能够达成共识，我们就可以认为全网对此也能够达成共识。再通俗一点来讲，如果中国一名微博大V、美国一名虚拟币玩家、一名非洲留学生和一名欧洲旅行者互不相识，但他们都一致认为你是个好人，那么基本上就可以断定你这人还不坏。在区块链中的共识机制主要表现在某个区块链中的参与者们,都可以核查记账信息,也会共同维持账本的更新,并且按照严格的规则和共识来对账本进行修改。

但是由于点对点网络下存在较高的网络延迟,各个节点所观察到的信息的先后顺序可能不完全一致,因此区块链系统需要设计一种机制对在差不多时间内发生的事务的先后顺序达成共识。区块链中的共识机制实际上是一类确保真实信息得以传递的算法,是区块链得以稳定运行的支撑。

2.2.1 共识问题的提出:拜占庭将军问题

拜占庭曾经是东罗马帝国的首都,也就是现在的伊斯坦布尔,东罗马帝国也被称为拜占庭帝国。由于当时拜占庭帝国国土辽阔,出于防御的目的各支军队分隔得很远,率军的将军们之间只能靠信使传消息。

在战争的时候,拜占庭军队内所有将军必须达成对于作战计划的共识之后,才可以去攻打敌人的阵营。但是,在军队内很可能存在有叛徒和敌军的间谍扰乱信息传递和军队秩序。这时候,在假设有成员谋反的情况下,其余忠诚的将军如何在不受叛徒的影响下达成共识一致行动成为一个需要解决的问题,这就是(拜占庭将军问题)。

拜占庭的将军们如图 2-1 所示。

图 2-1 拜占庭的将军们

拜占庭将军问题本质上是一个共识问题，拜占庭帝国军队的将军们必须全体一致地决定是否攻击某一支敌军。问题是这些将军在地理上是分隔开来的，并且传递信息的信使中存在叛徒。叛徒可以任意行动以达到以下目标：欺骗某些将军采取进攻行动；促成一个不是所有将军都同意的决定，如当将军们不希望进攻时促成进攻行动；或者迷惑某些将军，使他们无法做出决定。如果叛徒达到了这些目的之一，则任何攻击行动的结果都是注定要失败的，只有完全达成一致的努力才能获得胜利。

2.2.2 共识问题的解决：实用拜占庭容错算法（PBFT）

拜占庭将军问题是对现实世界的模型化，引申到网络当中就是假设由于硬件错误、网络拥塞或断开以及遭到恶意攻击，计算机和网络可能出现不可预料的行为。为了在这种情况下仍然能够达成共识，参与者们必须处理这些失效问题，而解决办法就是共识机制。

Miguel Castro 和 Barbara Liskov 在 1999 年提出实用拜占庭容错算法（PBFT，Practical Byzantine Fault Tolerance），这一算法成为关于该问题最早的解决方案。

PBFT 是一种状态机副本复制算法，即服务作为状态机进行建模，状态机在分布式系统的不同节点进行副本复制。每个状态机的副本都保存了服务的状态，同时也实现了服务的操作。

应用 PBFT 算法的各节点相对自治，可以自行采用最可信的结果。这一方案可以最小延迟处理大量的直接点对点（或分布式）信息。这意味着程序员可建立安全和适应性强的私人分布式网络。

到目前为止，PBFT 算法仍然是最受业界认可的共识机制实现方法。

2.2.3 区块链中的共识机制

虽然关于共识问题的思考是由拜占庭问题引出的，但是针对这一问题提出的拜占庭容错算法却并非唯一的共识机制。

我们可以将区块链当中的不同共识机制简单理解为不同的民主方式，有些国家习惯于直接民主，有些国家习惯于间接民主，不同的民主方式各有利弊，区块链当中的共识机制同样如此。

区块链作为一种按时间顺序存储数据的数据结构，可支持不同的共识机制。共识机制是区块链的重要组件。区块链中的共识机制的目标是使所有的诚实节点保存一致的区块链视图，同时满足两个性质：

- 一致性。所有诚实节点保存的区块链的前缀部分完全相同；
- 有效性。由某诚实节点发布的信息终将被其他所有诚实节点记录在自己的区块链中。

在拜占庭容错算法实用化之后，为了更好地解决共识问题，又有很多新的共识证明方式诞生，主要有以下几种：

（1）PoW：Proof of Work，工作量证明机制

工作量证明机制即对于工作量的证明，是生成要加入到区块链中的一笔新的交易信息（即新区块）时必须满足的要求。在基于工作量证明机制构建的区块链中，节点通过计算随机哈希散列的数值解争夺记账权，求得正确的数值解以生成区块的能力是节点算力的具体表现。工作量证明机制具有完全去中心化的优点，在以工作量证明机制为共识的区块链中，节点可以自由进出。大家所熟知的比特币网络就应用工作量证明机制来生成新的区块，并产生新的比特币作为矿工奖励。然而，由于工作量证明机制在比特币网络中的应用已经吸引了全球计算机大部分的算力，其他想尝试使用该机制的区块链应用很难获得同样规模的算力来维持自身的安全。同时，基于工作量证明机制的挖矿行为还造成了大量的资源浪费，达成共识所需要的周期也较长，因此该机制并不太适合商业应用。

（2）PoS：Proof of Stake，权益证明机制

2012年，化名Sunny King的网友推出了点点币（Peercoin），该加密数字货币采用工作量证明机制发行新币，采用权益证明机制维护网络

安全,这是权益证明机制在加密数字货币中的首次应用。

与要求证明人执行一定量的计算工作不同,权益证明要求证明人提供一定数量加密数字货币的所有权即可。

权益证明机制的运作方式是,当创造一个新区块时,矿工需要创建一个"币权"交易,交易会按照预先设定的比例把一些币发送给矿工本身。权益证明机制根据每个节点拥有代币的比例和时间,依据算法等比例地降低节点的挖矿难度,从而加快了寻找随机数的速度。

PoS 也称股权证明,类似于财产储存在银行,这种模式会根据你持有的加密数字货币的量和时间,分配给你相应的利息。能否获得记账权也取决于权益持有量的多少,谁持有的币越多,谁有越大的可能性获得记账权。

简单来说,PoS 就是一个根据你持有币的量和时间给你发利息的一个制度,在 PoS 机制中,有一个名词叫币龄,每个币每天产生 1 币龄,比如你持有 100 个币,总共持有了 30 天,那么,此时你的币龄就为 3000,这个时候,如果你发现了一个 PoS 区块,你的币龄就会被清空为 0。你每被清空 365 币龄,你将会从区块中获得 0.05 个币的利息(假定利息可理解为年利率 5%),那么在这个案例中,利息=3000×5%/365= 0.41 个币,这下就很有意思了,持币有利息。

这种共识机制可以缩短达成共识所需的时间,但本质上仍然需要网络中的节点进行挖矿运算。因此,PoS 机制并没有从根本上解决 PoW 机制难以应用于商业领域的问题。

(3) DPoS:Delegated Proof of Stake,股份授权证明机制

股份授权证明机制是一种新的保障网络安全的共识机制。它在尝试解决传统的 PoW 机制和 PoS 机制问题的同时,还能通过实施科技式的民主抵消中心化所带来的负面效应。

股份授权证明机制与董事会投票类似,该机制拥有一个内置的实时股权人投票系统,就像系统随时都在召开一个永不散场的股东大会,所有股东都在这里投票决定公司决策。基于 DPoS 机制建立的区块链的去

中心化依赖于一定数量的代表，而非全体用户。在这样的区块链中，全体节点投票选举出一定数量的节点代表，由他们来代理全体节点确认区块、维持系统有序运行。同时，区块链中的全体节点具有随时罢免和任命代表的权力。如果必要，全体节点可以通过投票让现任节点代表失去代表资格，重新选举新的代表，实现实时的民主。

股份授权证明机制可以大大缩小参与验证和记账节点的数量，从而达到秒级的共识验证。然而，该共识机制仍然不能完美解决区块链在商业中的应用问题，因为该共识机制无法摆脱对于代币的依赖，而在很多商业应用中并不需要代币的存在。

此外，还有燃烧证明机制（Proof of Burn）、为了防止匿名开发人员在不提供可行的加密数字货币的情况下收集和窃取资金而设计的开发者证明机制（Proof of Developer）、根据交易量和活跃度等维度进行证明的重要性证明机制（Proof of Important）等共识证明方式。

2.3 智能合约

智能合约的概念可以追溯到 1995 年，几乎与互联网同时出现。在那时，为比特币打下理论基础而受到广泛赞誉的密码学家尼克·萨博（Nick Szabo）首次提出了"智能合约"这一术语。尼克·萨博认为："一个智能合约是一套以数字形式定义的承诺，包括合约参与方可以在上面执行这些承诺的协议。"

智能合约的概念要早于区块链，但直到区块链诞生之后，智能合约才真正得以实现。区块链的去中心化、可追溯但不可篡改的特性，以及区块链上能够加载的丰富资源和价值，使得各种合约的自动执行成为可能。

2.3.1 区块链中的智能合约

区块链中的智能合约是条款以计算机语言而非日常语言或法律语言

记录的智能合同，其实质是一种计算机程序——通过在区块链上写入类似 if-then 语句的程序，使得当预先编好的条件被触发时，这个程序会被自动触发，从而执行相应的合同条款。区块链中的智能合约一旦编写好就可以被用户信赖，合约条款不能被改变，因此智能合约是不可更改的。最先把智能合约引入区块链的是大名鼎鼎的 V 神，关于 V 神本人以及他开发的、与比特币齐名的区块链网络——以太坊，在后边的章节还会专门介绍。

智能合约在区块链当中的使用不仅会触发事件，而且会自动实现，这是一个大胆的演变，通过智能合约我们第一次可以在数字世界当中与真实世界的资产进行可以信赖的交互。智能合约是价值传递得以进行的媒介。

2.3.2 智能合约的运作方式

基于区块链的智能合约的运作过程如下：

多方用户共同参与制定一份智能合约，智能合约扩散并存入整个区块链网络，智能合约被自动执行。

1. 制定一份智能合约

在一个区块链网络中（比如说以太坊），两个或两个以上的注册用户共同商定了一份承诺，承诺中包含了双方的权利和义务；将这些权利和义务以代码方式编成程序也就是智能合约；参与者分别用各自私钥对合约进行签名以确保合约的有效性；签名后的智能合约携带着承诺的内容将会传入到区块链中，所有人都能看到。

2. 智能合约验证生效

生成的智能合约会在全网中扩散，每个节点都会收到一份；区块链中的验证节点会根据相应的共识机制，在规定的时间内对最新的智能合约集合达成一致；最新达成的智能合约集合会以区块的形式扩散到全网。每个区块包含了以下信息：当前区块的 Hash 值、前一区块的 Hash 值、达成共识时的时间戳、以及其他描述信息，当然还有最重要的信息——一组已经达成共识的智能合约集；收到智能合约集的节点，都会对每条合约进行验证。验证通过的合约才会最终写入区块链中，验证的内容主要是合约参与者的私钥签名是否与账户匹配。

3. 智能合约的执行

智能合约会定期检查是否存在相关事件和触发条件；满足条件的事件将会被推送到待验证的队列中；区块链上的验证节点先对该事件进行签名验证，以确保其有效性；等大多数验证节点对该事件达成共识后，智能合约将被自动执行，并通知用户；成功执行的智能合约将被移出区块，而未执行的合约则继续等待下一轮处理，直至成功执行。

智能合约的运作过程是完全数字化、自动化、去中心化的，这大大降低了合约的执行成本和合规成本。

2.3.3 智能合约的现实价值

智能合约是一种旨在以信息化方式传播、验证或执行合同的计算机协议，智能合约对于降低社会信任成本、重建商业经营环境具有重要意义。

智能合约与传统合约有着本质区别。传统合约因为需要人工执行往往受到过多人为因素的干扰，但是智能合约则可以不受任何人为因素的干扰而自动执行。

在采用区块链技术的系统中，由于资产已经上链，一旦预设编好的条件被触发，智能合约就会执行用计算机代码形式编写的合同条款，进而直接进行现实世界中的资产交割，可以保证合约本身在不受任何人为因素干扰的情况下正常执行。

区块链技术是一种使得交易记录完全公开化、同时无法被修改的技术手段，智能合约就相当于一个无法改变的、公平的中间人，它定义了整个交易过程中的所有逻辑规则，是非常核心的一个环节。

具体而言，智能合约非常适用于以下领域：

金融是智能合约的一大应用领域。基于区块链的智能合约可通过条件及代码的设定，实现数字身份权益保护、财务数据文件数字化记录、股权支付分割及债务自动化管理、场外衍生品交易处理过程优化、财产所有权转移等方面的应用。这些金融业务在传统流程的操作中依赖人工操作的参与，需要耗费人力成本较高；而通过应用智能合约将能减少人工操作过程中产生的错误和成本，同时提高效率及透明度。

另一方面，近年来包括IBM、微软等在内的企业也在探索智能合约在物联网领域的应用。物联网的发展需要标准化及可扩展的开放协议，从而避免物联网基础设施的重复建设、保证物联网的中立性并消除行业介入者的顾虑。而基于智能合约的区块链系统具有实现这种协议的可能性。

除了商业应用之外，区块链智能合约还可在建立去中心化自治组织（DAO）中得以应用。传统的组织由制度、中心化执行者维持运行，而DAO则可在合约承诺创建完成的基础之上，通过系统进行自动化管理，比如在触发条件出现时移除成员、解散组织、分配资金等。

2.4 区块链中的密码学

密码学在信息技术领域的重要地位无须多言，如果没有现代密码学的研究成果，人类社会甚至根本无法进入信息时代。而密码学更是区块链的基础，区块链大量运用了包括哈希算法在内的一系列加密算法。需要说明的是，介绍区块链中用到的密码学技术相对专业，对于非开发者来说无须深究，本书中只做概念性的介绍，不再深入讲解。

2.4.1　Hash（哈希）算法

（1）哈希算法的概念

哈希算法，又称散列算法，它是一类数学方法，将任意长度的二进制值转换成较短的固定长度的二进制值,这个二进制值叫作哈希值，哈希算法的公式如下：

$$h=hash(x)$$

其中 x 表示任意长度的二进制串，hash 表示哈希函数，h 表示生成的固定长度的哈希值。如图 2-2 所示。

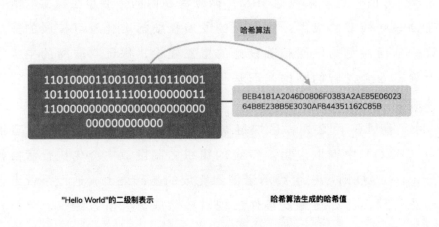

图 2-2　哈希运算示意图

（2）哈希算法的特点

通过哈希算法转换而成的哈希值有以下几个特点：

如果某两段信息是相同的，那么生成的哈希值也是相同的；如果两段信息十分相似，但只要是不同的，那么生成的哈希值将会十分杂乱随机并且两个字符串之间完全没有关联。这两个特点分别称之为单向性和确定性。

由这两条特性可以设计各类哈希算法，并通过抗碰撞性来评价其性能。

如果两个哈希值相同，那么这两个输入值可能是相同的也可能不同，输入相同的情况称为"碰撞（Collision）"，理想的哈希算法很难靠反推找到两段哈希值一致而内容不同的明文（发生碰撞）。

哈希算法是区块链中保证交易信息不被篡改的单向密码机制，对于任意一个输入，哪怕是很小的改动，其哈希值改变也会非常大，所以可以用哈希值判断内容是否被篡改，防篡改是哈希算法的主要应用场景。

（3）常见的哈希算法

目前常用的哈希算法主要有 MD 算法和 SHA 算法两种。

MD 是 Message Digest 的缩写，MD 算法主要包括 MD4 和 MD5 两个系列。MD4 是 MIT 的 Ronald L.Rivest 在 1990 年设计的，其输出为 128 位，但已被证明不够安全。MD5 是 Rivest 于 1991 年对 MD4 的改进版本，其输出也是 128 位。MD5 比 MD4 的抗分析和抗差分性能更好，但相对来说其运算过程也比较复杂，运算速度较慢。

SHA 是 Secure Hash Algorithm 的缩写，其主要包含 SHA-1 和 SHA-2 （SHA-224，SAH-256，SHA-384，SHA-512）系列，其中 224、256、384、512 都是指其输出的位长度。比如，SHA-256 是由美国国家安全局研发，由美国国家标准与技术研究院（NIST）在 2001 年发布。将任何一串数据输入到 SHA-256 将得到一个 256 位的 Hash 值。

目前 SHA-1 算法已经被破解，大多数应用场景下，推荐使用 SHA-256 以上的算法。

由于哈希函数的多样性，不同的哈希算法特性也不尽相同。SHA 算法相对于 MD 算法来说，防碰撞性更好，而 MD 算法的运行速度比 SHA 算法更快。常见的哈希算法如图 2-3 所示。

算法名称	输出大小 (bit)	内部大小 (bit)	区块大小 (bit)	长度大小 (bit)	字符尺寸 (bit)	碰撞情形
HAVAL	256/224/192/160/128	256	1024	64	32	是
MD2	128	384	128	No	8	大多数
MD4	128	128	512	64	32	是
MD5	128	128	512	64	32	是
PANAMA	256	8736	256	否	32	是
RadioGatún	任意长	58个字	3个字	否	1～64	否
RIPEMD	128	128	512	64	32	是
RIPEMD-128/256	128/256	128/256	512	64	32	否
RIPEMD-160/320	160/320	160/320	512	64	32	否
SHA-0	160	160	512	64	32	是
SHA-1	160	160	512	64	32	有缺陷
SHA-256/224	256/224	256	512	64	32	否
SHA-512/384	512/384	512	1024	128	64	否
Tiger (2) -192/160/128	192/160/128	192	512	64	64	否
WHIRLPOOL	512	512	512	256	8	否

图 2-3　常见的哈希算法

（4）哈希算法的用途

- 信息查询。区块链的哈希值能够唯一而精准地标识一个区块，区块链中任意节点通过简单的哈希计算都可获得这个区块的哈希值，计算出的哈希值没有变化也就意味着区块链中的信息没有被篡改。同时哈希值与区块之间一一对应的关系，也使得哈希算法成为区块链网络中进行信息查询的一种重要手段。
- 数据校验。由于哈希算法抗篡改的特性，可以利用哈希值进行数据的校验。在区块链网络中发送信息和传送文件的时候，经常会通过 MD5 算法校验数据的正确性和完整性。
- 哈希指针。哈希指针是一种数据结构，是一个指向数据存储位置及其位置数据的哈希值的指针。一个普通指针只能告诉你数据的位置，哈希指针除了告诉你数据位置，还提供一种方法让你验证数据是否被篡改过。在区块链中，SHA-256算法被用来生成哈希指针，标识区块和检验的区块的正确性。

- 数字摘要。顾名思义，数字摘要是对数字内容进行哈希运算，获取唯一的摘要值来指代原始完整的数字内容。数字摘要是哈希算法最重要的一个用途。用哈希函数的抗碰撞特性，数字摘要可以解决确保内容未被篡改过的问题。

扩展阅读：实践 SH-256 算法

在第一章的 1.4 节"生成一个区块链"中介绍的网站 https://blockchain.adesso.ch/#也可以模拟实践 SH256 算法。

进入网站后单击 SH256 Demo 链接进入 SH256 Demo 页面，如图 2-4 所示。在该页面中的 Data 文本框中可以输入任意的内容，之后单击"Make Hash"按钮，就可以在文本框中生成相应的 64 个字节的哈希值。

图 2-4　SHA256 Demo 页面

比如输入"this is Blockchain"，那么由这段文字生成的哈希值如

图 2-5 所示。哈希值为："693bc9ca09bb409521391e8426805c18273eaaf27da37739f79e998576237bd5"（可以数一数是不是 64 个字符）。只要输入的内容不变，那么生成的哈希值也不会变。

图 2-5　生成哈希值

我们也可以生成指定格式的哈希值。比如说我们要生成开头三个字符是"000"的哈希值。那么可以选中"Use Difficulty"选项，此时页面如图 2-6 所示。在底下的"Difficulty"文本框中输入"000"之后，再单击"Search Hash"按钮，在"Nonce"框中会生成一个随机数，之后 SHA256 算法会根据 Data 框中的内容结合这个生成的随机数，生成的哈希值为："000a901fea8f1714213d665fa4f89d8ee9028066e657c7777f5c3053af277c30"，开头三个字符都为 0，如图 2-7 所示。试试多点几次"Search Hash"按钮，SHA-256 算法可以根据多个不同的随机数 Nonce 生成不同的哈希值，但开头三个字符都是 0。这种方式可以极大地加强破解算法的难度。

图 2-6　选中"Use Difficulty"选项后的页面

图 2-7　生成头三个字符为"000"的哈希值

2.4.2　加密算法

区块链的开发和应用过程中，用到了大量的加密算法。

1. 加密算法的概念

数据加密的基本过程就是对原来为明文的文件或数据按某种算法进行处理，使其成为不可读的一段代码，通常称为"密文"，使其只能在输入相应的密钥之后才能显示出本来内容，通过这样的途径来达到保护数据不被非法人窃取、阅读的目的，数据加密过程中所应用到的算法即为加密算法。而该过程的逆过程为解密，即将该编码信息转化为其原来数据的过程。

（1）公钥与私钥

公私钥对是区块链所使用的密码学的基石。公私钥对包含两部分：公钥和私钥。这两个密钥是具有特定数学关系的大整数，用于代替密码和用户名。

公钥，就像一个人的名字或用户名一样。在大多数情况下，拥有者可以向任意请求者分享他的公钥，而得到公钥的人可以引用它或联系到公钥本人。公钥与拥有者的信用（或者是比特币中你的交易历史）绑定，一个人可以有很多个公钥（因此有多个公私钥对）用于不同的目的。公钥可用于引用或查看账户，但这个公钥本身并不能用来对该账户作任何操作。

私钥则像密码一样，用于验证某些操作（私钥和密码之间的区别是，如果要使用密码，必须将其发送给某个人或服务器，以便其对密码进行验证。而使用私钥时则无须将其发送给任何人，私钥能够让你可以在不向任何人发送你的秘密信息的情况下对自己进行身份认证，这种身份验证是完全安全的，不易受其他系统的安全漏洞影响）。私钥不应向任何人分享，它曾经存储或直接使用过的唯一场所就是在你的本地设备上。

（2）对称加密与非对称加密

加密技术通常分为两大类："对称式"和"非对称式"。

对称加密，是一种需要对加密和解密使用相同密钥的加密算法。由于其速度快，对称性加密通常在消息发送方需要加密大量数据时使用，通常称为"Session Key"。这种加密技术在当今被广泛采用，如美国政府所采用的 DES 加密标准就是一种典型的"对称式"加密法，它的 Session Key 长度为 56bits。所谓对称，就是采用这种加密方法的双方用同样的密钥进行加密和解密。因此，加密的安全性不仅取决于加密算法本身，密钥管理的安全性更是重要。

非对称式加密就是加密和解密所使用的不是同一个密钥，通常有两个密钥，称为"公钥"和"私钥"，它们两个必需配对使用，否则不能打开加密文件。这里的"公钥"是可以对外公布的，"私钥"则不能，只能由持有人一个人知道。它的优越性就在这里，因为对称式的加密方法如果是在网络上传输加密文件就很难不把密钥告诉对方，不管用什么方法都有可能被别人窃听到。而非对称式的加密方法有两个密钥，且其中的"公钥"是可以公开的，也就不怕别人知道，收件人解密时只要用自己的私钥即可以，这样就很好地避免了密钥的传输安全性问题。

包括比特币在内的区块链，一般都是对称加密和非对称加密相结合的，对称和非对称用在不同的环节，以比特币为例：

比特币用基于 secp256k1 椭圆曲线数学的非对称加密算法。它包含私钥与公钥，私钥用于对交易进行签名，将签名与原始数据发送给整个比特币网络，公钥则用于整个网络中的节点对交易有效性进行验证。保证了交易是由拥有对应私钥的人所发出的。

比特币私钥其实是使用 SHA-256 哈希算法生成的 32 字节的随机数，而比特币地址的生成，会把将公钥通过 SHA-256 哈希算法处理得到 32 字节的哈希值，再经过 Base58 编码处理变成地址。

2. 不同加密算法的适用情况

由于非对称加密算法的运行速度比对称加密算法的速度慢很多，当我们需要加密大量的数据时，建议采用对称加密算法，提高加解密速度。

由于对称加密算法的密钥管理是一个复杂的过程，密钥的管理直接决定着他的安全性，因此当数据量很小时，我们可以考虑采用非对称加密算法。

在实际的操作过程中，通常是：采用非对称加密算法管理对称算法的密钥，然后用对称加密算法加密数据，这样就集成了两类加密算法的优点，既实现了加密速度快的优点，又实现了安全方便管理密钥的优点。

需要注意的是，对称加密算法不能实现签名，签名只能采用非对称算法。

第三章
"玩转"区块链
——从加密数字货币开始

通过前面的章节,为大家介绍了区块链的定义、性质、发展历程和核心技术,接下来将为大家介绍基于区块链技术的主流应用,包括大名鼎鼎的比特币,活力十足备受追捧的以太坊,以及瑞波币,还有备受关注的 Libra 天秤币。通过认识和了解这几种典型的区块链应用,能够"玩转"区块链。

本章要介绍的这些典型应用都与加密数字货币直接相关。加密数字货币是任何想了解区块链技术的人都无法绕开的。

3.1 数字货币

3.1.1 什么是数字货币

数字货币（Digital Currency）目前尚无统一定义，可以将其理解为是电子货币形式的替代货币。狭义上的数字货币是一种基于数字技术，依托网络传输、非物理形式存在的价值承载和转移的载体。广义上，所有利用数字技术打造的货币都可以称为数字货币。

当我们谈到区块链的时候（尤其是公有链），不可避免地需要谈到"币"，那么这些"币"到底是一个什么东西？

简单来讲，这些所谓的"币"，可以分成四个层次：Currency、Money、Coin、Token。

- Currency，是主权国家的中央银行发行的货币；
- Money，是指金融体系里面的货币，更多与金融机构从事的交易有关；
- Coin，Coin 的原意是零钱，自从有了比特币之后，又多了一层含义，Coin 成为数字货币的一个称谓；
- Token，Token 的解释是通证或者令牌，Token 的货币学含义主要是在区块链网络中用来充当价值交互媒介的价值符号。

从 Currency 到 Token，货币的属性逐渐在减弱，资产的属性在加强。这也可以解释为什么 Token 或者 Coin 价格会经常性的大幅波动，而 Currency 却很少剧烈波动，因为资产价格的波动性要大于货币价格的波动性。

3.1.2 从实体货币到电子货币

货币的本质其实不在于它到底是金子还是银子，最重要的是全体参与者都共同认可这个东西,如果所有人都认可其交换价值,那么它就可以作为一般等价物,甚至是货币。

具体而言人类历史上的货币形态沿革可以分为以下阶段。

1. 货币缺失时代,以物易物

在人类社会发展初期,物品交易是以物易物的。在这个过程中,人们发现某些物品(比如羊)最受大家欢迎,用羊这个媒介更容易换到自己想要的东西,张三想用自己种的菜换把刀,但是卖刀的不要菜,怎么办?先把菜换成羊再用羊去换刀,这时候羊成了一般等价物即早期的通货。

2. 货币1.0时代,一般等价物

在人类社会长期的演化过程中,很多东西都曾经作为一般等价物,贝壳、布匹等在某地稀缺且具有一定使用价值的物资也有在部分地域作为一般等价物的历史。但最后贵金属(比如金、银)由于具备容易携带、价值高、不易变质、易于分割的特点,而被较为广泛地作为一般等价物。

3. 货币2.0时代,金属货币

贵金属有纯度和重量的区别,因而每次交易都需要验证纯度和称重,这就严重影响了金属作为货币的流通效率,严重限制了社会经济运行效率的提高。于是,某些具有一定影响力的商人,开始在硬币上打上自己的标志,用个人信用来担保金属的分量和材质,后来国家发现铸币有利可图,就垄断了铸币权。当然,金属货币的出现也是经济社会发展到一定阶段的成果。

4. 货币3.0时代,纸币

随着商业社会的不断发展,单次交易所蕴含的价值日益增长,慢慢地金属货币也不再能够满足交易需求,每次出门交易都要背着一大堆硬币确实非常麻烦而且危险,于是,钱庄应运而生。钱庄通过纸质存单的交易极大地释放了经济活力，在钱庄的基础之上，现代银行业渐渐发育成熟，以主权国家的信用做担保、由中央银行发行、由国家强制力保证流通的纸币诞生了。

5. 货币 4.0 时代，电子货币

同样地，随着近几十年全球化市场贸易的发展，特别是国际贸易以及网络贸易的发展，在主权国家信用体系下的纸币的低效性渐渐凸显，由于贸易保护主义和金融管制的存在，跨国转账漫长的时间成本极大地影响了全球经济的运行效率。

随着互联网技术和通信技术的发展，更为便捷的电子货币应运而生。电子货币（Electronic Money），是指可以在互联网上或通过其他电子通信方式进行支付的手段。这种货币没有物理形态，在技术设备中以电子形式存储，不用通过银行账户进行交易，被普遍用于对电子货币发行者以外的主体进行支付。具体就是：用一定金额的现金或存款从发行者处兑换并获得代表相同金额的数据，或者通过银行及第三方推出的快捷支付服务，通过使用某些电子化途径将银行中的余额转移，从而能够进行交易。随着互联网的高速发展，通过电子货币这种支付办法越来越流行。

3.1.3 加密数字货币

加密数字货币是数字货币的一种，是一种使用密码学原理来确保交易安全及控制交易单位创造的交易媒介，又称为密码货币。简单来讲，加密数字货币就是一串代码，只要掌握这一串代码，并且拥有对这串代码解密的密钥，就拥有这一加密数字货币的使用权。

加密数字货币具备去中心化的特点，不受个人、公司和主权国家银行控制，限量发行，不可控制价格，可在国际交易平台自由交易。目前最为知名的加密数字货币就是基于区块链技术的比特币。实际上，区块链技术的产生正是源于比特币，而加密数字货币也是区块链技术最初的应用，并且是目前最主要、最具社会认知度的一类应用。

3.2 比特币

3.2.1 比特币的基本概念

比特币（Bitcoin，BTC）是一种非常典型的、去中心化的加密数字货币，比特币示意图如图 3-1 所示，它基于一个名叫中本聪的神秘人物的设想而产生。比特币与区块链的关系如图 3-2 所示。

图 3-1　比特币示意图

图 3-2　比特币与区块链的关系

比特币是一种加密数字货币，比特币交易双方需要类似电子邮箱的"比特币钱包"和类似电邮地址的"比特币地址"。和收发电子邮件一样，汇款方通过个人计算机或智能手机，按收款方地址将比特币直接付给对方。

比特币地址是大约 33 位长的、由字母和数字构成的一串字符，总是由 1 或者 3 开头，例如"1DwunA9otZZQyhkVvkLJ8DV1tuSwMF7r3v"。比特币软件可以自动生成地址，生成地址时也不需要联网交换信息，可以离线进行。你可以随意地生成比特币地址来存储比特币，不过每个比特币地址在生成时都会有一个相对应的私钥被生成出来，这个私钥可以证明你对该地址上的比特币具有所有权。我们可以简单地把比特币地址理解成为银行卡号,该地址的私钥理解成为所对应银行卡号的密码,只有你在知道银行密码的情况下才能使用银行卡号上的钱。所以,在使用比特币钱包时请保存好你的地址和私钥。

比特币的交易数据被打包到一个"数据块"或者说是"区块"(Block)中后,交易就算初步确认了。当这个区块链接到前一个区块之后,交易会得到进一步的确认,在连续得到 6 个区块的确认之后,这笔交易就不可逆转地得到确认了。

比特币网络将所有的交易历史都储存在区块链中。区块链在持续延长,而且新区块一旦加入到区块链中,就不会再被移走。所以比特币网络,也即比特币区块链实际上是一群分散的用户端节点,并由所有参与者组成的分布式数据库,是对所有比特币交易历史的记录。

3.2.2 比特币的发展史

作为最初的加密数字货币,比特币的迅速崛起使其成为投资者、媒体和技术专家们关注的焦点,比特币和区块链的理念也开始在大众认知中流行。事实上,区块链的创新正在改变整个市场,同时也引起了各国央行和金融业的波动。但比特币的真正影响实际上远不止于此,它为逾千种可供在线交易的加密数字货币和数字资产创造了新的市场。

从 2011 年起,加密数字货币的版图日益拓张。除了以比特币为基础的衍生型加密数字货币,其他与比特币存在不少区别的加密数字货币也逐步发展起来。

以下就让我们来了解一下比特币十余年来波澜壮阔的发展史吧!

(1) 2008-2010 年:比特币市值三年突破 100 万美元

2008 年 11 月 1 日,中本聪发表了一篇题为《比特币:一种点对点的电子现金系统》的论文,该论文以区块链技术为核心,使得在线支付能够直接由一方发起并支付给另一方,而中间不需要通过任何的金融机构。这份文件也被视为区块链技术的开端。

2009 年 1 月 3 日,中本聪在位于芬兰赫尔辛基的一个小型服务器上挖出了第一批 50 个比特币。随后，比特币软件首次面向公众开放。"挖矿"的网民越来越多，但主流市场还未认可它的价值，发行后一年多时间比特币并不具备市场价值。

2010 年 5 月 21 日，第一次比特币交易发生于佛罗里达，一名叫作 Laszlo Hanyecz 的程序员用 1 万个比特币购买了价值 25 美元的披萨饼优惠券，比特币开始具有价值属性，其初始价值约为 0.003 美元。比特币产生价值后，比特币挖矿热潮热度持续走高，第一个比特币交易所 Mt.Gox 应运而生。这时，比特币市值经历了第一次价格剧烈波动，5 天内的涨幅高达 10 倍，比特币价格从 0.008 美元/个涨至 0.080 美元/个。

2010 年 7 月 17 日，第一个比特币交易平台成立。

2010 年 11 月 6 日，Mt.Gox 上比特币的价格达到 0.5 美元/个，此时比特币经济规模达到 100 万美元。

2010 年 12 月 7 日，第一次便携设备之间的比特币交易在 NOKIA 900 上实现，交易量为 0.42BTC。

随后，比特币的发展势头吸引了黑客们的注意力，系统中暴露出了一个重大漏洞。但民众对于比特币的关注度却日益增高，至当年 11 月，当时全球最大的比特币交易平台 Mt.Gox 上单枚比特币价格已突破 0.5 美元，比初始价格上涨约 167 倍，比特币市值达到 100 万美元。

（2）2011 年：去中心化和加密数字货币概念流行

2011 年 2 月 9 日，比特币价格首次达到 1 美元/个，与美元等价。比特币与美元等价的消息被媒体大肆报道后引发人们的高度关注，购买比特币的用户大增。此后两个月内，比特币与英镑、巴西币、波兰币的兑换交易平台先后开张。4 月，比特币首次从小范围的极客圈走进公众视野，随后各家媒体也先后进行相关报道。

从 4 月初到 6 月初的两个月时间内，比特币价格先后突破 10 美元/个、20 美元/个，一路攀升到 31.9 美元/个，涨幅高达 3000%，但在随后爆出的大型交易所比特币被盗事件后，6 月 19 日比特币的价格一度跌至 0.013 美元/个。

总体来说，比特币在2011年内经历了长达半年的低潮期，此时的比特币也受到了批评，因为它被用于所谓的"暗网"交易，特别是被用于在丝绸之路（Silk Road）等从事非法交易的网站上进行交易。

在这一年，随着比特币越来越受欢迎，去中心化和加密数字货币的概念流行起来，一些其他种类的加密数字货币开始出现。这些替代型加密数字货币通过提供更快的交易速度，更好的匿名性或其他一些优势来尝试改进原始的比特币设计。

（3）2012年：实体经济接受比特币支付

延续2011年的颓势，比特币价格在2012年2月跌破2美元/个，比起2011年6月创下的新高31.9美元/个，跌幅巨大。

此时的加密数字货币开始进入大众视野，甚至出现在了影视作品中，美国电视剧《傲骨贤妻》第三季中的一集就与比特币相关，该集名为"傻瓜的比特币"。

2012年6月开始，陆续有多家实体商家宣布接受比特币支付。

2012年7月，随着比特币官方论坛的帖子数量突破100万，比特币价格回升至8.77美元/个。

2012年9月的伦敦比特币会议及之后的比特币基金的创立、欧洲第一次比特币会议的召开，又将比特币价格进一步推高至将近13美元/个。

2012年12月，比特币的发行量占到其预设发行总量的一半，比特币供应量发起了首次减半调整，通缩效应使得比特币单价重回巅峰期。在法国比特币中央交易所诞生之后，比特币价格涨至13.69美元/个。

（4）2013年：比特币政策法规取得突破

2013年1月，在比特币跌至2美元/个后不久，比特币再度大幅上涨。新的交易所、新的投资者和更高的媒体曝光度都帮助比特币快速恢复了涨势。

2013年2月19日，比特币客户端V8.0发布，此时比特币价格为28.66美元/个。

2013年4月10日，比特币价格创下历史新高——110美元/个。

2013年5月17日，2013年圣何塞比特币大会召开，超过1300人参与，此时比特币价格为119.1美元/个。

2013年6月27日，德国会议做出决定：持有比特币一年以上将予以免税，被业内认为此举变相认可了比特币的法律地位，此时比特币价格为102.24美元/个。

2013年11月29日，比特币在热门交易所Mt.Gox的交易价格创下1242美元/个的历史新高，而同时黄金价格为一盎司1241.98美元，比特币价格首度超过黄金。

2013年12月5日，中国央行联合五部委下发通知监管比特币，比特币价格快速大跌，截至当日下午5点，比特币价格已经跌至1030美元/个附近，随后比特币价格继续大跌，一度跌至500美元/个以下。

（5）2014年：比特币日益流行，引发监管

2014年初，比特币用户数量约是1年前的10倍，比特币矿池的规模也创下了纪录。而实体经济方面，对比特币的接纳程度也越来越高，多家知名商家宣布开始接受比特币支付。

2014年1月5日，比特币价格又升回到950美元/个以上。

2014年2月，前面提到的全球最大的比特币交易平台Mt.Gox被盗，宣布破产。这一事件打击了人们对比特币安全的信任，比特币价格跌到了700美元/个左右。之后，比特币开始了漫长的价格低位调整阶段。在650美元/个到300美元/个之间波动。在2015年年初，比特币的最低价格一度跌到了150美元/个左右。

2014年8月，美国The Coinsman网站记者来到中国东北考察"比特币挖掘工作"，眼前的一切让他目瞪口呆：位于中国东北某地的矿场拥有2500台挖矿机，每秒可进行2300亿次哈希计算，每月消耗电费达40万元人民币，矿场全天候24小时挖矿，工人三班倒不停歇。

（6）2015年：区块链技术引起关注

比特币在2015年表现不俗，其原因之一是区块链技术使得各大金融公司对比特币兴趣渐浓，对其接受度逐渐提高。

2015年初比特币的价格刚超过300美元/个,但在1月14号时跌至170美元/个,在两天内下跌了37%。价格在接下来的12天内有所反弹,因为交易所和钱包供应商Coinbase的新一轮融资成功,比特币一路飙升至超过300美元/个。

2015年3月~6月,比特币价格一直在250美元/个左右波动,直至6月下旬,随着希腊债务问题的恶化,比特币价格上涨到300美元/个。

2015年8月,由于交易所事故,比特币价格下跌至179.35美元/个。整体来看,2015年比特币的价格在3月~9月整整盘整了6个月的时间。

2015年11月4日比特币价格一度上涨20%,最高飙升至500美元/个。

(7) 2016年:开启ICO元年

2016年,全世界的比特币交易所数量已经达到数十家。受比特币产量减半、英国脱欧、美国大选以及亚洲市场的强势等因素影响,比特币价格出现反弹,并呈现进一步上扬的趋势。

其中,中国市场比特币的交易量超过95%,而在新产生的比特币里面,有超过70%在中国矿场产出,中国矿场几乎垄断了未来比特币的新增供给。

在全球政治经济震荡的大环境下,比特币作为一种避险资产脱颖而出。6月,英国宣布脱欧导致英镑跳水,比特币价格应声上涨,涨幅近20%。8月的交易所被盗事件,使得比特币价格一夜闪崩约26%,但紧接着,价格再度回升。11月,美国大选结果公布,特朗普政策提案的不确定性进一步推动了作为避险资产的比特币的价格。在此期间,比特币的价格涨至1000美元/个的高度,涨幅超40%。

以太坊在2016年也风头甚劲,该平台的发布标志着首次代币发售(ICO,Initial Coin Offering)的产生。2016年也见证了ICO市场的火爆,这一年也被称为ICO元年,多个区块链项目通过ICO方式获得融资。

(8) 2017年:比特币创造了历史

在整个2017年,比特币在金融媒体上频繁登上头条,比特币已经成为家喻户晓的名词。比特币的价格从2017年年初的970美元/个上涨到了 2017 年 12 月的近 2 万美元/个，全年涨幅达到 1700%。

作为无边界的加密数字货币，比特币吸引了范围更广、拥有大量现金的投资者。截至 2017 年 12 月，接受比特币的实体企业数量达到 11291 家，比特币 ATM 机的数量则增长至 1986 个。除了比特币之外，莱特币、以太币等加密数字货币也开始成为一些商家的支付选择。

2017 年全年，比特币最低价位是 1 月 11 日的 789 美元/个。4 月，日本出台了管控比特币交易的新规，赋予其作为支付手段的地位。

1 月到 5 月，比特币价格缓慢增长，到五月中旬达到 2000 多美元/个。在 6 月和 7 月，比特币价格一度下挫 36%，这是因为比特币分叉的消息让市场产生了担忧。

9 月初，比特币价格超过 4000 美元/个，此后在 9 月 4 日，中国央行宣布将 ICO 定性为非法金融活动，暂停国内一切 ICO 交易。这对比特币造成了短期的打击，比特币价格从 4800 美元/个跌至 3491 美元/个，跌幅达 28%，但之后比特币又继续上涨。

10 月，比特币价格涨至 6000 美元/个，在 12 月 17 日，比特币价格达到 19800 美元/个，之后开始暴跌。

12 月 31 日比特币价格跌破 11000 美元/个。整个 2017 年的后半段，比特币在暴涨和暴跌之中持续吸引着人们的关注。

（9）2018 年：监管之下比特币低位盘整

2018 年 1 月 26 日，中国互联网金融协会发布《关于防范境外 ICO 与"虚拟货币"交易风险的提示》，四天后比特币单价跌破一万美元大关。

2018 年 4 月 5 日，印度央行宣布，禁止央行监管的实体为任何个人和企业实体提供虚拟货币的服务和结算。

2018 年 4 月 11 日，澳大利亚政府表示，位于澳大利亚的数字货币交易所（DCE）必须向澳大利亚注册，并符合政府的反洗钱（AML）和反恐怖融资合规和报告义务。

2018 年 5 月 7 日，日本金融厅（FSA）表示将对国内数字货币交易所采取进一步监管。

2018年6月10日，韩国数字货币交易所Coinrail称系统遭遇"网络入侵"，比特币连续三天下跌。

2018年6月28日，韩国金融服务委员会（FSC）针对数字货币交易所公布了新的加密数字货币监管框架和指导。

2018年8月22日，美国证监会（SEC）公布否决ProShares、Direxion和GraniteShares三家机构提出的合计九只比特币ETF的上市申请。

2018年8月26日，我国银保监会、中央网信办、公安部等多部门发布风险提示，提醒广大民众防范以"虚拟货币"等名义进行的非法集资。

2018年对于比特币投资者和区块链从业者来说是艰难的一年，币价下跌、监管趋严、前途不明，无数的投资者和从业者无奈选择了离开。

在供应一侧，2018年加密数字货币市场上的项目极度泛滥。企业界、学术界、媒体、交易所，很多在社会上稍有点名气的机构都想发个币出来，这就跟A股开放IPO一样，一下就把市场上的供应量增加上去了，对价格造成了很大的压力。而在需求一侧，社会资本投资区块链项目和加密数字货币的热情有所减退。随着2018年初社会的"区块链学习热"，以及相关知识的普及，人们也逐渐意识到，区块链技术还面临着很多的发展瓶颈，应用范围还比较有限。在这一年的最后一个月里，比特币价格大多数时段徘徊在4000美元左右，这一价格与年初1.7万美元相比，已跌去近八成。

（10）2019年：比特币后市可期

加密数字货币在2019年打了一场漂亮的"翻身仗"。截至2019年底，2000多种加密数字货币总市值约2800亿美元，市场总值涨幅超112%。

就投资回报率来看，加密数字资产已超越黄金、石油、热门股票等传统资产。在市值前50的加密数字货币中，有14个币种的涨幅超过比特币，平均涨幅为227.6%。而在传统投资市场，石油作为2019年表现最好的资产，其涨幅也仅仅维持在29%左右。紧随其后的纳斯达克、标准普尔、道琼斯、日经指数等热门股票的平均涨幅甚至不到20%。

2019年5月9日，币安研究院发文表示，比特币的投资回报率远超传统资产。币安研究院认为，与传统资产相比，在过去两年间（包含一个完整的牛熊周期），比特币的夏普率高达 1.17（意味着投资人每承担 1 元的波动可以获得 1.17 元的回报），索提诺率高达 2.83（每承担 1 元的下行风险可以获得 2.83 元的补偿），月度正负收益比值更是高达 199%。

数据表明，进入 2019 年后，加密数字货币市场已完全走出熊市的阴霾。无论币价表现、交易量还是市场总值，各指标均显示加密数字货币市场在重现活力。在快速回升的过程中，比特币展现出了远超传统资产的投资潜力。

侧链、闪电网络等技术在不断提高比特币网络的可扩展性，提升其金融化程度，推动比特币获得更广泛应用。年轻一代人群对比特币也表现出越来越强的接纳和使用态度。业内人士认为，将来比特币会成为公认的投资组合、对冲工具和储备资产，同时会作为支付网络取得重大进展。

3.2.3 比特币运行机制

前边介绍了比特币的基本设计原理，那么比特币具体是怎样运行的呢？

1．发行机制

和法定货币相比，比特币没有一个集中的发行方，而是由比特币网络节点的计算生成，谁都有可能参与制造比特币，而且比特币全世界流通，可以在任意一台接入互联网的个人计算机上买卖，不管身处何方，任何人都可以挖掘、购买、出售和获取比特币。比特币在交易过程中外人无法辨认用户身份信息，且可以不受任何国家的央行和任何金融机构控制而自由流通。

比特币网络通过"挖矿"来生成新的比特币。所谓"挖矿"实质上是通过用计算机解决一项复杂的数学问题，来保证比特币网络分布式记账系统的一致性。比特币网络会自动调整数学问题的难度，让整个网络约每 10 分钟得到一个合格答案。随后比特币网络会新生成一定量的比特币作为赏金，以奖励获得答案的人。

2009年比特币诞生的时候，每笔赏金是50个比特币。比特币网络诞生10分钟后，第一批50个比特币生成了，而此时的全网货币总量就是50。随后比特币就以约每10分钟50个的速度增长。当全网总量达到1050万个时（2100万的50%），挖矿赏金减半为25个，当总量达到1575万个（新产出525万个，即1050万的50%）时，赏金再减半为12.5个。

比特币货币供应量变化情况如图3-3所示。

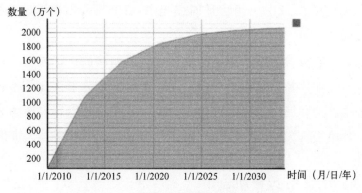

图3-3　比特币货币供应量变化情况

首先，按照比特币的设计原理，比特币的发行总数是个定值——2100万个。而比特币的发行，本质就是对"挖矿"的矿工给予的奖金。在这个过程中，比特币的总量会持续增长，直至100多年后达到2100万个都生成（也就是全部被挖出）的那一天，但比特币货币总量后期增长的速度会非常缓慢。事实上，87.5%的比特币都将在头12年内被"挖"了出来。

2．交易机制

所谓比特币交易就是从一个比特币钱包向另一个比特币钱包中转账比特币，每笔交易都有数字签名来保证安全。一个交易一旦发生那么就是对所有人都公开的，每个交易的历史可以最终追溯到相应的比特币最初被挖出来的那个点（这句话不太好理解，不过接下来我们介绍输入输出的概念时，这个就比较清楚了）。

举个例子，如果小红要给小明发送一些比特币，那么这个交易就有三项信息：

输入信息：最初小红拥有的这些币是从哪个地址转给她的；

数目：小红到底给小明转了多少个比特币；

输出信息：小明的比特币地址。

比特币交易中是如何发送币的呢？需要两样东西，比特币地址和对应的私钥。比特币地址是随机生成的，就是一串由字母和数字组成的字符串。私钥也是类似的一个字符串，但是私钥是要严格保密的。比特币地址就好像一个透明的存钱罐，每个人都可以看到里面有什么，但是只有拥有私钥的人才能打开它。

当小红想要给小明发送比特币的时候，就用私钥来签署一段信息，其中包括输入信息、数目和输出信息这三项前面已经提过的内容。小红所在节点向全网发出交易信息，矿工通过算力竞争争夺记账权并将记账结果向全网广播，比特币网络中其他矿工接受区块并验证，最终将这条交易信息添加进账本。这个验证过程如图3-4所示。

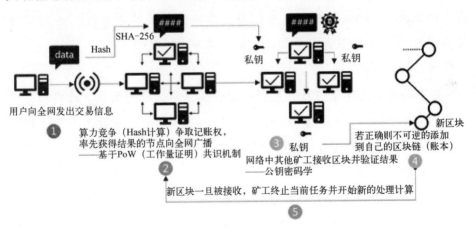

图3-4 比特币交易的验证过程

3. 防双花机制

（1）双花问题

所谓"双花"问题，是指在区块链加密技术出现之前，加密数字货币和其他数字资产一样，具有无限可复制性，人们没有办法确认一笔数字现金是否已经被花掉。因此，在交易中必须有一个可以信赖的第三方来保留交易总账，从而保证每笔数字现金只会被花掉一次。

（2）双花问题的解决

中心化的管理系统通过实时修改用户余额，可以有效地防止双重支付（用户利用网络延迟把同一笔钱支付给两个人），然而无人监管的去中心化的系统很难防止这一情况的发生。

中本聪通过使用区块链盖时间戳并发布全网的方式，保证每笔货币被支付后，不能再用于其他支付。当且仅当包含在区块中的所有交易都是有效的且之前从未存在过的，其他节点才认同该区块的有效性。这种方式从根本上解决了去中心化的比特币网络中的"双花"问题。

4. 加密机制

作为一种加密数字货币，在比特币体系中大量使用了公开的加密算法，如 Merkle Tree 哈希树算法、椭圆曲线算法、哈希算法、非对称加密算法等。各种算法的概念和在比特币中的作用如下：

（1）哈希算法

关于哈希算法在第二章中已经有过介绍，在此不再赘述。比特币区块链中最常使用的两个哈希算法分别是：SHA-256算法，主要用于完成PoW（工作量证明）计算；RIPEMD-160算法，主要用于生成比特币地址。

（2）哈希指针

哈希指针是一种数据结构，哈希指针指示某些信息存储在何处，我们将这个指针与这些信息的哈希值存储在一起。哈希指针不仅是一种检索信息的方法，同时它也是一种检查信息是否被修改过的方法。

区块链就可以看作一类使用哈希指针的链表。这个链表链接一系列的区块，每个区块包含数据以及指向表中前一个区块的指针。区块链中，前一个区块指针由哈希指针所替换，因此每个区块不仅仅告诉前一个区块的位置，也提供一个哈希值去验证这个区块所包含的数据是否发生改变。

（3）Merkle 树

Merkle 树是区块链中重要的数据结构，其作用是快速归纳和校验区块数据的存在性和完整性。比特币网络中，通过 Merkle 树检查是否一个区块包含了某笔交易，而无须下载整个区块数据，即实现 SPV "简单支付验证"。

扩展阅读：什么是简单支付验证 SPV？

简单支付验证（SPV，Simplified Payment Verification），只判断用于"支付"的那笔交易是否已经被验证过，并得到了多少的算力保护（多少确认数）。中本聪关于比特币的论文中简要地提及了这一概念：不运行完全节点也可验证支付，用户只需要保存所有的 Block Header（区块头）就可以了。用户虽然不能自己验证交易，但如果能够从区块链的某处找到相符的交易，他就可以知道网络已经认可了这笔交易，而且得到了网络的多少个确认。

（4）椭圆曲线算法

比特币中使用基于 secp256k1 椭圆曲线算法进行签名与验证签名，一方面可以保证用户的账户不被冒名顶替，另一方面保证用户不能否认其所签名的交易。用户用私钥对交易信息签名，矿工用用户的公钥验证签名，验证通过，则交易信息记账，完成交易。

（5）非对称加密算法

作为一种加密数字货币，比特币采用的是非对称加密算法。这种算法通常需要两个密钥：公开密钥（Public Key）和私有密钥（Private Key），公开密钥与私有密钥是一对。如果用公开密钥对数据进行加密，只有用对应的私有密钥才能解密；如果用私有密钥对数据进行加密，那么只有用对应的公开密钥才能解密。因为加密和解密使用的是两个不同的密钥，所以这种算法叫作非对称加密算法。

非对称加密算法使用一对密钥，一个用来加密，一个用来解密，而且公钥是公开的，密钥是自己保存的，因而安全性更好。但是，非对称加密的缺点是加密和解密花费时间长、速度慢，只适合对少量数据进行加密。

事实上，比特币本身就是一串可以破解公钥的密码组，即上文提到的私钥，而这串私钥是可以分割保存的，这也是为什么很多时候我们手中的比特币并不总是以整数形式存在的原因。

3.2.4 "玩转"比特币

1. 获取比特币

挖矿是直接获取比特币的唯一方法。

简单来说，挖矿是指"矿工"利用计算机硬件计算、记录和验证被称为区块链的数字记录信息的过程。矿工通过挖矿求解数学难题从而获得创建新区块的记账权以及区块的比特币奖励，由于这一过程与矿物开采十分相似，故被形象地称为挖矿。

目前随着比特币存量的减少，挖矿难度日益增强，对于用于挖矿的计算机（矿机）的算力的要求越来越高，个人想通过挖矿获取比特币已经十分困难。

另一种获取比特币的方法是在交易所里进行交易，这一部分内容将在"交易比特币"一节进行详细介绍。

2. 储存比特币

储存比特币的工具叫作"钱包"。这里说的"钱包"与我们平时说的钱包有什么区别呢？

比特币钱包其实就是"私钥、地址和区块链数据的管理工具"。比如说，生成的私钥、私钥生成之后计算出的地址、相关的区块链数据的维护、比特币收支账目的情况，所有这些都通过比特币钱包这个工具来完成。

（1）钱包的分类

钱包种类繁多、功能各异，这里根据对区块链数据的维护方式把钱包分为如下几类。

1）全节点钱包（如 Bitcoin Core 核心钱包），这类钱包维护着比特币网络中全部的区块链数据（当前在数据量在 50GB 以上），完全去中心化，同步全网所有数据。

2）SPV 轻钱包，此类钱包只维护与自己相关的区块链数据，基本上是去中心化的（要依赖比特币网络上的其他全节点），仅同步与自己相关的数据。

3）中心化钱包，此类钱包不依赖比特币网络，只依赖自己的中心化服务器，不同步数据，所有的数据均从自己的中心化服务器中获得。

从去中心化角度上讲，使用全节点钱包的人越多越好，这样比特币网络上的节点数也会更多，不过，由于比特币网络中全部区块链的数据量太大，全节点钱包对于普通用户的使用体验一般，因此，当前越来越流行 SPV 轻钱包，越来越多的钱包解决方案也开始转向 SPV 轻钱包。中心化钱包由于不依赖比特币网络，有着流量和体验上的优势，不过因其要依赖第三方中心化的服务，有着第三方服务不可用则钱包不可用的劣势。

根据所使用的硬件设备，我们还可以把钱包分为如下几种。

1）PC 钱包，钱包软件运行于桌面操作系统（Windows、MacOS、Linux 等）。

2）手机钱包，钱包 App 运行于安卓、iOS 等手机操作系统。

3）Web 在线钱包（如 blockchain.info），运行于云服务之上，私钥加密存储于云端服务器，用户通过浏览器访问。

4）硬件钱包，运行与专门定制的硬件上，可能需要与计算机或手机配合使用。

除了上述分类方式外，还有一种所谓的"链上 On-Chain、链下 Off-Chain"的分类方式，这又产生出了一种"钱包"，叫"Off-Chain 钱包"，即不进行真实的链上资产交割，只由钱包运营方代为保管。

其实，从本质上讲，我们并没有一种比特币交易叫"Off-Chain 交易"，也不应称这类的服务为"Off-Chain 钱包"，我们应该称其为"银行"或者是"存币平台"，因为在这种情况下，用户手里所拥有的一个比特币其实只是该平台上的一个数字,而并非是比特币网络上真实的比特币。

扩展阅读:链上(On-Chain)与链下(Off-Chain)

(1)链上/On-Chain

On-Chain 是区块链网络上最基本的交易方式。

以比特币为例,链上交易的流程是甲方给乙方一个比特币地址(公钥),乙方用客户端创建交易发送比特币给甲方,这笔交易在全网广播,并且被确认,随后打包进区块。

链上交易示意图如图 3-5 所示。

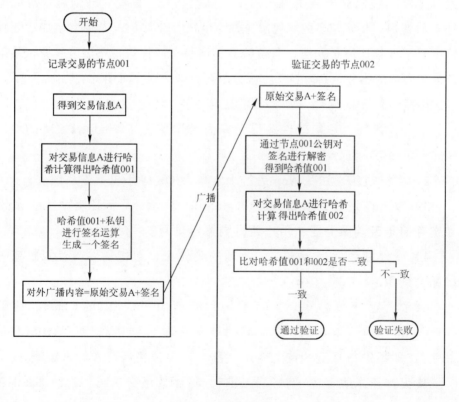

图 3-5 链上交易

（2）链下/Off-Chain

从功能角度讲，区块链是一个价值交换网络，链下是指不存储于区块链上的数据交互方式，例如我们在交易所里进行的交易就是Off-Chain链下交易。

在交易所中进行的链下交易是如何运作的呢？

用户A和用户B分别在某交易所开户，交易所会分别为用户A和用户B生成一对公钥私钥，但是A和B都不知道平台给他们生成的私钥，只知道自己的公钥。

然后，A和B用自己的钱包往平台给他们开的公钥地址里充值比特币，注意这个操作依然是On-Chain的。

再然后，A通过交易所转了0.5BTC（比特币的单位）给B，但由于A没有私钥，所以需要交易所拿A的私钥去签名并广播这个交易，然而交易所真的需要去广播这个交易吗？不需要的，交易所只需要在自己的数据库里将A的账户余额减掉0.5BTC，将B的账户余额增加0.5BTC。这一步，只是交易所自己维护的信息在更新，没有上链，所以这个操作是Off-Chain的。

最后，当A和B从交易所取现时，交易所将他们线上账户的比特币转给他们自己的比特币地址时（A、B自己拥有私钥的地址），这个操作才会重新On-Chain。

与On-Chain相比Off-Chain交易可以很快，但是由于交易数据放到交易所的数据库里了，所以安全性上有所降低。

（2）钱包的下载和使用

那么如何获得一个属于自己的钱包并进行使用呢？接下来以比特币官方钱包（Bitcoin Core，也即前边介绍的比特币核心钱包）为例，介绍钱包的下载和使用。

比特币官方钱包客户端的原名是Bitcoin-QT（QT钱包），后更名为Bitcoin Core（核心钱包）。

- 适用平台：微软Windows、苹果Mac OS X、Linux。

- 优点：这个钱包是最完整的、最安全的钱包、最早的比特币客户端。
- 缺点：保存有全部比特币网络的区块链数据，文件体积庞大，要占据 50GB 硬盘空间，软件启动较慢；每次生成新的收款地址需要备份钱包文件，否则新地址的私钥万一丢失后无法恢复。

比特币官方钱包的下载和使用方法如下。

1）首先，到比特币官方网站下载钱包，注意根据自己计算机的操作系统选择 32 位或者 64 位的版本。下载地址为：https://bitcoin.org/zh_CN/download。

比特币官方网站钱包下载地址如图 3-6 所示。

图 3-6　比特币官方钱包下载地址

2）下载安装文件，然后运行并安装钱包。启动钱包，设置数据存储位置。

钱包安装完毕就可以进行钱包数据同步了。根据网络情况，钱包数据同步时间可能需要 1 天至 1 周时间。钱包数据同步如图 3-7 所示。数据同步完成后，钱包才能正常运行。

第三章 "玩转"区块链——从加密数字货币开始 // 73

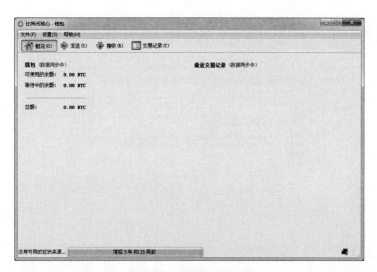

图 3-7 钱包数据同步

3）钱包文件安装完成后需要为钱包设置密码，即为钱包加密，并备份钱包。

一个好的密码应该包括 16 位以上（最好 20 位以上）的大小写字母、数字及特殊符号，且不要使用生日、名字、证件号码等易被猜测的密码。说明：遗忘密码等于丢失所有比特币。为钱包加密的过程如图 3-8 和图 3-9 所示。

图 3-8 钱包加密-设置新密码

图 3-9　密码设置完成

4）备份加密后的钱包文件。将加密后的钱包文件 wallet.dat 复制到你的电脑以外的其他存储，如 U 盘、SD 卡等。加密后的钱包文件如图 3-10 所示。

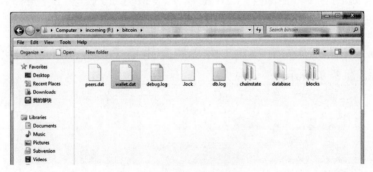

图 3-10　加密后的钱包文件

5）接下来就是使用比特币钱包了。在"发送"选项卡中，可以把你的比特币发送给其他比特币用户。

请注意：交易一经确认无法逆转！请仔细确认交易信息。系统可能根据情况征收交易费（一般情况是 0.0001BTC，万分之一个比特币，不过更多的手续费有助于交易被快速处理并确认）。发送比特币如图 3-11 所示。

第三章 "玩转"区块链——从加密数字货币开始 // 75

图 3-11 发送比特币

在"接收"选项卡中,可以获取自己的钱包地址。直接点击"请求付款"按钮,将生成一个新的地址。这个地址可以提供给别人,用于接收对方向自己发送的比特币。接收比特币如图 3-12 所示。

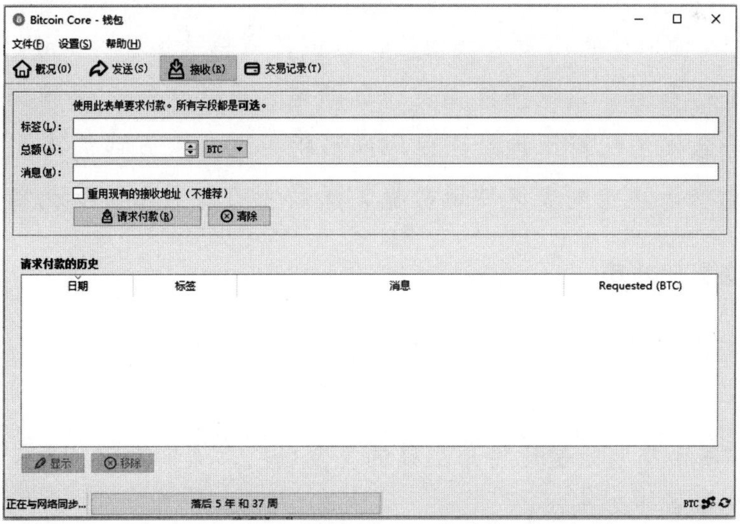

图 3-12 接收比特币

点击"请求付款"按钮,即可显示接收地址和二维码了。生成的接收地址和二维码如图 3-13 所示。

图 3-13　查看接收地址和二维码

在每次使用比特币官方钱包后,应该注意将钱包文件 wallet.dat 加上日期进行备份,以免意外情况(如断电、重装电脑、误删文件等情况)而导致你的比特币地址所对应的私钥丢失。官方钱包再次启动后需要与比特币网络同步区块链数据,然后才可发送和接受比特币。

3. 交易比特币

具体而言,比特币交易分为交易所交易和场外交易两种。

(1)交易所交易

数字货币交易所是比特币交易的主要场所,当前数字货币交易所以 C2C 式的撮合交易为主。

从全球来看,当前主要的数字货币交易所包括:bitmex、币安、okex、upbit、bitfinex、bithumb、火币网、k 网、zb。

其中，长期以来比较被中国用户认可的比特币交易平台主要有三大平台，分别为比特币中国、火币网、OKCoin。其中 2018 年 1 月 3 日起，比特币中国停止网站的登录和网站提现服务。目前只有两大比特币交易平台仍在营业，但公司主体已经迁往海外，这两家交易所分别是火币网和 OKCoin。本书以火币网为例说明通过交易所交易比特币的方法。

1）准备工作。

出于反洗钱和风险控制的需要，在主流数字货币交易所交易比特币通常需要提前完成身份认证。身份认证流程如下：

第一步：登录火币网官网。

火币网网址为：https://www.huobipro.com/zh-cn/。注：火币网主站不在国内，要登录需有相应条件。火币网首页如图 3-14 所示。

图 3-14　火币网首页

第二步：进行身份注册。

点击首页右上角"注册"链接，在火币网的注册页面中，可根据图示进行身份注册，如图 3-15 所示。

图 3-15　火币网账号注册页面

第三步：进行身份认证。

火币网身份认证链接如图 3-16 所示，当你完成了身份认证之后就可以在火币网进行加密数字货币交易了！

图 3-16　火币网身份认证

2）在火币网交易比特币。

在数字货币交易所进行交易前出于更好地了解加密数字货币的需要，有如下基本常识需要了解。

交易所中的两个常见名词：

- 法币交易（也称 OTC 交易）：指法币（人民币）和加密数字货币之间的交易。加密数字货币一般是仅支持 BTC（比特币）/ETH（以太币）/USDT（泰达币，美元的锚定币，1USDT=1 美元，由于防止洗钱等因素，实质上国内的交易所 1USDT 价格稍微大于 1 美元）。在法币交易区可以用人民币买 BTC/ETH/USDT，也可以将你拥有的 BTC/ETH/USDT 兑换成人民币。
- 币币交易：分为 BTC 交易市场（支持将比特币与任意所支持的币种之间兑换），ETH 交易市场（支持以太币与任意所支持的币种之间兑换），USDT 交易市场（支持泰达币与任意所支持的币种之间兑换）。

事实上，大部分数字货币交易所都不支持直接用人民币买大部分的加密数字货币，只支持用人民币买卖 BTC（比特币）、ETH（以太币）、USDT。

因此，在交易所买入加密数字货币的流程是：需要先在法币交易区用人民币换成 USDT（BTC/ETH 也可），然后用 USDT 在币币交易区兑换成你想买的币种；卖出加密数字货币的流程是：需要先把拥有的币种换成 USDT（BTC/ETH 也可），然后再把 USDT 兑换成人民币。

在火币网中购买比特币的具体操作流程很简单。

第一步：进入法币交易区。

登录火币网之后，单击页面顶部的"法币交易"链接进入法币交易区，法币交易区页面如图 3-17 所示。

第二步：进行交易。

选择好了卖家及合适的价格之后，单击"买入"按钮（注意要查看你想买入的目标金额是否在对应的商家（用户）支持的金额范围内）。

图 3-17 法币交易区页面

第三步：确认交易。

随后在如图 3-18 所示的交易确认页面中，可以填写你想买入的 BTC 数量，对应的人民币金额会相应显示，同样如果输入相应的人民币金额，则会对应显示可购买的 BTC 数量。

图 3-18 交易确认页面

第四步：订单付款。

单击"确定"按钮后进入订单详情页面，如图3-19所示。此时你可以选择任意一种交易所支持的付款方式付款。注意：图中圈出的部分有个付款参考号，请将该付款参考号放到付款时的备注里面，便于收款方确认收款。付款完成后单击"我已付款"按钮，等待交易对方向你发币即可。

图3-19　订单详情页面

如果对方收到了款但是没有给你发币怎么办？请先确认你已经单击了"我已付款"，如果点击之后很久仍没有收到币，可以找火币网售后人员申请仲裁保障自身权益。

以上就是在火币网交易所购买比特币或者其他加密数字货币的操作步骤。

（2）场外交易

除了在中心化的交易所进行交易以外，比特币还可以进行场外交易。场外交易有三种，一种是由线上交易平台搭桥的 C2C "淘宝"模式，一种是个人用户与交易平台进行交易的 B2C 模式，另一种是基于 QQ、微信群等社交媒体的 P2P 模式。

1）线上 C2C 交易一般通过 LocalBitcoins、CoinCola 等场外交易平台。该类平台为比特币买家和卖家提供信息发布的场所，交易模式类似"淘宝"模式，买家和买家根据发布的信息进行一对一交易。

2）线上 B2C 交易中，个人用户可直接向比特币交易平台购买或卖出比特币，其价格由平台指定。平台在收取用户的付款后，直接将比特币转给买家用户，或在收到比特币后，将资金转给卖家用户。

3）P2P 交易中，买卖双方在线上或线下，通过在线聊天工具如 QQ 群、微信群、Telegram 群组、Slack 群组，或面对面的纯线下方式进行交易。

事实上，在比特币诞生之初，最先产生的交易就是场外交易。目前，场外交易多以大宗交易为主。由于交易所繁多，如果瞬时出货量过大就会造成比特币价格的剧烈波动，不利于市场稳定，因而部分矿场和持有大量比特币的比特币早期投资者往往通过场外交易出售比特币。与在中心化交易所交易相比，场外交易具有更高的隐蔽性和稳定性。

4. 使用比特币

比特币主要用途有两个，一个是当作结算的货币，另外则是用来保值增值。本部分内容主要介绍比特币作为结算货币的使用情况。

最早可以使用比特币进行结算的国家是加拿大。2013 年 10 月 31 日，世界上第一台可供兑换比特币的 ATM 机在加拿大温哥华投入使用，其经营者是温哥华的 Bitcoiniacs 和美国内华达州的 Robocoin。在温哥华的一家咖啡馆里，通过这台 ATM 机可以双向兑换比特币和加拿大元。这台 ATM 机在投入使用后，迅速吸引了人们的注意力。

2014 年 10 月 5 日，根据位于英国伯利兹（Belize）的加密货币交易所 247Exchange.com 发布的公告，其已获得与"欧洲在线支付（Sofortbanking）"

的合作协议，这项协议将让遍布欧洲大陆，与Sofortbanking支付系统相连接的、超过400家银行的22000家分支机构，为比特币购买者提供快捷购买通道。如果拥有这几百家银行中的任意一个账户，用户就可以快速方便地购买比特币以及其他加密数字货币了。这份协议覆盖了10余个欧洲国家（德国、奥地利、瑞士、英国、荷兰、比利时、法国、意大利、西班牙、波兰，以及斯洛文尼亚和匈牙利）的银行。

在印度尼西亚，人们现在可在超过10000家"Indomaret"便利店使用比特币。

继2015年9月美国商品期货委员会正式把比特币等加密数字货币定义为大宗商品之后，10月23日，欧洲法院正式裁决，收取一定费用来将欧元或瑞典克朗等传统货币转换为比特币的比特币交易所可免缴增值税，这项裁决被视为比特币在欧洲地区的货币地位被确认。根据欧盟的相关规定，"被用作法定货币的货币、银行票据和硬币"无须缴纳增值税。

越来越多的日本实体店将其作为一种结算手段使用，这将促进这种数字货币在日本的普及。截至2017年3月底，日本国内支持比特币结算的店铺约有4500家。据《日本经济新闻》2017年4月5日报道，大型电器零售连锁BIC CAMERA和日本最大比特币交易所bitFlyer合作，将从2017年4月7日起在BIC CAMERA位于东京的有乐町旗舰店以及BICQLO（BIC CAMERA和优衣库共同运营的商业设施，简称BICQLO）新宿东口店试运行比特币结算系统。结算上限暂定为相当于10万日元（1美元约合110.6日元）的额度，与现金支付享受同样比例的购物折扣。Recruit集团旗下公司Recruit-lifestyle的目标则是到2017年夏天，旗下26万家店铺能使用比特币结算。

消费者在这些店铺结算时，向店铺的收银软件输入日元金额，消费金额就会被换算成比特币并显示一个二维码，消费者用手机扫码后，消费额就会从其比特币账户扣除，与店铺合作的比特币交易所再把比特币兑换成日元汇到店铺账上。

当然，比特币真正成为全球结算手段还必须克服许多障碍，最大的障碍是比特币价格波动剧烈，许多人持有比特币的目的是进行保值增值而不是当作货币使用。

扩展阅读：比特币价格的合理区间

2018 年以来，比特币价格变动非常大，从最高点接近 2 万美元，下探到 3000 美元附近，令无数人扼腕痛惜。不过这仍然是一个新兴市场的市场规律。

对于投资者来说，最关心的肯定是价格波动结束之后比特币价格的合理区间。那么比特币的合理估值应该在哪里呢？比特币的最终价格又会是多少？

众所周知，比特币被誉为数字美元和数字黄金，那么其竞争对手主要是美元和黄金。

首先，我们先来看看美元发行量。美国境内美元存量的统计口径包括了 M0（流通中的美元现钞）、M1、M2、M3（广义货币），截止到 2017 年底，美联储发行的流通中的美元现钞有 7743 亿美元，加上活期储蓄以及旅行支票后的 M1 为 1.4 万美元；同期公布的 M2 数据为 7.5 万亿美元，最广义货币统计口径 M3 美国于 2015 年始停止公布（2005 年最后公布数据为 10 万亿美元），估计在 2017 年底同口径可以达到 12 万亿美元。另外，在欧洲货币市场上派生出的欧洲美元存款，按照前述方法预估，其规模超过 4 万亿美元。因此，全球市场上的广义美元货币总量约在 16 万亿美元以上。反观比特币的总发行量只有区区 2100 万枚，因而如果比特币的使用场景与美元等同的话，那么可以得出单枚比特币价格约在 60 万美元附近，而如果考虑到美元的全球流通受限于发展中国家的货币管制等因素，加之美元持续超发不断贬值因素的推动，比特币单价的合理价格区间应当在 100 万～200 万美元之间。

接下来我们看看全球黄金储备。根据全球黄金协会公开的数据，截止到 2018 年 9 月底全球各国和地区的官方黄金储备总量约为 33876.8 吨，足金零售价为 362 元/克，而 1 吨等于 1000 千克，也就是 100 万克。那么，1 吨黄金的价格就是 3.62 亿元人民币。如果黄金的价格（按克计算）变化的话，直接以当天黄金的价格乘以 100 万，就可以得到当天每吨黄金的价格。为了方便计价，这里以每克黄金 300 元、即每吨黄金 3 亿元为标准进行计算，全球黄金储备总量约为 33876.8 吨，约为 10 万余亿元人民币。比特币总发行量为 2100 万枚，因而作为数字黄金来说，在比特币和黄金的使用场景相同的条件下，比特币的单价约为 50 万元人民币，当然考虑到未探明黄金储量以及比特币明显优于黄金的流动性，因而比特币的合理价格远高于这个估值。

3.2.5　比特币的优点与不足

1. 比特币的优点

1) 去中心化。比特币没有发行机构，也就没有任何机构和个人可以操纵比特币的发行和流通。

2) 安全性。比特币完全依赖区块链技术，无发行中心，所以外部无法关闭它。比特币价格可能波动甚至崩盘，多国政府可能宣布它非法，但是比特币和庞大的比特币网络不会消失。

3) 无国界。在传统金融体系中，跨国汇款会经过层层外汇管制机构，而且交易记录会被多方记录在案。但如果用比特币交易，直接输入数字地址，点一下鼠标，等待比特币网络确认交易后资金就可以到达对方账户，中间不经过任何程序烦琐的审批流程。

2. 比特币的不足

1) 交易平台的脆弱性。比特币网络很健壮，但比特币交易平台很脆弱。交易平台通常是一个网站，而网站会遭到黑客攻击，或者遭到主管部门的关闭,无论是哪种情况,对于普通的比特币投资者来说都是不希望看到的。

2)交易确认时间长。比特币核心钱包初次安装时,会消耗大量时间下载历史交易数据。而比特币交易时,为了确认数据准确性,同样会消耗大量时间与比特币网络进行信息交互,直到得到全网确认后,交易才算完成。

3)价格波动大。大量炒家的介入使得比特币与各国法币的兑换价格如过山车一般起伏不定。对于交易者来说,价格波动剧烈的比特币并不适合作为通用货币使用。

4)技术原理复杂。尽管越来越多的人知道了比特币和区块链,但还是有大量的人并不了解这二者之间的关系,甚至混为一谈,就更不用说了解比特币的原理和运行机制了。

5)难以监管。去中心化是比特币的一大特点,但这也使得其难以被监管。

6)成为不法活动的温床。有不法分子搭建以比特币交易为基础的平台,从事非法交易,数额惊人;同样,在部分国家,比特币的某些特性,如匿名性也为贪污腐败提供了便利。

3.3 以太坊

3.3.1 以太坊是什么

以太坊(Ethereum)并不只是一个机构、一种代币,它是一个能够在区块链上实现智能合约、开源的底层系统,是一个平台和一种编程语言,开发人员可以通过以太坊提供的模块建立和发布自己的分布式应用(DAPP,Decentrailized Application)。目前已经有数十万个分布式应用在以太坊网络上运行。以太坊官网首页如图 3-20 所示。

图 3-20 以太坊官网

在以太坊上,让任何人都能够创建和使用基于区块链技术的去中心化应用程序。与比特币一样,没有人控制或拥有以太坊,它是一个由全世界的许多人所共同创建的开源项目。不同于比特币的是,以太坊被设计成灵活的、可根据需求修改的模式。

在以太坊上可以创建一些自动执行的小程序。例如,创建这么个小程序:"如果1月4号的NBA比赛,火箭赢了勇士,则小A转账10个比特币给小B",该小程序可以在比赛后自动获取比赛结果,从而判断小A是否需要转账给小B。实际上这种小程序本质就是智能合约。

智能合约有两个特性,一是任何参与者都可以检查源代码,保证了可信度,二是智能合约不能被突然删除。

(1)以太坊现状

对区块链稍微了解的朋友都知道,近几年从市值上来看,比特币(BTC)是加密数字货币界的老大,而以太币(ETH)则是妥妥的老二。

以太坊的构思诞生于2013年。当年Vitalik Buterin(维塔利克·布特林,圈内一般都称呼其为"V神")还在比特币社区担任开发者的时候,向比特币核心开发人员建议开发一套面向应用开发者的语言,以方便各种应用的开发,比特币核心开发人员并未采纳这个意见。于是V神决定自行开发一个新的平台作此用途。

出生于1994年的V神在2013年发布了《以太坊白皮书》,在白皮书中说明了建造去中心化程序的目标。在2014年,V神通过众筹得到开发资金,开发了以太坊区块链系统。

以太坊诞生之后,到目前为止共进行了四次的硬分叉。

第一次为了调整难度。

第二次发布了稳定版本"家园"。

第四次为了防止分布式拒绝服务攻击(DDOS)和减重。

只有第三次硬分叉,是因为发生了黑客攻击而迫不得已进行了分叉。这就是The DAO事件。

(2)The DAO事件

2015年7月30日,V神和以太坊基金会创建了第一个智能合约平台,并设计了The DAO以太坊智能合约。

2016年4月30日以太坊正式部署了The DAO智能合约,并完成了当年世界上最大规模的众筹,规模达到了惊人的1.5亿美元。

2016年6月17日,The DAO被黑客攻击,黑客共盗取了价值约5000万美元的以太币,这也导致了以太币的价格从20美元/个暴跌到15美元/个,对以太坊造成了巨大的伤害。为了挽回投资人的损失,以太坊社区最后决定硬分叉。于是,在2016年7月20日,在区块高度为1920000的以太坊硬分叉成功,新生的区块链被称为以太坊ETH,而原链就是现在的以太经典ETC。

扩展阅读:什么是"分叉"

在区块链中,区块是由计算机自动创建和连接在一起的。一般来讲同一时间内全网中只产生一个区块,如果发生同一时间内有两个区块生成的情况,就会在全网中出现两个长度相同、区块里的交易信息相同但矿工签名不同或者交易排序不同的区块链,这样的情况叫作分叉。

(1)硬分叉/Hard Fork

硬分叉是指在区块链或去中心化网络中产生的不向前兼容的分叉。区块链发生永久性分歧,在新共识规则发布后,部分没有升级的节点无法验证已经升级的节点生产的区块,通常硬分叉就会发生。

硬分叉使得所有的新区块与原来的区块不同,旧版本不会接受新版本创建的区块,要实现硬分叉,所有区块链上的用户都需要切换到新版本协议上。如果新的硬分叉失败,所有的用户将回到原来的区块。

硬分叉的最典型的案例就是在2016年,以太坊被黑客进行攻击,损失了价值数千万美元的以太币(ETC),以太坊通过硬分叉的方式追回了被盗的资产,至此以太坊变成了两条链:原链(ETC)和分叉链(ETH)。

(2)软分叉/Soft Fork

软分叉指在区块链或去中心化网络中向前兼容的分叉。向前兼容意味着,当区块链中的新共识规则发布后,在去中心化架构中的节点不一定要升级到新的共识规则,因为软分叉的新规则仍旧兼容已有规则,所以未升级的节点仍旧能接受新的规则。也就是说软分叉不会产生新的链。

硬分叉与软分叉对比如图3-21所示。

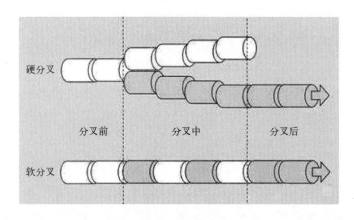

图3-21 硬分叉与软分叉对比

（3）以太经典现状

新链，也就是以太坊 ETH，因为被开发者持续开发，并且有众多的参与者支持，以太币（ETH）的价格扶摇直上，最高点时 1 个以太币的价格达到数万元人民币。而原链以太经典 ETC，虽然也有开发者为其开发，也有一定的死忠表示支持，但人数远远不及新链 ETH，故 ETC 的价格一直在数百元人民币/个左右徘徊。

2017 年 6 月 12 日，以太币（ETH）价格突破 400 美元/个，2018 年以太币价格一度超过 1000 美元/个，不断创造历史新高。以太币（ETH）示意图如图 3-22 所示。

图 3-22　以太币（ETH）示意图

（4）基于以太坊智能合约的知名应用

1）BTCRelay（以太坊和比特币之间的桥梁）。

BTCRelay（http://btcrelay.org/）通过将比特币的头部不断写入其智能合约，以实现以太坊其他智能合约对比特币网络信息的获取，如：某个比特币交易是否已经进块；某个比特币交易的深度（推动其价格出现一定幅度变化的订单数量）。

BTCRelay 本身以智能合约的形式存在，因其内部存储了另一个区块链——比特币区块链的头部，因此也被称为以太坊的一条侧链。

BTCRelay 是跨链技术的一个典型，BTCRelay 主页如图 3-23 所示。

图 3-23　BTCRelay 主页

2）ConsenSys（以太坊的开发工具）。

准确地说，ConsenSys（https://consensys.net/）是一个围绕以太坊开发众多开发工具和 DAPP 的公司，其中大名鼎鼎的 Truffle 就是其产品之一。

3）GNOSIS（基于以太坊的市场预测平台）。

GNOSIS（https://gnosis.pm/）是一个基于以太坊的市场预测平台。比如通过它你可以实现诸如对某个艺术品拍卖前的价格预估调查。该平台也可以实现其他功能，如某场足球比赛竞猜等功能。

4）FirstBlood（1st）（一血游戏代币）。

FirstBlood 是通过以太坊平台发布的用于游戏的代币。目前游戏开发商已经越来越重视以太坊在其游戏代币中的应用。将玩游戏过程中的各个环节和游戏代币紧密联系起来（游戏的接入、奖励、道具的买卖等），并通过虚拟代币的形式发行。

购买游戏代币的用户可以在相应平台自由转让和买卖代币，这样的代币会根据游戏玩家的多少具有不同的价格浮动。同时也会存在一些大的玩家囤积代币炒高币价的行为，FirstBlood（1st）主页如图 3-24 所示。

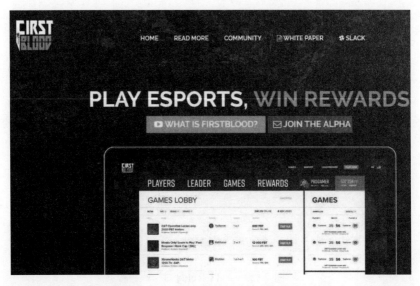

图 3-24　FirstBlood（1st）主页

5）DigixDAO（Digix 的自治组织）。

一家名叫 Digix 的公司（https://www.dgx.io/），基于以太坊发布了用于代表伦敦金银市场协会（LBMA）认证的黄金代币（GDX）。通过这些代币可实现黄金交易所的功能。

与此同时，Digix 发布了另一个项目：DigixDAO（DGD），称为 Digix 的自治组织。参与 DGD 众筹的用户可以享受 GDX 的交易手续费分成。DigixDAO 主页如图 3-25 所示。

图 3-25　DigixDAO 主页

6) Whisper（以太坊的低语者）。

Whisper（低语者）是以太坊的一个功能扩展。它是以太坊生态中的重要一环，以太坊的智能合约实现了分布式逻辑，以太坊的 Swarm 实现了分布式存储，以太坊的 Whisper 则实现了分布式消息传递。

Whisper 实现了智能合约间的消息互通，从而可以实现功能更加复杂的 DAPP。Whisper 的相关信息详见：https://github.com/ethereum/wiki/wiki/Whisper。

7) WeiFund（基于以太坊的众筹平台）。

WeiFund（http://weifund.io/）是一个基于以太坊的众筹平台。它提供了多个基于以太坊平台众筹的智能合约模板。可以利用这些模板实现自己的项目众筹智能合约。WeiFund 主页如图 3-26 所示。

图 3-26　WeiFund 主页

8) MetaMask（让你的浏览器支持以太坊）。

MetaMask（https://metamask.io/）可以让用户的浏览器也支持以太坊。它通过浏览器扩展（目前支持 Chrome 扩展，后续计划支持更多浏览器），使你的浏览器成为一个以太坊的客户端（轻客户端），从而让浏览器可以直接运行以太坊的 DAPP。MetaMask 主页如图 3-27 所示。

图 3-27　MetaMask 主页

3.3.2　以太坊设计原则

1. 简洁原则

以太坊协议要求尽可能地简单，甚至不惜以牺牲某些数据存储和时间上的效率为代价。一个普通的程序员也能够完美地去实现完整的开发，这将最终有助于降低任何特殊个人或精英团体可能对以太坊协议的影响，并且推进以太坊协议作为对所有人开放的应用前景。添加复杂性的优化将不会被接受，除非它们对以太坊协议提供了非常根本性的益处。

2. 通用原则

没有"特性"是以太坊设计理念中的一个根本性原则，基于此以太坊提供了一个内部的图灵完备的脚本语言以供用户来构建任何可以精确定义的智能合约或交易类型。

3. 模块化原则

以太坊的不同部分被设计得非常便于模块化和可分割。在开发过程中，开发者能够非常容易地在协议某处做一个小改动的同时，而不影响应用层的正常运行。

4. 无歧视原则

以太坊的协议不应主动地试图限制或阻碍特定的类目或用法，协议中的所有监管机制都应被设计为直接监管危害，不应试图反对特定的不受欢迎的应用。人们甚至可以在以太坊之上运行一个无限循环脚本，只要他愿意为其支付按计算步骤计算的交易费用。

3.3.3 以太坊发展历史

以太坊的发展历程如下。

2013年末，V神第一次描述了以太坊，这也是他研究比特币社群的成果。不久后，V神发表了以太坊白皮书，他在白皮书中详细描述了以太坊协议的技术设计和基本原理，以及智能合约的结构。2014年1月，V神在美国佛罗里达州迈阿密举行的北美比特币会议上正式宣布了以太坊公链的启动。

与此同时，V神开始和Gavin Wood博士合作共同创建以太坊。2014年4月，Gavin发表了以太坊黄皮书，作为以太坊虚拟机的技术说明。按照黄皮书中的具体说明，以太坊客户端已经用7种编程语言实现（C++，Go，Python，Java，JavaScript，Haskell，Rust），使软件总体上更加优化。

2014年1月初，V神在bitcointalk上首次向比特币社群宣传以太坊。

以太坊除了要开发以太坊软件外，将要发布的新的加密数字货币——以太币和以太坊网络，需要大量的资源来启动和运行。为了快速建立一个包括开发者、矿工和其他利益相关方的大型网络，以太坊宣布了一个以太币（以太坊通用货币）预售计划。2014年6月在瑞士楚格建立了用于筹募资金的以太坊基金（Stiftung Ethereum）。

从2014年6月开始，以太坊借助42天公开的以太币预售活动对第一批以太币进行了分配，筹得31,591个比特币，当时价值18,439,086美元，交换出大约60,102,216个以太币。销售所得首先用于偿还日益增加的法律债务，并回报开发者们数月以来的努力，以及资助以太坊的持续开发。

以太币预售成功之后，以太坊的开发工作在非营利组织ETH DEV的管理下走向正式化，它依据Ethereum Suisse的合约管理以太坊开发，Vitalik Buterin、Gavin Wood和Jeffrey Wilcke是这一非营利组织的3个主管。开发者对以太坊的兴趣持续稳定增长，ETH DEV团队发布了一系列概念验证（PoC）供开发者社群进行评估。ETH DEV团队在以太坊博客频繁地发帖也保持了以太坊对开发者注意力的持续吸引和强劲的发展势头，形成了一个快速增长和热衷于以太坊开发的社群。

2014年4月，ETH DEV组织了DEVcon-0活动，世界各地的以太坊开发者聚集在柏林，讨论各种以太坊技术议题。DEVcon-0的一些陈述和会议后来驱使以太坊向更加可靠、更安全和更加可扩展的方向发展。总体来说，这一活动激励了开发者为发布以太坊这一目标继续努力。

2015年4月，DEVgrants项目发布，这个项目为所有对以太坊平台和基于以太坊的项目所做的贡献提供基金。成百上千的开发者为以太坊项目和开源项目贡献了时间和智慧。这一项目旨在奖励和扶持开发者们所做的努力。DEVgrants项目时至今日仍在运行，项目基金情况最近一次更新是在2016年1月。

2014年和2015年的开发经历了一系列概念验证发布，带来了第九届PoC公开测试网，被称为Olympic。开发者社群受邀检测网络极限，大量的奖金被分配给保持着不同纪录或以某种方式成功攻破系统的人。以太坊安全审查开始于2014年末，持续到2015年上半年。以太坊请了多个第三方软件安全公司对所有协议关键的组成部分（以太坊虚拟机，以太坊网络，工作量证明机制）开展端对端审查。审查发现了很多安全问题，问题提出并完善后进行再次检测，从而带来了一个更安全的以太坊平台。

2015 年 7 月 30 日，以太坊网络第一个版本前沿版启动，开发者开始编写智能合约和去中心化应用以部署在以太坊实时网络上。此外，矿工们开始加入以太坊网络以帮助保障以太坊区块链的安全并从挖矿中赚取以太币。尽管前沿版的以太坊网络的发布是以太坊项目的一个里程碑，开发者们最初只是试图将其作为测试版本，但结果它比任何人预期得都更有用且可靠。

2016 年初，以太坊的技术得到市场广泛认可，以太币价格开始暴涨，吸引了大量开发者以外的人进入以太坊的世界。中国三大比特币交易所之二的火币网及 OK Coin 都于 2017 年 5 月 31 日正式上线以太币。

2016 年 3 月 14 日，以太坊发布了第二个版本：家园，这也是目前正在运行的版本，有了图形化的界面，从此以后普通用户也可以体验它的功能和开发了。

2016 年 7 月，以太坊进行了一次硬分叉，分叉为以太坊 ETH 和以太经典 ETC。

2017 年初，摩根大通、芝加哥交易所集团、纽约梅隆银行、汤森路透、微软、英特尔、埃森哲等 20 多家全球顶尖金融机构和科技公司成立了企业以太坊联盟。而以太坊催生的加密数字货币以太币又成了继比特币之后又一备受追捧的资产。同时期，约有 1090 种基于以太坊的 DAPP 被开发出来。

2017 年 5 月底，以太坊上线 OKCoin 和火币网；同年底，ETH 的币价节节攀升，最终达到了 2018 年 1 月份的历史最高价点 1432 美元。

就在以太坊价格不断飙升之际，以太坊上的游戏迷恋猫（Cryptokitties）爆红，一度造成以太坊网络严重拥堵，而迷恋猫的价格也不断被抬升，稀有品种的加密猫售价高达 12 万美元/只。更重要的是，迷恋猫的火爆让更多人认识到，区块链并不只有代币发行这一个应用场景，其有着更广阔的想象空间和创造空间，在接下来的 2018 年，以区块链游戏为代表的众多以太坊应用悉数登场。

2018年，区块链和加密数字货币进入更广泛的大众视野，V神作为以太坊的缔造者成为最炙手可热的"明星"之一，因为频频往来中国参加活动，他甚至学会了用汉语做分享和演讲。但在疯狂的ICO泡沫破裂之后，区块链风口也归于沉寂。各种加密数字货币的价格暴跌，从2018年年初到年底，比特币暴跌超过80%，以太坊暴跌近90%。

此外，诸如EOS、波场在内的各种公链也蜂拥而上试图取代、颠覆以太坊，许多以太坊的项目开始转移到EOS、波场等其他公链上，甚至有人担心以太坊将被取代。在ETH的价格持续下跌的影响下，以太坊的全网算力开始收缩，按etherscan.io的算力统计显示，2018年9月到11月，以太坊全网算力下跌了20%。

2018年12月10日，V神在推特上宣称，未来采用基于权益证明（PoS）的分片技术的区块链"效率将提高数千倍"。

2019年2月，以太坊网络进行了君士坦丁堡升级（Constantinople Upgrade），这是一个计划中的、用于升级网络的硬分叉，并使其更接近多阶段的宁静（Serenity）升级。

2019年12月，以太坊网络进行了伊斯坦布尔硬分叉升级（Istanbul Hard Fork）。伊斯坦布尔硬分叉升级包括11个以太坊区块链改进提案，是预计2020年年初发布宁静Serenity 0阶段之前的最后一个硬分叉。

自以太坊主网上线以来，以太坊网络已处理了6亿多笔交易。仅在2019年就处理了超过1.3亿笔交易，网络利用率相当稳定，平均不到90%。以太坊网络上存在超过7000万个唯一地址，其中1600万个是自2019年年初以来创建的。

迄今为止，以太坊的核心协议开发者数量最多，比特币则排在第二，除了核心协议开发外，以太坊平均每月有216个活跃的开发者在开发总代码。以太坊的开发者数量保持强劲且持续的增长势头，2019年1月平均有240个活跃的开发者，较2018年的190个增长23%。此外，在总代码项目中,以太坊表现最为出色,比比特币多出8倍。

3.3.4 以太坊项目评价

在大部分关于以太坊的评论中,都将以太坊同比特币进行了对比说明,这固然有助于我们对它基于技术层面的理解,但也容易造成一种价值上的误解。诚然,以太坊与比特币都是一种基于区块链技术而出现的加密数字货币,但严格来说,以太坊除了以太币外,还是一个多元化的开发平台。我们可以简单地将其理解为一个能够帮助编程开发人员进行生产创造的开发平台。

从区块链的角度来说,如果说比特币是区块链1.0的代表产品,那么以太坊可以说是前者的升级版本,即区块链2.0,将区块链技术应用于加密数字货币以外的领域之中。有评论称,以太坊的价值实际上更优于比特币。相比于比特币仅局限于一种单纯的加密数字货币,以太坊智能合约和以太坊虚拟机的商业营利性都为以太坊的价值大添光彩,而比特币在这一方面却显得有些无能为力。更重要的是,由于比特币的存在威胁到了国家政府对于货币发行权的绝对掌控,这构成了比特币前进的一大阻力,而以太坊主要是一种进行DAPP应用二次开发的平台,以太币并非纯粹的加密数字货币,从而更容易发展壮大。

当然,以太坊平台上的众筹项目也存在诸多风险。首先,以太币不是去中心化的加密数字货币,存在"巨庄"而且其持有80%以上的以太币,这相当于每一个普通以太币持有者头顶都悬着一把利刃;其次,以太坊的众筹货币分4至5轮进行解禁,需要变现,所以众筹的项目越多,解禁的压力越大;第三,相当多的众筹基金的目的并非为以太坊网络做贡献,而仅仅是融到以太币后快速抛售,然后等待币值下降的时候购入再返还给用户,这便是标准的"做空获利"。

不过,总的来说,以太坊正在日益完善,主流业界评论都认为以太坊拥有超越比特币的潜力。

3.3.5 以太坊的未来

以太坊上线于 2015 年。和比特币网络不同的是，以太坊天生就是一个基于区块链技术的开发平台，它的使用者可以基于以太坊而创建各种区块链应用（DAPP）。再打一个形象的比方，以太坊的设计目标就是成为区块链行业里的苹果应用商店。

以太坊究竟有多火？

仅在 2017 年，以太坊所对应的官方货币以太币（ETH）的价格暴涨了 85 倍，同年基于以太坊的 ICO 共计在全球募集到超过 40 亿美元的巨额资金，以太币亦因此成为 ICO 市场的通行货币，并一举在币圈获得了仅次于老牌王者比特币的无上地位。以太坊的火爆还捧红其创造者 Vitalik Buterin，让无数人将其推崇为"V 神"，堪比至今仍神龙见首不见尾的中本聪。

但是，如今以太坊的地位正面临绝对的考验。进入 2018 年后，由比特币牵头，整个币市开启了跌跌不休模式。以太币自然也不能独善其身，继 1 月 6 日至 1 月 8 日这几天以太币的价格短暂暴涨到 1400 多美元/个后，它的币值也迎来不可挡的直线暴跌。

以太币暴涨暴跌的最直接原因就是 ICO。虽然 V 神最初打造以太坊时，为其设计了诸多美好的应用场景，然而事实是迄今为止以太坊最成功的用途就是用来做 ICO。至于其他的区块链应用如去中心化交易所、供应链金融等项目，虽然确实有充分利用到区块链所带来的去中心化等优势，但与此同时也受限于区块链技术目前存有的速度慢、效率低下等技术瓶颈而难以发展起来。

反倒是在造富效应的推动下，以太坊上 ICO 的发展如火如荼。以太坊的火爆主要源自 2017 年以来 ICO 扎堆涌现的浪潮。但是，目前世界各国政府正在考虑收紧对加密数字货币市场的监管，而 ICO 则首当其冲。以我国为例，自 2017 年 9 月起，政府便将 ICO 定性为"非法公开融资"，并且至今都没有哪怕一点放松监管政策的迹象。其次，进入 2018 年后，随着币市开始下跌模式，大量 ICO 代币破发，个别严重者甚至还出现项目团队卷款跑路的现象。在某种程度上讲，ICO现在已经进入冬天。对应的，以太坊也难免会被殃及。

扩展阅读：什么是ICO？

ICO（Initial Coin Offering 的缩写），意思是首次代币发行。ICO的概念源自股票市场的首次公开发行（IPO）概念，是区块链项目首次发行代币，募集比特币、以太坊等通用加密数字货币的行为。

ICO是一种为加密数字货币/区块链项目筹措资金的常用方式，早期参与者可以从中获得初始产生的加密数字货币作为回报。由于代币具有市场价值，可以兑换成法币，从而可以用来支持项目的开发成本。ICO所发行的代币可以基于不同的区块链。常见的是基于以太坊（ETH）和比特股（BTS）区块链的发行，由区块链提供记账服务和价值共识，实现全球发行和流通。

ICO参与者对于一个项目的成功非常重要，他们会在社区里为该区块链项目进行宣传，使它产生的代币在开始交易前就获得流动性。但ICO的参与者最看重的依然是由项目发展或代币发行后价格升值带来的潜在收益。

目前以太坊上的DAPP大量涌现，既多且杂，这固然说明以太坊大受欢迎，但另一方面，大量的DAPP势必会消耗掉大量的以太坊资源，并直接导致以太坊网络频繁陷入拥堵。以太坊创始人V神已经意识到这个问题，而他初步提出的解决方案是——对计算资源收费。按照V神的想法，不久的将来，用户在使用以太坊区块链网络资源时，需要支付一定的费用，至于付费的多少取决于用户想让自己的数据在这个区块链上停留多久。

有道是天下没有免费的午餐，若以太坊真的开启收费模式，乍听之下也没啥不符合情理的，然而仔细一想，以太坊收费其实面临着太多的潜在问题。

首先，众所周知，以太坊是一个去中心化的区块链平台，也就是以太坊网络里的所有节点终端既是受益者，也是付出者。如果V神等人能够以以太坊创始人的名义对以太坊使用者收费，那么其他为以太坊奉献出免费系统资源的节点拥有者的利益又将如何保证呢？

其次，就是费用收取的问题，相关费用怎么收取？定价的标准又是怎样？倘若以太坊是像淘宝或者苹果应用平台那样的中心化平台，收费的问题压根就不会成为问题，奈何以太坊作为一个区块链平台，它天生就是去中心化的，众多的参与者之间难以达成共识，意味着纷争。

这些问题其实都还是其次，要说以太坊的命门，还在于它所依仗的以太币（ETH）。以太币（ETH）的走跌不仅仅是因为币市走熊，有人认为有人为操纵的因素在内，而"幕后黑手"就是EOS（EOS，Enterprise Operation System，一个区块链项目，为商用分布式应用设计的一个区块链操作系统，是一种自称区块链3.0的公链项目）团队。

EOS团队同以太坊团队的势同水火，EOS团队已经囤积了大量以太币（ETH），这就意味着只要EOS愿意，其随时都可以通过抛售以太币（ETH）的形式对以太币（ETH）进行"砸盘"，从而使以太币（ETH）贬值。EOS团队不仅很清楚这一点，而且确实这么做了。据媒体报道称，2018年3月27日12:07分，EOS众筹地址提取了61.8万个以太币（ETH），并且尚不知其具体用途。消息一经传出后，EOS币值应声上涨，24小时涨幅3.4%，而以太币（ETH）币值的跌幅扩大，24小时跌幅7%。

更可怕的是，目前EOS仍在融资中，并且只收以太币（ETH），预计融资结束后的EOS团队将拥有一千万个以太币（ETH），考虑到目前ETH的总发行量远没有达到一亿个，EOS对以太币（ETH）的威胁可想而知——等同EOS团队成了以太币（ETH）的最大庄家，直接控制了以太币（ETH）以及以太坊的命脉。

可以预见的是，在不久的将来以太坊和以太币（ETH）必会因为EOS而迎来一场生死危机考验。

扩展阅读：以太坊创始人"V 神"

以太坊创始人维塔利克·布特林（Vitalik Buterin，别称"V 神"），是一个立誓用区块链颠覆世界经济体系的俄罗斯小伙子，他打造了全新区块链平台——以太坊，他开发的加密数字货币——以太币，声势直逼比特币。

以太坊创始人维塔利克·布特林本人形象如图 3-28 所示。

图 3-28　以太坊创始人维塔利克·布特林

V 神 1994 年出生于俄罗斯，17 岁开始研究比特币并创《比特币杂志》；18 岁获得奥林匹亚资讯奖铜牌；19 岁自加拿大滑铁卢大学休学；同年 11 月，公布《以太坊白皮书》初版，开始募集开发者；20 岁获得蒂尔奖学金、成立非营利组织以太坊基金会，在迈阿密的比特币会议公开发表以太坊计划，同年 7 月启动以太坊众筹募资计划，共计募得 3.1 万枚比特币（当时约合 1840 万美元）；21 岁时，推出以太坊最初版本 Frontier（前沿版），以太坊也开始在世界各地交易所公开交易；22 岁被《财星》杂志评选为 2016 年 40 岁以下的 40 大杰出人物。

相较比特币创办人中本聪坚持隐身幕后，V 神却乐意高调地走访全世界。一头短发和素色 T 恤，是他始终如一的形象。V 神讲话速度飞快，论及他想要用区块链建构的理想世界，他的语气总是十足坚定：这将是一个去中心化、绝对平等、充满效率和信任的世界。

从以太（Ether）这个命名，就可以窥见V神对于用区块链改变世界的远大期望。V神说，这个词不仅念起来响亮好听，而且其含义为充满宇宙、让光线行进却不可见的物质，极具深意。

以太坊的成立同样具有类似的意义，V神希望区块链应用能扩散到世界的每个角落，用区块链的光重新打造一个透明、公平、效率的新世界。于是，以太坊打破了过去区块链平台的疆界，让开发者可以更轻易地开发各种区块链应用。从以太坊上产生的DAPP及新创公司也的确如雨后春笋般地快速出现，涉及范围从音乐版税支付系统到能源交易皆有。此外，科技大厂如IBM和三星等，也开始运用以太坊平台开发物联网应用；巴克莱、瑞士信贷等十一家跨国投资银行，更启动了以以太坊为基础的金融服务实验。

V神的父母在他5岁时离婚，V神随父亲从莫斯科移民加拿大多伦多。懵懂又困惑的他，把更多时间花在离开俄罗斯前一年才得到的那份礼物——人生中的第一台个人计算机。那是父亲在他4岁时送给他的礼物，自此，这个灰色盒子成为V神探索世界的大玩具。但不同于一般孩子喜爱单纯的计算机游戏，V神沉迷于用Excel撰写能自行计算的程序。而V神在小学3年级时就被显现出数学、程序设计方面的天赋，3位数心算的速度快过同龄孩子一倍。对V神而言，送给他第一台计算机、买给他计算机科学书籍的父亲，是一路以来鼓励他探索的启蒙导师和伙伴。12岁起，V神甚至可以用C++撰写简单的游戏给自己玩。

17岁那年，父亲把比特币介绍给了V神，起初V神并未觉得比特币有什么用。但不久后，V神开始考虑自己去赚一些比特币，于是他开始为《比特币周报》（Bitcoin Weekly）撰写文章，探讨比特币的技术发展以及潜力。在一般情况下，每篇投稿可收取5枚比特币稿费，依照当时汇率计算，其价值仅有4美元，V神由此得到的收入并不高，但是他依旧乐此不疲。这一份兼职让他对比特币深深入迷，其后他更创办了《比特币杂志》（Bitcoin Magazine）并亲自撰文，这也奠定了他在国际区块链领域中意见领袖的地位。高中毕业后，V神顺利进入以计算机科学闻名的加拿大滑铁卢大学，但入学仅8个月就毅然休学，开始了他的游学之旅，而父亲对他的圆梦之旅也乐见其成。

2013年，比特币价格从前一年的10美元上下攀升到49美元，V神此前赚到的比特币变成了人生第一桶金。他以此走访美国、西班牙、意大利、以色列等比特币开发者社群，参与比特币的转型工作（Bitcoin 2.0），比特币在数字货币以外的应用，也因为他的加入而前景变得更加明朗。V神也因为对比特币的发展贡献，挤下Facebook创始人扎克伯格，获得2014年世界科技奖。

比特币开创了去中心化加密数字货币的先河，五年多的时间也充分检验了区块链技术的可行性和安全性。运行比特币的区块链事实上是一套分布式的数据库，如果再在其中加进一个符号——比特币，并规定一套协议使得这个符号可以在数据库上安全地转移，并且无须信任第三方，这些特征的组合完美地构造了一个货币传输体系——比特币网络。

然而比特币并不完美，其中协议的扩展性是其不足之处，例如比特币网络里只有一种符号——比特币，用户无法自定义另外的符号，这些符号可以是代表公司的股票，或者是债务凭证等，这就损失了一些功能。另外，比特币协议里使用了一套基于堆栈的脚本语言，这种语言虽然具有一定灵活性，使得像多重签名这样的功能得以实现，然而却不足以构建更高级的应用，例如去中心化交易所等。

以太坊从设计上就是为了解决比特币扩展性不足的问题。V神期望能开发出一个通用的平台，让所有开发者可以在上面建构属于自己的区块链延伸应用程序，这个想法就是以太坊智能合约的前身。

说干就干，V神向比特币社群提出自己设想的程序，并想要将其融入现有的比特币区块链系统中，结果却惨遭拒绝。于是，他干脆另起炉灶，召集近20位伙伴，投入自己同年获得的10万美元蒂尔奖学金（PayPal创办人彼得·蒂尔所设的奖学金），开启了以太坊的建设工作。

V神坚持以太坊应该属于所有人，不能被单一企业占有，因此开发过程不接受创投投资。2014年7月,以太坊计划启动以太币(ETH)众筹募资,当时每1枚比特币可兑换2000枚以太币(ETH)。结果造成巨大轰动,12小时内热销超过700万枚以太币(ETH),为期42天的众筹,让以太坊团队募得3万1千枚比特币(在当时约合1840万美元)。

智能合约是以太坊吸引追随者的一大卖点,其通用性和可塑性让开发者们趋之若鹜,但是这也大大增加了整个系统的复杂性和资金需求。V神承认,在以太坊开发期间,中间甚至一度因比特币贬值造成过资金缺口,以太坊的开发进度也因此而延后,直到2015年中才大功告成,以太坊正式发布。

2017年6月17日,以太币总市值达到15.7亿美元。然而就在当天,黑客利用智能合约的漏洞盗领了370万个以太币(当时约合5300万美元)。虽然黑客盗取的以太币未被提领兑现,但以太币币值仍然在2天内几近腰斩,总市值蒸发5亿美元。此即为著名的The DAO事件。

以太坊的资金安全危机引发了大众对区块链的信任危机。V神为了取回被盗资金,与DAO成员决定忽略被盗取的旧区块,并重新建立新区块,进行硬分叉。这个决定,等于打破区块链不可恢复、不可篡改的初衷和原则,引发了许多争议。甚至引起反对者决定自以太坊社群出走、另起炉灶,坚决留在旧区块持续发展,由此产生了以太坊经典ETC。

V神承认,即使从长远来看,资金安全绝不是一次就能解决的问题,但他依然对以太坊的资金安全信心满满,他认为全世界都有强大的以太坊开发者,可以预先找到问题。

此后,ICO狂潮愈演愈烈,以太坊币价飙升,V神成为无数区块链创业者的榜样。然而,在2018年随着各国监管层对ICO重拳出击,以太坊币值暴跌,V神也一度沉寂,参与外界的区块链活动越来越少,专心研究以太坊的商业化路线。

2018年底,V神在接受媒体采访时表示,2018年以太坊开发速度很慢,社区受到批评肯定有一定道理,但以太坊开发速度已经变快,许多开发人员都在研究以太坊2.0技术规范以及Plasma、状态通道

（State Channels）和 SNARKs/STARKs 等 Layer 2 扩容解决方案。2018 年，以太坊基金会采取了许多措施来提高整体发展速度，在经历了漫长的磨练后，如今各团队都达到了最高的生产力水平。V 神表示，以太坊当前最大的挑战在可扩展性和共识算法这两个层面。目前可通过 PoS 共识算法和 Sharding（分片）重新设计平台的安全性和可扩展性；针对 PoW 向 PoS 迁移能否如期上线并避免分叉的问题，正在采取一种缓慢过渡到 PoS 的方法，即最开始作为一个独立的系统，一段时间后再逐渐从 PoW 转向 PoS，但完全过渡到 PoS 仍需要一个硬分叉。

2019 年 9 月 18 日，V 神重新出现在媒体的视野当中，在上海举办的 2019 第五届区块链全球峰会上，V 神在主题演讲中表示，去中心化的应用比中心化的应用要好得多，以太坊 2.0 将带来巨大的改进；智能钱包、智能合约、去中心化的交易所、零知识证明提供的组合解决方案，可以极大地提高安全性，在 DAO、Defi、共识机制和隐私保护方面的应用都会做得更好；以太坊的可扩展性已经得到极大提升，因为以太坊不是让每一个节点都去验证所有的交易，可以由某一个节点进行证明，这个证明可以广播在区块链上，然后在区块链上有更短、更简单的证明，区块链上每一个节点可以验证这个比较短的版本。对以太坊而言，目前的以太坊网络每秒可以处理 20 到 25 个交易。

面对各种质疑，V 神依然用一贯平淡、不带情绪的语气向外界报告着以太坊的近况和未来。无论外界认同与否，他就是会把心中的规划用一行行的代码付诸实行。

3.4 瑞波币

3.4.1 瑞波币与瑞波系统

瑞波币（XRP）是一种银行间的支付工具，是瑞波（Ripple）网络的基础货币，它可以在整个 Ripple 网络中流通，总数量为 1000 亿个，并且随着交易的增多而逐渐减少，瑞波币的运营公司为 Ripple Labs（其前身为 OpenCoin）。

瑞波币示意图如图 3-29 所示。

图 3-29　瑞波币示意图

瑞波（Ripple）网络的工作流程为：以网关或瑞波币为桥梁，用户甲将任意类别的货币或虚拟货币兑换为瑞波币 XRP，然后发送给其他任何地区的用户乙，用户乙可将收到的资金兑换成自己需要的任意货币币种；还有另一种模式，用户甲将在资金存放在乙信任的网关，经过网关转给乙。瑞波（Ripple）网络还允许用户在本网络内发行"私人货币"。假如某个瑞波用户甲信誉很好，甲就可以拿自己发行的"私人货币"与信任他（用户甲）并愿意接受的另一个用户（用户乙）兑换成美元或比特币等其他币种；用户乙可根据需要赎回兑换给甲的货币。这实际上是个借贷过程，用户甲具有了向其他人借贷的融资权力。

就瑞波（Ripple）网络的整体结构来说，该体系采用的是一个"去中心化"的架构。虽然局部似乎表现为"弱中心化"（比如网关与用户），但整体架构是去中心化的。概括而言，这是一个去中心化的、覆盖全货币币种的互联网金融交易系统。

瑞波（Ripple）协议维护着一个全网络公共的分布式总账本。该协议有"共识机制"与"验证机制"，通过这两个机制将交易记录及时添加进入总账本中。瑞波（Ripple）系统每几秒钟会生成一个新的分账实例，在这几秒钟的时间内产生的新交易记录，根据共识和验证机制迅速被验证。这样的一个个分账按照时间顺序排列并链接起来就构成了瑞波系统的总账本。瑞波的"共识机制"让系统中所有节点在几秒钟内，自动接收对总账本交易记录的更新，这个过程不需要经过中央数据处理中心。这个极速的处理方式是瑞波系统的重大突破。

虽然比特币和大多数加密数字货币都被设计为交换媒介，不过瑞波币是一种旨在优化银行流动性的机构跨境结算工具，用来解决困扰国际银行支付的巨大挑战。

与比特币的数据记录打包方式和交易确认方式相比，瑞波系统有两个不同：一是交易记录（区块）的打包速度更快（比特币约十分钟，而瑞波只有几秒钟），二是交易记录（区块）的确认方式更快（比特币要多个节点逐个确认，而瑞波是所有节点一起同时确认，即为瑞波的"共识机制"）。所以瑞波系统的新交易记录的确认时间仅仅只需要3秒至5秒钟，而比特币一般需要40分钟至50分钟。

3.4.2 瑞波币发展历史

在瑞波网络发展的早期，其用户一直不多，仅流行于若干个孤立的小圈子，原因是瑞波协议的最初设计思路是基于熟人关系网和信任链的。一个人要使用瑞波网络进行汇款或借贷，前提是在网络中收款人与付款人必须是朋友（互相建立了信任关系），或者有共同的朋友（经过朋友的传递形成信任链），否则无法在该用户与其他用户之间建立信任链，转账无法进行。该状况随着OpenCoin公司的成立得以改观。

克里斯·拉尔森和杰德·迈克卡勒伯2012年在旧金山共同创立了Opencoin公司，并接手了瑞波网络，组建Ripple Labs，开始搭建这个在他们眼里代表着未来支付的平台。

2013年的新版瑞波网络引入了两个措施解决原有的瑞波网络不够开放的问题。

其一是推出瑞波币——XRP，它作为瑞波网络的基础货币，就像比特币一样可以在整个瑞波网络中自由流通，而不必局限于熟人圈子。瑞波币是一个网络内的工具，它有两个作用，一是防止垃圾请求攻击（由于瑞波协议的开源性，恶意攻击者可以制造大量的垃圾账目，导致网络瘫痪，为了避免这种情况，Ripple Labs要求每个瑞波账户都至少有20个瑞波币，每进行一次交易，就会销毁十万分之一个瑞波币。这一机制对于正常交易者来说成本几乎可以忽略不计，但对于恶意攻击、制造海量的虚假账户和交易信息者，所销毁的瑞波币会呈几何数级增长，成本将是巨大的）；二是作为桥梁货币，成为各种货币兑换之中的一个中间物。

其二是引入网关（Gateway）系统，网关是瑞波网络中资金进出的大门，它类似于货币存取和兑换机构，允许人们把法定货币、加密数字货币注入或抽离瑞波网络，并可充当支付双方的桥梁，即作为陌生人之间的"共同朋友"。网关系统起到银行的作用，使得瑞波币之外的转账可以在陌生人之间进行。

需要说明的是，有一些人认为，瑞波网络作为一种全新的全球支付系统，无疑潜力巨大，很有可能颠覆未来的支付行业，但是瑞波网络上的通用货币——瑞波币却是可有可无，因为没有瑞波币的瑞波网络照样可以正常运转。

这其实是一个很明显的错误。首先2013年之前的瑞波网络一直是没有瑞波币的，但是并没有发展起来。正因为有了瑞波币，才使得瑞波网络从2013年开始步入了快速发展的崭新时期；其次，没有瑞波币这样一个通用货币的话，任何一个人都可以通过建立很多个虚假账户来信任一个虚假网关，从而欺骗系统形成一个规模很大的假网关，这对瑞波网络的发展是极为不利的。瑞波币的存在相当于是瑞波网络的润滑剂和桥梁，为瑞波网络的流动性提供了巨大的便利。

3.4.3 瑞波币项目评价

瑞波币和比特币一样都是加密数字货币，瑞波币在瑞波网络中有主要桥梁货币和有保障安全的功能，其中保障安全的功能是不可或缺的，这要求参与这个协议的网关都必须持有少量瑞波币。

理论上而言，网关们需要购买的瑞波币并不多，其价格也非常便宜，1个瑞波币仅为0.4美分（截至2018年9月，其价格已经升至30美分左右）。与比特币一样，瑞波币的数量也是不能超发的（总量为1000亿个），但由于每次交易都将销毁少量瑞波币，这就意味着瑞波币的数量会逐渐减少。如果瑞波协议能够成为全球主流的支付协议，网关们对于瑞波币的需求就会更为广泛——需求旺盛而数量却在减少，就会导致瑞波币的升值。

Ripple Labs 持有770亿个瑞波币，简单以0.4美分/个的价格估值，价值约为3亿美元。Ripple Labs 称，为了让瑞波协议有更多的参与者，他们将逐步将其中的550亿个瑞波币捐赠给这一系统中的用户，自己留下220亿个。而假如瑞波协议成为主流支付协议，瑞波币数量又在减少，瑞波币就会升值，即使捐出了持有大部分瑞波币，Ripple Labs 的价值仍然可以非常之高。

这仅仅是设想。毕竟，瑞波协议这一支付协议还只是一个新生的事物。截至目前，全球首家，也是唯一的一家宣布接入瑞波协议的银行是德国 Fidor 银行。Fidor 银行是一家在加密数字货币领域踊跃探索的银行，总部设在德国慕尼黑，此前，该银行在与比特币合作也被视为开创性的举动。虽然有了起步，但瑞波协议要征服银行仍是任重道远。

需要说明的是，由于 Ripple Labs 极力推广的是瑞波协议，其并不在乎瑞波币价格的高低，而是希望通过瑞波网络的推广慢慢提升瑞波币的价值。

扩展阅读：瑞波币创始人克里斯·拉尔森

克里斯·拉尔森（Chris Larsen）是一位不折不扣的创业者，更是一位互联网金融普惠精神的践行者。

1996年至今，拉尔森共创办了三家金融科技公司：E-Loan、Prosper和OpenCoin，在拉尔森看来，这三家公司都有一个共同的使命，那就是将对信息的直接控制权还给大众。而在创立OpenCoin和Ripple网络后，拉尔森更是将这种选择自由和普惠理念从信息领域延伸到了货币和支付结算领域。

（1）E-Loan——拉尔森创立的第一家公司，同时也是一家接受在线住房抵押贷款申请的公司

1996年，拉尔森和雅尼娜·保罗斯基（Janina Pawlowski）共同创立了一家名为E-Loan的在线住房抵押贷款的公司。

此时，互联网概念正在迅猛发展，信息生产和传播的成本在不断降低，信息的不对称性现象也在逐步消除，这是突破中间商的垄断和高成本的好机会。于是，拉尔森和保罗斯基向亲友筹得45万美元，在加州的Palo Alto成立了E-Loan，创业开始了。

1998年，由于利率下调，美国的住房抵押贷款上涨了70%，总额高达15000亿美元。乘着这股东风，E-Loan扶摇直上。德意志银行分析师James Marks分析说，虽然当时网络贷款总量仅有的42亿美元，但E-Loan贷出了5000笔款项，占据了网络贷款市场份额的25%，遥遥领先其他对手。

残酷的是，对于新兴互联网公司来说，成功未必能带来利润。E-Loan每个月需要花费25万美元支付150多位员工的薪酬，同时还要开展价格不菲的广告营销活动。于是，保罗斯基和拉尔森面临着互联网世界就是现在也屡见不鲜的抉择：放弃控股，将公司高价出售，变现退出；或者寻找其他资金来源，继续勉力经营。

金融软件巨头Intuit Corp抛来了绣球，但要求拉尔森和保罗斯基放弃对E-Loan的控制权。两位创始人进退维谷。幸好雅虎及时出现，以2500万美元的价格收购了E-Loan 23%的股份，E-Loan这一品牌得以继续存在，而拉尔森和保罗斯基也能继续经营公司。虽然E-Loan最终还

是在 2005 年卖给了北美一家银行，但在接下来几年发生在 E-Loan 身上的事或许是拉尔森一辈子也不想错过的。

Fair Isaac 公司的 FICO 消费信用评分模型是美国最主流的信用评分机制。美国的三大消费信用评分机构环联（Trans Union LLC）、益百利（Experian）和艾克飞（Equifax）均使用的是这一机制。FICO 评分是上亿信用贷款决策背后的决定性因素，但是 Fair Isaac 命令禁止任何一家机构向普通消费者公布其 FICO 评分（除非他们的贷款申请被拒绝了。）

于是，拉尔森认为是时候向这些略显不公的条款发起挑战了。2000 年 2 月，E-Loan 上线了一项允许消费者免费查看其信用评分的服务——My E-Loan。短短一个月之内，这项服务就吸引了 25000 名客户。但是，这把 Fair Isaac 公司给惹毛了，在 Fair Isaac 公司的压力下，向 E-Loan 提供数据的艾克飞公司迫使 E-Loan 关闭了这一服务。但拉尔森和他领导下的 E-Loan 已经向这一数据背后的垄断发起了挑战，就在 My E-Loan 被叫停 4 个月之后，Fair Isaac 公司表示打算放宽上述规定，同时会上线一个类似 E-Loan 的网站提供相同的服务。

从某种程度上来说，拉尔森的这次挑战成功了，Fair Isaac 公司的新网站将允许消费者以一定的价格查看他们的信用评分，此外也会向消费者提供提高信用评分的个人指导。与此同时，环联也宣布会提供类似的业务。后来，迫于加州政府的法律要求，以及来自美国国会、工业和消费者保护组织的压力，FICO 评分开始完全向普通消费者公开。

2003 年，美国联邦政府签署了《公平、准确信用交易法案（Fair and Accurate Credit Transactions Act）》，该法案允许消费者每 12 个月从上述三大消费信用评级公司那里免费获取一份信用报告。在与美国联邦贸易委员会（FTC）的合作下，三大信用评级机构建立了名为 AnnualCreditReport.com 的网站，个人信用报告从此进入了公开免费阶段。My E-Loan 服务推出 13 年后，拉尔森在一次采访时曾说，促进了消费信用评分的透明化是他创业以来最骄傲的成就。人们能够看到他们的信用评分，并且据此评估来发放直接贷款。

（2）Prosper：拉尔森创立的第二家公司，同时也是美国第一个P2P贷款网络

Prosper公司尝试了一套贷款拍卖系统，通过出价的形式来实现评级。Prosper公司采用了"双盲"（Double-Blind）拍卖体系，希望能为借款人提供一种最为经济的借款方式。这个拍卖形式被认为可以使公众利益最大化，根据借贷双方的偏好，在借款人对设置贷款条件的投入程度与放款人投资速度和可行性之间取得平衡，提供最优的利息设定。

虽然出发点是好的，但是这个拍卖系统实在是太难操作了，经常需要很长时间才能筹措到所需金额。

Prosper公司在2008年和2009年分别经历了被迫停摆以及超出预期的违约率之后，在2010年改变了原有的拍卖模式，改为根据借款人违约风险提前设定好贷款利率，第二年，其贷款增长了200%。

如果没有拉尔森作为Prosper领导者的积极投入，P2P借贷行业的前景或许不会如此明朗。但作为创业者的拉尔森从来就没有想过止步于此，去中心化的加密数字货币支付系统Ripple正在前面等着他。

（3）瑞波（Ripple）：去中心化的全球货币金融体系

"信息不对称是所有问题的关键所在。中介机构利用这种关系，将资金资源紧握在手，与资金的需求者之间形成一种恳求关系（Mother-may-I Relationship）。金融是很疯狂的，你的钱在到达华尔街的路上被层层收费。在互联网革命和数据库技术变革的帮助下，我看到了对所有人更为公平的路径。"拉尔森称。

拉尔森所说的更为公平的路径指的就是去中心化的免费电子货币支付系统，这会给传统的金融支付体系注入新的血液。他与Mt. Gox（曾经全球最大的比特币交易所）开发者杰德·迈克卡勒伯（Jed Mc Caleb）一拍即合，共同创立了OpenCoin，致力于开发、运行和维护瑞波网络。

瑞波网络的核心机制和比特币非常类似，但是瑞波网络支持包括瑞波币和其法定货币在内的多种货币。此外，瑞波网络还能实现多种网络的兑换和支付，并且在此基础上实现P2P网络信贷和个人网

络清算，而这些供给基本上构成了一个完整的、去中心化的全球货币金融体系。

现实与加密数字货币的双向流通，瑞波网络显然比比特币更有雄心。

"比特币或者瑞波币不会被全世界所接受，但是它们一定是迈向以数字为基础的全球货币系统的第一步。"拉尔森说。

3.5 Libra（天秤币）

2019年6月18日，市值为5395亿美元、全球拥有26.6亿用户的社交巨头Facebook正式发布了加密数字货币项目Libra的白皮书，这标志着以Facebook为代表的互联网企业向区块链行业进军的脚步在加速。"Libra"一词义为天秤座，象征公正和公平，同时也是古罗马的货币计量单位，所以Libra又称为天秤币。白皮书中构建了一个宏大壮阔的金融愿景，声称要"建立一套简单的、无国界的货币和为数十亿人服务的金融基础设施"，Libra计划于2020年正式发行。Libra由一篮子银行存款和短期国债作为储备资产，在区块链上实现低波动、低通胀、可在全球通用的加密数字货币。

3.5.1 无国界的货币

很长一段时间以来，加密数字货币价格波动过大，难以履行货币的交易媒介和价格尺度职能。从2018年下半年开始，以单一或一篮子法币和数字资产（以太坊为主）为抵押资产的稳定币和通过"算法央行"调节供需实现价格稳定的稳定币的市场份额逐步扩大，为数字货币市场提供了更多的流动性。Libra的出现顺应了这一发展趋势，它将一篮子银行存款和短期国债作为储备资产（抵押品）。

在治理机制方面，Facebook没有对Libra进行独家经营，而是采用多中心化治理模式，在瑞士日内瓦注册了协会，由协会成员共同负责项目的技术维护和资产储备管理，目前 28 个初始成员中包括了 Visa、Mastercard、Paypal 等巨头，协会计划将成员扩充到 100 个。

从 Facebook 公司层面来看，发行 Libra 具有重要意义。2018 年 3 月，Facebook 涉嫌将用户隐私数据提供给 Cambridge Analytica 这家政治咨询机构。2018 年 5 月，《欧盟通用数据保护法案》正式生效，Facebook 首席执行官 Mark Zuckerberg 在欧洲议会出席听证会，并接受了质询。数据泄露事件和新的监管要求都为 Facebook 提出了新的挑战，Libra 的出台符合 Facebook 多元化的发展战略。

Libra 白皮书一发布就引起金融、互联网、区块链等行业以及各国监管部门的重视，中国、美国、英国、法国、德国、印度等国央行也通过不同渠道对此事表示密切关注。在 2019 年 6 月日本大阪 G20 峰会上，G20 批准反洗钱金融行动特别工作组提出的《加密数字货币监管指南》，其中也涉及 Libra。

Libra 作为锚定法币计价金融资产的稳定币，可能会对各国法币、商业银行体系及双支柱框架产生冲击，对普惠金融具有一定的促进作用，在刺激各国研发法定数字货币的同时也会增大全球金融系统性风险。此外，Libra 的推出仍面临着全球监管的不确定性、地缘经济政治博弈加剧、合规成本较高以及联盟链向公有链转换存在困难等挑战。

3.5.2 Libra 的运作机制

1. Libra 的内涵及价格稳定方式

Libra 属于链外资产抵押型稳定币，其储备资产将被分布式地托管在金融机构中。Libra 使用一篮子银行存款和短期国债作为储备资产，采用 100%储备金发行方式，其价格并不锚定某一特定法币，而是根据其储备池中的一篮子法币资产决定，以美元、欧元、日元和英镑为主。Libra 无独立货币政策，价格波动取决于外汇波动，机制类似于特别提款权（Special Drawing Right，SDR）。Libra 不具备权益类资产的增值功能，也不具备投机属性，投资收益将用于保持较低的交易手续费、覆盖系统运行成本以及向协会初始成员分红。Libra 用户不具有对储备资产投资收益的分红权，仅享受便利支付的权利。Libra 协会将选择一定数量的金融机构作为授权经销商，这些经销商可与资产储备池直接进行双向交易，使 Libra 价格参考一篮子货币保持相对稳定，但用户不具备与资产储备池交易的权利。

就操作方式而言，Libra 以标准化程度较高的金融资产作为储备产生即时流动性。在 Libra 内部经济系统中，Libra 协会扮演着央行的角色：只有 Libra 协会具有制造和销毁 Libra 代币的权利，经销商用符合要求的储备资产向协会购买代币构成 Libra 的发行行为，经销商向协会卖出代币换取储备资产构成 Libra 的销毁行为。

Libra 的储备资产并没有包含黄金，主要原因在于黄金需要较高的运输和存储等成本，同时具有供给刚性，作为数字金融时代下产物的 Libra 难以选择商品货币时代的象征——黄金作为储备。另外值得关注的是，未来以比特币为代表的主流数字资产能否进入 Libra 储备资产池。

在 2008 年国际金融危机后，除了以比特币为代表的用去中心化的技术改良货币金融体系外，由时任中国人民银行行长周小川提出的超主权货币方案则是另一主张。超主权货币可以在克服单一主权信用货币内在风险的基础上调节全球流动性，当前具有代表性的超主权货币为 SDR，但其作用至今没有得到充分发挥。Libra 在经济模式上采用了超主权货币的构想，在底层技术上采用了比特币的底层技术区块链，在一定程度上结合了两种具有较大影响力的货币金融体系改良方案，兼顾了前瞻性和务实性。

2. Libra 区块链的技术特征

Libra 提出了由许可链向非许可链过渡的中长期构想：在运营初期采用的是基于 Libra 的 BFT 共识机制的联盟链，即使三分之一的验证节点发生故障，BFT 共识协议的机制也能够确保其正常运行。许可型区块链包括联盟链和私有链，Libra 采取的是联盟链的形式，只针对某些特定群体的成员和有限的第三方，内部指定若干预选节点为记账人，区块生成由所有记账节点共同决定，其他接入节点可以参与交易，但不参与记账过程。非许可型区块链即公有链，符合技术要求的任何实体都可以运行验证者节点。联盟链的治理机制和经济激励不同于公链，更加偏向传统公司治理，对于记账节点具有较高的门槛。

Libra 认为目前没有成熟的公有链方案可为全球数十亿用户提供稳定安全的金融服务，只能采取联盟链的方式，但健全完善的公有链是区块链的长期发展方向，因此 Libra 将逐步从联盟链向公有链过渡。这体现了 Libra 项目方的务实态度，根据客观情况在联盟链与公有链之间进行取舍。但在联盟链发展到一定程度之后能否顺利过渡到公有链尚存疑问，因为联盟链下错综复杂的利益纠葛将增加其向公有链转化的难度。

Libra 采用的联盟链需满足以下要求：第一，安全可靠性，以保障相关数据和资金的安全；第二，较强的数据处理能力和存储能力，为十亿数量级的用户提供金融服务；第三，异构多活，支持 Libra 生态系统的管理及金融创新。但要实现上述要求仍然面临着严峻的挑战，Libra 协议最初仅支持 1000 TPS（Transaction Per Second，每秒事务处理量），这显然达不到要求。如何在保证安全可靠和异构多活的情况下，提高数据处理能力、降低延迟是 Libra 在技术层面需要突破的重点。此外，Libra 在技术上的一大创新点是采用了新型编程语言"Move"，用于实现自定义的交易逻辑和方式，与现有区块链编程语言相比，增强了数字资产的地位，使得开发者能够更加安全和灵活地在链上定义和管理数字资产。

3. Libra 协会的治理机制

Libra 协会注册地是瑞士日内瓦，协会成员由联盟链的验证节点组成，目前包括 Facebook、MasterCard、PayPal 等 28 个节点，涵盖了支付、电信、区块链、风投等多个领域，具有多中心化的治理特征。选取注册在瑞士有两个主要原因：瑞士的数字货币政策较为宽松，瑞士金融市场监督管理局 2018 年颁布了《关于首次代币发行监管框架的查询指南》，具有较为明确的监管框架，瑞士城市楚格更是有"数字货币之谷"之称；同时，瑞士是历史上著名的中立国，注册在瑞士更有利于把 Libra 打造成一个全球性项目。Libra 协会的职能包括：继续招募成员作为验证者节点，预计数量为 100 个；筹集资金以启动生态系统，每个验证节点出资 1000 万美元，享有 1%的投票权，初期储备资金为 10 亿美元；设计和实施激励方案，包括向成员分发此类激励措施；制定协会的社会影响力补助计划等。

Libra 虽然最早由 Facebook 发起，但 Facebook 在 Libra 协会中并没有特殊地位，只在早期负责筹备事宜，在 2020 年决策权将被转移到 Libra 协会。Libra 协会的规章制度旨在保证成员平等性和开放性，每个成员享有 1%的投票权。各成员在 Libra 协会框架之外还可能还存在合作和竞争关系，所以 Libra 协会成员关系更类似于"网络组织"。

尽管从注册地、运作理念、操作模式等方面来看，Libra 是一个全球性的多中心项目，但是当前 28 个协会成员大都是美国企业。虽然投票机制设置上较为公平，但美国企业已经具有四分之一左右的投票权，可以预见的是继续吸纳的成员里美国企业仍然可以占到相当比例，这降低了 Libra 的全球化属性。

3.5.3 Libra 的潜在影响

1. 对各国法定货币的影响

Libra 对各国法定货币的影响不尽相同，对美元的综合效应可能表现为信用增强效应，而对欧元、日元、英镑的综合效应可能表现为信用减弱效应，对币值不稳的小国主权信用则可能具有摧毁作用。

整体而言，Libra 对美元存在两个维度的效应：从国际结算维度而言，Libra 与美元存在竞争关系；从储备资产维度而言，Libra 和美元则互相支持。从美国国内视角来看，Libra 是以硅谷为聚集地的科技企业第一次以群体的形式染指华尔街的金融权力，在金融科技（FinTech）的"金融"和"科技"二者之间，Libra 体现着科技渐强之势。

而对于美元之外的法币，尤其是币值不稳的法币，Libra 可能会产生货币替代效应。进入 21 世纪后，全球美元化的程度尽管有所降低，但发生过严重通胀国家（如委内瑞拉、阿根廷）的居民仍具有较强的持有美元资产的动机。Libra 会对 2008 年国际金融危机后再次流行的资本管制政策造成冲击，提高通胀国家居民获得稳定货币的便利性，再次加剧货币替代，并对这些国家货币金融体系产生较大冲击。

2. 刺激各国法定数字货币的研发

Libra 发行稳定币的方式给各国发行法定数字货币提供借鉴的同时，也对法定数字货币研发具有刺激效应。除厄瓜多尔、委内瑞拉、突尼斯、塞内加尔以及马绍尔群岛等国先后发行过法定数字货币外，各主要国家也已启动对法定数字货币的研发：2016 年 6 月加拿大央行启动 Jasper 项目，2018 年 3 月新加坡金融管理局启动 Ubin 项目，2018 年 9 月欧洲央行和日本央行联合开展了 Stella 项目。中国人民银行对于法定数字货币的研究走在了世界前列，2014 年启动了对数字货币的专门研究，2017 年 7 月中国人民银行数字货币研究所正式挂牌成立。在 Libra 白皮书发布后，中国人民银行研究局表示，Libra 对各国货币政策、金融稳定和国际货币体系可能会产生重大的影响；中国人民银行经过国务院正式批准，正在组织市场机构进行法定数字货币的研发。这反映了我国对 Libra 的重视和对此做出的积极反应。

3. 对普惠金融具有积极意义

Libra 代币可以实现跨国界、跨平台流通，在无须相关征信的情况下触达更加广泛的受众，实现低门槛开户和零成本接入，进而提高金融服务的可获得性。此外，Libra 协会成员具有广泛的客户基础，可在其产品上设置 Libra 接口，这进一步提高了普惠金融的深度和广度。同时 Libra 也引起了全球范围内科技行业对金融业的关注、思考甚至参与，这也是另一种形式的"普惠金融"。

3.5.4 Libra 面临的挑战

1. 各国监管存在不确定性

Libra 对各国金融监管当局造成触动，不少国家的金融监管部门负责人对 Libra 进行过表态。总体而言，除了美联储主席和英国央行行长表态相对积极之外，美国众议院金融服务委员会主席、法国财政部长、欧洲议会德国议员、日本央行行长以及澳大利亚央行行长更多地对 Libra 表示出审慎和警惕的态度，认为 Libra 必须置于严格完善的监管框架之下。中国人民银行前行长周小川认为，Libra 在现有加密数字货币的基础上，至少在价格稳定和应用场景两方面做出了改进，中国应未雨绸缪，积极应对。Libra 作为一个超主权项目，需要各国监管机构和国际组织的协同合作。在 2019 年 6 月日本大阪 G20 峰会上，Libra 也成为重要议题之一。2019 年 7 月 G7 集团已成立 Libra 联合工作组，研究如何加强反洗钱、反恐怖主义融资以及消费者保护规则等方面的监管。Libra 作为多中心机制的全球性项目，各国监管的不确定性将带来巨大挑战。

2. 存在地缘经济政治博弈

货币国际化从来都不只是经济金融问题，也是政治、文化和外交等方面的问题。尽管货币具有网络外部性，理论上流通区域越广、应用场景越丰富则边际成本越低，但在现实中由于政治、文化、历史等原因，货币一体化进程阻力重重。从各国监管层对 Libra 的态度中也能反映出地缘经济政治博弈的端倪，目前除美联储和英国央行表态相对积极外，其余监管机构基本的态度都是审慎和警惕。

3. 合规成本较高

Libra 协会注册地是瑞士日内瓦，如果以此为主体发行代币，则应受到瑞士金融市场监督管理局监管，Libra 协会至少应具备瑞士数字货币的相关牌照。在 Libra 代币流通到某国和被某国居民使用后，该国监管部门则可根据属地原则和属人原则对 Libra 提出监管，并要求其获得相关牌照，如果多数国家采取这一措施将极大提高 Libra 的合规成本。此外，抵押资产分布式地托管在金融机构中同样面临诸如审计标准不统一等合规问题，甚至可能会引起抵押资产的信用问题。另外，由于经销商分布全球，Libra 的流量入口具有多场景性，反洗钱、反恐怖主义融资等方面的要求也会非常复杂。

4. 联盟链向公有链转换存在困难

Libra 锚定的是法币计价资产，依靠法币信用支撑私人信用，本质上仍是信用货币，没有独立货币政策，法币金融体系的波动也会影响其价格稳定。Libra 白皮书给出了由联盟链向公有链转化的规划，过渡周期为五年。公有链意味着更高的治理水平、更加市场化的运作机制以及更低的运营成本，但当前并无从联盟链向公有链转换的成功案例。Libra 一旦运行即为一个包含了大型互联网企业、支付企业、金融机构的庞大货币金融联盟，协调运转机制复杂，转为去中心化组织的难度极大，公有链远景能否实现具有巨大不确定性。

扩展阅读：什么是稳定币

1. 稳定币的概念

目前市场上主流的加密数字货币都是非稳定币，即币值随市场波动而不断发生变化，不与法币的币值进行锚定，典型代表就是比特币。从长远来看，它实际上阻碍了加密数字货币在现实世界的应用。因为价格波动过于剧烈，而使其在很多场景下很难满足货币的职能：如果一个加密数字货币的购买力持续波动，那我们就无法用加密数字货币发工资（支付手段）或是对其他商品计价（价值尺度）。

而稳定币作为一种可以用来和特定的指数资产保持固定比例兑换的特殊加密数字货币，具有价值恒定、不会暴涨暴跌的特性，先天适合作为区块链世界与实体经济的联系纽带。

世界上第一个稳定币是 Tether 公司在 2014 年发行的 USDT（如图 3-30 所示），近年来又出现了诸如 Maker Dao、TrueUSD、Bitshares、Basecoin 等一系列稳定币，这些项目都针对价格稳定、可伸缩性、去中心化等要素提出了自己的解决方案。

图 3-30　USDT

基于区块链的稳定币不仅可以作为法币和加密数字货币的交易媒介，同时其跨国性的特征天然可以作为跨境支付的媒介。

2. 稳定币的用途

在亚洲新兴市场，稳定币在汇款领域内的应用极具前景。联合国称，亚太地区移民增长率远超其他国家的人口增长，有 60%以上的移民居住在亚洲或欧洲，而全球53%的汇款额就来自于亚太地区的国家。据报道，在某些发展中国家，汇款占其GDP的份额较大，如尼泊尔（28%）、塔吉克斯坦（42%）、亚美尼亚（21%）等。

然而，目前传统的汇款方式远没有达到所谓的"即时"与"高效"，且往往会使客户花费不必要的交易成本。基于区块链技术的稳定币，可以提高资产转移的速度和稳定性，特别对于金融基础设施尚不成熟的发展中国家而言。

此外，亚太地区对加密数字货币市场较为友好的监管环境，或将助推稳定币的发展，为该代币的未来走向奠定基础。

除此之外，稳定币作为加密数字货币的一种，和比特币一样，也可以用在更多的应用场景：

- 价值符号。假设你有一个区块链项目，做了几年了，并且增长得不错，那么，在融资过程中，可以通过稳定币进行估值，这种估值方式显然要比用比特币这种波动剧烈的加密数字货币估值更加准确，也能够更好地展现项目的内在价值。
- 存储工具。加密数字货币的波动性是巨大的，这也是其魅力之所在，但是还是有很多场景需要稳定的币种，绝大部分人都不愿意接受一种风险很大的货币作为价值存储工具，毕竟不是投资，存储的意义在于未来能够保值维持当初的购买力。
- 交换媒介。极少有公司或者商店愿意用户使用加密数字货币进行交易，原因还是因为币价波动太大，因此只有稳定币才能够走进日常生活中，对于商家来说，价值恒定的交换媒介非常重要，各主权国家意图发行的稳定币就是希望其充当这一交换媒介。
- 记账单位。现有的衡量商品和服务的价格是各国法定货币，未来使用稳定币进行记账能够极大地提高效率。

3. 稳定币的分类

总体来说，稳定币大致可以分为以下三种类型：

（1）与法币挂钩的稳定币

目前，市场中约有66%的稳定币与美元挂钩。例如，主流稳定币USDT与美元挂钩，同时它也是全球市值前十的加密数字货币之一。

事实上，所有与法定货币挂钩的稳定币只不过是一张数字银行收据。该收据表明，某特定银行持有特定数量的美元、欧元、卢布或其他法币。这种模式下，用户持有稳定币实际上持有的是稳定币发行公司的借据。中心化的发行公司将自身的资产进行抵押以发行稳定币，每个稳定币都对应着其存于银行的等值资产，从而确保用户所持有的稳定币可以按照比例兑换回法币，代表项目是USDT。

这种模式的优点是易于理解，整个流程非常直观，而且有资产抵押，但缺点在于发行公司的信任风险。因为稳定币是中心化的私人公司发行的，没有任何机构能够证明他们将资产足额抵押在银行，实际上存在信用超发或资产转移的可能性；另外，我们还必须相信发行方愿意用资产承兑这些借据。

因为USDT有这些缺点，后续采用这个模式的项目都试图在监管透明性和资产托管上做出一定改进，如TrueCoin、TrueUSD等。

（2）与大宗商品挂钩的稳定币

与大宗商品挂钩的稳定币是实体经济、国家间贸易和加密数字货币间的桥梁，其特点是去中心化和透明，它们的价值与周转率挂钩，此类稳定币当中的很大一部分所锚定的大宗商品恰恰是一些不稳定的加密数字货币。

区块链项目 MILE 属于此类，其包含 MILE 和 XDR 两种代币。如果说 XDR 是一种与 SDR（Special Drawing Right，即特别提款权，亦称"纸黄金"）挂钩的稳定币，那么 MILE 则是一种波动性较大的代币。

（3）算法型稳定币

算法型稳定币不与任何抵押品挂钩，其供应和目标价格仅由代码控制。这类稳定币完全去中心化，没有第三方参与，扩展性较高（在发行额外的稳定币时无须抵押更多资产）。

前两种模式的本质都是资产抵押，区别仅在于使用中心化还是去中心化的货币（资产）来做。第三种模式在思路上和前两种完全不同，采用的是算法央行的模式。简而言之，其思想是通过算法自动调节市场上稳定币的供求关系，进而将稳定币的价格稳定在和法币的固定比例上。

这种模式借鉴了现实中的中央银行调节货币供求的机制。现实中，央行可以通过调整利率（存款准备金率、基础利率等）、债券的回购与逆回购、调节外汇储备等方式来保持购买力的相对稳定。而在稳定币中，算法银行也可以通过出售/回收股份、调节挖矿奖励等方法来保证稳定币的价格相对稳定。

算法银行的致命风险是对稳定货币未来需求会一直增长的假设。如果稳定货币跌破发行价，就需要吸引投资者来购买股票或者债券，这背后基于的是未来该稳定币需求看涨的预期。如果该稳定币需求萎缩或者遭遇信任危机，那么算法银行将不得不发行更多的股票或债券，这在未来又会转化为更多的货币供给，长期看会陷入浮动性风险。

也就是说，算法型稳定币消除了信任风险，但仍会面临浮动性风险。目前市场上的这类项目主要有 Basecoin、Nubits、Caborn 等。

4. 典型的稳定币

（1）USDT

用户可以通过 SWIFT 电汇美元至 Tether 公司提供的银行账户，或通过交易所换取 USDT。赎回美元时，反向操作即可。Tether 公司宣称将严格遵守 1:1 的准备金保证，即每发行 1 枚 USDT Token，其银行账户都会有 1 美元的资金保障。

USDT 的优点在于非常直观和稳定，始终和美元保持大致 1:1 的比例。但缺点在于资金托管情况不透明，存在超发的可能性。

（2）True USD（TUSD）

TUSD 是以 USD（美元）为支持的 ERC20 稳定币，和 USDT 一样，TUSD 也是按 1:1 的比例锚定美元，承诺以实际存储在银行或信托公司中的美元提供 100% 的稳定价值。

区别于 USDT 不透明的运作机制，TUSD 的美元资产完全抵押，受法律保护，由第三方公司公开审计，并且为了提高安全性，所有资金交由信托公司处理，TrueUSD 系统不处理或获取托管资金，从根本上保障资金安全。同时通过智能合约，USD 入账确认后会生成相应的 TUSD，而在赎回 USD 时则会自动销毁相应的 TUSD，以此来动态保持 TUSD 和美元的 1:1 锚定关系。

（3）Maker Dao

Maker Dao 有两种货币，一种是稳定币 Dai，另一是管理型货币 Maker。Dai 是由抵押加密数字资产支撑的加密数字货币，其价格和美元保持 1:1 稳定。Maker 是以太坊上的智能合约平台，通过抵押债仓（CDP）、自动化反馈机制和适当的外部激励手段支撑并稳定 Dai 的价格。

任何人都可以通过 Maker 平台利用以太坊资产生成 Dai 进行杠杆操作，资产必须是超额抵押的。Dai 和 Maker 是相互补充的关系，一方面 Maker 的持有人可以投票决定哪些资产可以被纳入到抵押资产中来，另一方面当人们抵押资产还 Dai 的时候要用 Maker 支付一部分稳定费用。之后系统会销毁或者是回购 Maker，来推高 Maker 的价格。

Maker 同时也是系统的救市资产。当市场出现极端的波动，出现抵押严重不足的情况下，系统会增发 Maker 来回购 Dai，用来保护稳定货币的价格稳定。

相比较 USDT 来说，Maker Dao 的去中心化性质更强，任何人都可以抵押合格资产（peth）来生成 Dai，因此在中介信用风险、法律风险以及其他极端风险防护方面做得更好。

（4）Bit CNY

1Bit CNY=1 人民币。Bit CNY 中文叫作比特元，本质上它是在比特股系统上的一种合约，1Bit CNY 的持有者有权在任意时候从市场上获得价值 1 元人民币的比特股（BTS）。

（5）Base Coin

Base Coin 模式包含三种 Token，分别为 Base Coin、Growth Token 和

Restore Token，对应现实世界里的货币、发币权和债券。

当 Base Coin 相对美元价格下跌时，基于区块链的生态系统会拍卖 Restore Token 来换回 Base Coin。市场上流通的 Base Coin 减少，价格就会回升。当 Base Coin 相对美元价格上涨时，生态系统会发行更多的 Base Coin，而增发的 Base Coin 会发给 Growth Token 的持有者。Base Coin 的价格回落，另一方面增发的货币进入 Growth Token 的持有者手中，保证投资人的利益。

（6）Carbon

Carbon 系统里有两种 Token：CUSD（稳定币）和 Carbon Credits（浮动币）。

CUSD 价格低于 1 美元时，Carbon Credits 通过拍卖，卖给愿意焚烧其稳定币的市场参与者，造成价格上涨压力，使 CUSD 价格回升至 1 美元。收到的 CUSD 将被烧毁，供应量减少，从而提高价格。

CUSD 价格大于 1 美元时，CUSD 按持有比例分配给 Carbon Credit 持有者，造成价格下行压力，CUSD 价格回落至 1 美元。

Carbon Credits 代表了市场对 Carbon 网络的预期，同时也是扩大 CUSD 供应的手段。可以在二级市场进行交易，但不会被销毁。

（7）DUO Network

DUO Network 基于金融市场中成功的分级基金设计，以 ETH 为抵押发行有固定收益的 A 级稳定币和享有 ETH 杠杆收益的 B 级币。智能合约从外界定期接受 ETH/USD 价格更新，用于锚定 A/B 级代币的净值。

A/B 级币价格偏离其净值时，交易员都可通过智能合约将 ETH 和分级币互相转换获得套利收益。套利行为可将分级币的市场价格稳定在净值附近。DUO Token 作为允许转换套利的权限，将随着分级币发行规模增大而增值。

5. 稳定币市场发展趋势

目前来说，稳定币的价值主要是个人投资者进入数字货币市场的过渡器、机构投资者的风险管理工具、企业融资后合规及避险的手段。

目前市场规模最大的稳定币 USDT 其实就是看到了比特币的不稳定性给用户所带来的问题，用户需要将自己的法币兑换成某种币值相对稳定的加密数字货币，然后才能开始投资行为，所以将 USDT 打造成可以作为交易凭证的、价格稳定的数字货币。在未来随着稳定币种类增加，币与币之间的竞争会愈发激烈。只有拥有明确的使用场景，能得到用户和开发者共同认可的稳定币才有机会获取更大的发展。而最好的使用场景，目前看来可能会出现在支付领域。

具体来说，未来相当长的一段时间内，稳定币市场的发展趋势主要有以下三点。

（1）数字经济时代，数字资产的交易流转对稳定币有客观需求

与数字经济发展相伴随的是数字资产种类将不断增加，数字资产规模将不断壮大，数字资产的个人产权属性将得到强化，数字资产的交易流转需求将不断显现。其中，区块链很可能成为数字资产登记与交易的主要技术平台，而"代币"很可能成为数字资产的主要技术表现形式。当大量的数字资产基于区块链登记和交易时，必然需要使用基于区块链的稳定币来承担价值尺度、流通手段和储藏手段等功能。

（2）法定数字货币是最合适的稳定币，但短期内难以正式推出

与目前市场上已有的三类稳定币相似，法定数字货币也是稳定币，而且法定数字货币是依托于国家信用发行，其公信力最强，可接受范围最广，不容易产生负外部性。我国即为最早开展法定数字货币研究的国家之一，早在 2014 年，中国人民银行就成立法定数字货币研究小组，开始涉足数字货币的研究，并已经在区块链和法定数字货币研究方面取得了丰硕成果。虽然法定数字货币是最合适的稳定币，但由于推出法定数字货币是一项极其复杂的系统工程，估计难以很快正式推出。

（3）民间稳定币和受监管稳定币将不断出现

数字经济的快速发展和法定数字货币的缺位将在一定程度上催生各类民间稳定币。据统计，2019 年 9 月份就有 15 家机构宣布推出共

13种稳定币。虽然稳定币性质上与ICO有所不同，不以融资为目的，但在监管不力的情况下，超发和挪用准备金的现象很难避免，应引起相关监管部门的密切关注。

3.6 其他知名币种

1. 比特币现金/BitcoinCash/BCC——由一小部分比特币开发者推出的不同配置的新版比特币

2017年7月21日，比特币分叉方案BIP91获得比特币网络的全网算力支持，一致同意进行隔离见证升级（隔离见证通常简写为SegWit，是由比特币长期团队开发的对于Bitcoin Core的一种更新。旨在解决比特币面临的一系列严重问题。Bitcoin Core是当前最受欢迎的比特币标准客户端，由业内大多数企业使用），并在之后的6个月内把底层区块链的区块大小升级至2MB。

然而，比特币挖矿巨头比特币大陆旗下的矿池ViaBTC开发了一套硬分叉的体系，即基于比特币的原链推出"比特币现金"（Bitcoin Cash，简称BCC）。2017年8月1日20时20分，比特币现金开始运行，同时每个比特币投资者的账户上将出现与比特币数量等量的比特币现金，这标志着比特币现金正式上线。比特币现金修改了比特币的代码，将区块大小提升至8MB。

比特币现金的前身就是比特币，在分叉之前它存储在区块链中的数据以及运行的软件是和所有比特币节点兼容的，而到了分叉那一刻以后，它开始执行新的代码，打包成更大的区块，形成新的区块链。

2. 莱特币（Litecoin）——旨在改进比特币的加密数字货币

莱特币示意图如图3-31所示。

图 3-31 莱特币 Logo

莱特币是一款在 MIT/X11（MIT 开源软件许可协议 X11 条款）许可下发布的免费软件项目，它让用户能够根据自己的需要对软件进行运行、修改和复制，甚至可以发行软件的修改版本。该软件以完全透明的形式发布，用户可以对二进制版本以及对应源代码进行独立验证。

莱特币是需要通过"挖矿"产生的，莱特币基于比特币（Bitcoin）协议，使用硬件内存以及基于 Scrypt（一种加密算法）的挖矿工作量证明算法，面向大多数人使用的普通计算机及图形处理器（GPU）。莱特币网络预期将生产 8400 万个莱特币。莱特币的设计目的之一是提供一种挖掘算法，使它能够在挖掘比特币的机器上被同时运行。

目前莱特币的算力需求增长很快，矿工通过几台个人计算机已无法挖到矿，因此对于普通用户来说很可能需要加入矿池挖矿获取莱特币。矿池集合了大家所有算力，目前比较出名的矿池包括：BTCC（原比特币中国）矿池、鱼池（F2POOL）等。有关矿池的概念将在后续章节进行详细介绍。

莱特币的创始人李启威毕业于麻省理工学院，美籍华人。李启威在谷歌工作期间受到比特币的启发，基于同样的去中心化的加密数字货币原理开发了莱特币。莱特币与比特币在技术上具有相同的实现原理，莱特币的创造和转让基于一种开源的加密协议，不受到任何中央机构的管理。旨在改进比特币的莱特币,与比特币相比具有三种显著差异。

第一,莱特币网络每 2.5 分钟(而不是 10 分钟)就可以处理生成一个区块,因此可以提供更快的交易确认。

第二,莱特币网络预期产出 8400 万个莱特币,是比特币网络发行货币量的 4 倍之多。

第三,莱特币在其工作量证明算法中使用了由 Colin Percival 首次提出的 Scrypt 加密算法,这使得相比于比特币,在普通计算机上进行莱特币挖矿更为容易。每一个莱特币可以被分成更小的单位,通过 8 位小数来界定。

综上,莱特币相对比特币拥有更快的交易确认时间,以及更高的网络交易容量和效率。

3. 狗狗币/Dogecoin/DOGE——起源于网络草根文化的加密数字货币

狗狗币诞生于 2013 年年末,其突出的特点不是技术(它是莱特币的翻版),而是社区价值体系:小费、慷慨和非严格的加密数字货币。狗狗币如图 3-32 所示。

图 3-32 狗狗币示意图

狗狗币的名字来源于神烦犬(Doge)——一只有趣的、在互联网上流行的日本柴犬。

神烦犬如图 3-33 所示。

图 3-33　神烦犬

狗狗币团队发起过好几个有趣而且成功的广告宣传活动，比如赞助美国纳斯卡车赛的赛车手，让狗狗币的图案遍布全车。此外，他们还集资了 3 万美元，资助牙买加国家雪橇队参加 2014 年冬季奥运会。

由于狗狗币社区的慷慨大方以及宣传活动的推广，加上神烦犬形象在互联网的流行，狗狗币在 2014 年一度大受欢迎。很多用狗狗币的人之前都不知道什么是加密数字货币，他们也不需要知道狗狗币比别的货币好在哪里，仍然坚定地主动参与并推动狗狗币的发展。

狗狗币的成功，说明一个货币的流行也可以通过非技术的方式来实现。遗憾的是，就像很多互联网热点一样，狗狗币的风靡程度目前已逐渐减弱，其价格也没有其他同时期币种一样飙涨。

4. 石油币/全球首枚加密数字法币

2018 年 1 月 5 日，委内瑞拉总统马杜罗在电视讲话中表示，他已下令将发行首批 1 亿个加密数字货币"石油币"，每个石油币都有委内瑞拉的 1 桶原油作为实物抵押，并且十分欢迎全世界的投资者来投资石油币。石油币如图 3-34 所示。

图 3-34 石油币示意图

2018 年 2 月 21 日，委内瑞拉官方正式发行了加密数字货币"石油币"，发售首日就完成了 7.35 亿美元的融资；据了解，石油币发行的规模是 1 亿个代币，总价值超过 60 亿美元。

石油币是第一个由主权国家发行并具有自然资源作为支撑的加密数字货币，是一种数字法币。据悉，石油币将被用来进行国际支付，是主权国家委内瑞拉在国际市场上公开融资的一种新方式。这一加密数字货币将对委内瑞拉渡过目前的经济困难，并为打破美国的金融封锁提供帮助。

5. 新经币/New Economy Movement/NEM/XEM——一种新型的加密数字货币

新经币于 2015 年发布，是一个基于 Java 编写的新型加密数字货币，采用基于 PoI（重要性证明）的共识机制。新经币自最初的股权分配起就被设定为平等发布，决定权重的关键在于节点在网络中的活跃度以及交易的对象，而非持有币的多寡或是算力的高低。新经币是第一个在区块链中实现多重签名的加密数字货币。新经币官网首页如图 3-35 所示。

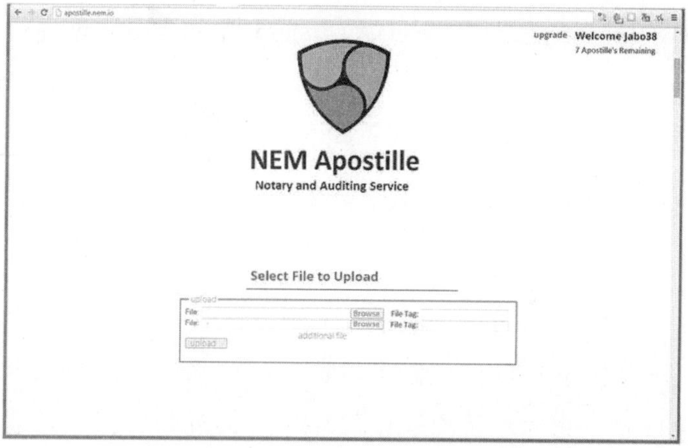

图 3-35　新经币官网首页

6. 门罗币/Monero/XMR——基于 CryptoNote 协议的、注重隐私保护的加密数字货币

门罗币（Monero）基于 CryptoNote 协议，于 2014 年创建，是一款致力于隐私保护的新一代加密数字货币，如图 3-36 所示。

图 3-36　门罗币示意图

门罗币规避了比特币交易信息过于透明的设计缺陷，使得基于门罗币交易更加具有隐私性、去中心化和可扩展性,而在协议层的环形加密技术(RingCT)使得门罗币成为目前唯一能隐藏交易发起者、接收者、交易金额和交易IP的加密数字货币。

7. 以太经典/Ethereum Classic/ETC——以太坊因DAO失窃案的产生的分叉币

以太经典(Ethereum Classic,ETC)是以太坊项目针对The DAO资金问题,开发团队在征询社区意见执行硬分叉后,未遵从或未升级的以太坊区块分支。它保留了原有以太坊的代码规则和特色,以太经典的宗旨是"延续一个去审查制度的以太坊","为反对硬分叉的人提供选择空间"。以太经典如图3-37所示。

图3-37 以太经典示意图

第四章

区块链+——区块链技术的全面应用

区块链技术的显著优势在于可以优化业务流程、降低运营成本、提升协同效率,这个优势已经在金融服务、数字政务、房地产开发、数字医药、物流零售、线上教育等社会领域逐步体现出来。在介绍完了基于区块链技术的加密数字货币之后,本章将介绍区块链技术在更广阔领域当中的应用以及更多应用的可能性,也就是所谓的"区块链+"。

4.1 区块链+

在过去几年里,区块链是科技领域最热门的话题之一。区块链这一脱胎于比特币的底层技术,以接近十年的稳定运行向世人证明了其高度安全可靠的具体架构和底层技术,同时凭借分布式账本和智能合约等创新性的技术,为多个行业的产业升级打开了巨大的想象空间,甚至有业内专家直言区块链技术将掀起第二次互联网革命。

如果说互联网传递的是信息,那么区块链传递的则是价值;如果说"互联网+传统行业"模式的结果是催生一个垄断的行业巨头,那么"区块链+传统行业"的模式则是在试图构建一个新型的行业生态系统。

区块链特别适合应对如下问题。

(1)促进多方之间去中心化的安全交易

基于分布式账本天然的去中心化特质,区块链对于处理多方面参与的分布式交易尤其高效。而且,基于多方间的加密确认和验证流程,区块链为每个交易都提供了高度的安全性。

(2)增强安全性与互信,减少欺诈

由于区块链上的每笔交易都单独加密,且这样的加密可以被区块链上其他各方验证,因而任何试图篡改、删除交易信息的行为都会被其他各方察觉,然后被其他各个节点修正。

(3)促进多方交易中的透明度和效率

在任何涉及两个或两个以上的交易方参与的交易中,交易通常被单独地由各方记入各自独立的系统中。在资本市场,同样的交易会被记入两个交易方的自有系统,这笔交易都需要经过一系列步骤烦琐的处理,一旦发生错误就需要漫长的对账流程和人工干预。如果使用区块链技术当中的分布式账本技术,机构们将可以获得更顺畅的清算和结算流程,缩短结算周期,降低运营成本。

本章将介绍区块链与一系列特定的应用场景的结合，说明区块链的特性最适用于现有的哪些商业领域。

4.2 区块链+金融

继互联网金融之后，金融科技（FinTech）近两年发展迅猛，而区块链则是下一代金融科技的核心。区块链技术在金融行业的主要价值在于，人们可以通过区块链技术低成本地解决金融活动中的信任问题。

区块链在供产链金融、资产管理、跨境支付、保险等金融领域得到了应用。

4.2.1 区块链+供应链金融

1. 供应链金融的概念及特点

供应链金融（Supply Chain Financing）指供应链条中的核心企业依托自己的产业优势地位，通过对上下游企业的现金流、订单、购销流水等大数据的掌控，利用自有资金或者与金融机构合作，对上下游合作企业提供金融服务。

近年来，随着赊销贸易在国际及国内的盛行，处于供应链上游的企业普遍面临资金短缺的压力及账期延长的困境。与此同时，随着市场竞争的日趋激烈，单一企业间的竞争正在向供应链之间的竞争转化，同一供应链内部各方相互依存程度加深。在此背景下，旨在增强供应链生存能力，提高供应链资金运作效率，降低供应链整体管理成本的供应链金融业务得到了迅速发展。

当前阶段，供应链金融面临着四大难题：一是传统供应链金融的不透明性导致隐藏风险较大。目前，供应链金融覆盖区域较广，涵盖的交易信息较多，难以一一核实其数据信息以及交易信息的真实性、可靠性。二是中小企业融资难的问题在供应链金融中仍然存在。银行仅愿意为一级供应商提供保理业务、预付款或存货融资，处于二级、三级的中小企业的融资需求常常得不到支持。融资难的问题既影响了产品质量，又限制了二级、三级企业发展，甚至危及整个供应链。三是供应链金融对于核心企业的依赖限制了行业的发展。由于核心企业在交易数据、资金和资源方面的优势，使得当前供应链金融的主要模式为核心企业模式，这一模式将最终限制供应链金融的多元化发展。四是资金交易操作复杂。商业汇票、银行汇票作为当前商业交易的主要途径，由于使用场景受限，增加了供应链金融的资金交易难度。

区块链的应用将大大减少供应链金融在现阶段发展所面临的问题：首先，区块链可以完整保存节点数据，形成数据网络，使得供应链交易透明化；其次，区块链的分布式记账特性可以建立强信任关系，为中小企业提供信用担保，减少其融资成本；再次，基于区块链建立的可信任的供应链网络，可以不再依靠核心企业，实现自由化、多元化和市场化发展；最后，区块链网络可以提供给供应链上的所有成员企业使用，利用区块链多方签名、不可篡改的特点，使得债权转让得到多方共识，降低资金操作难度。

2. 区块链在供应链金融中的应用

区块链在供应链金融中的应用主要体现在以下几方面：基于加密数据的交易确权、基于存证的真实性证明、基于共享账本的信用拆解、基于智能合约的合约执行。最终，可以满足供应链上多元信息来源的相互印证与匹配，解决资金方对交易数据不信任的痛点。

（1）提供基于加密数据的交易确权

目前，不少行业的核心企业和一级供应商/经销商，具有较好的信息化水平，但供应链上其他层级的中小企业信息化程度都难以达到银行的数据标准。同时，如果供应链上不同主体采用不同类型的信息管理系统时，信息传递缺乏一致性、连续性，容易形成信息孤岛，难以获得有效的数据进行风险判断及管理,也难以核实交易的真实性。

区块链为供应链上各参与方实现动产权利的自动确认,形成难以篡改的权利账本,解决现有权利登记、权利实现中的痛点。以应收账款权利为例,通过核心企业 ERP 系统数据上链实现实时的数字化确权,避免了现实中确权的延时性,对于提高交易的安全性和可追溯性具有重要的意义。

(2)提供基于存证的交易真实性证明

交易真实性的证明要求记录在虚拟世界的债权信息中,必须保证虚拟信息与真实信息的一致性,这是开展金融服务、风险控制的基础。供应链金融的核心问题之一即交易的真实性问题,需要在虚拟环境下,从交易网络中动态实时取得各类信息,进行信息的"交叉验证"来检验交易真实性,信息交叉验证成为供应链金融目前的关键技术之一。基于区块链的信息交叉验证是通过算法来遍历并验证交易网络中的各级数据,其中包括:各节点的计算机系统、操作现场、社会信用系统(税务、电力部门等)等截取的数据,中间件、硬件(如 GPS、RFID 等)等获取的节点数据。验证的方式包括:遍历链上交易节点数据,检验链上交易数据的合理性;遍历交易网络中的数据,验证数据的逻辑合理性;遍历时序关系数据,验证数据的逻辑合理性。通过以上三重数据交叉验证,形成由点到线再到网络的交易证明系统,可全面检验交易真实性,最终获得可信度极高的计算信用结果。

(3)提供基于共享账本的信用拆解

一般来说,一个核心企业的上下游会聚集成百上千家中小供应商和经销商。区块链技术可以将核心企业的信用拆解后,通过共享账本传递给整个供应链上的供应商及经销商。核心企业可在该区块链平台登记其与供应商之间的债权债务关系,并将相关记账凭证逐级传递。该记账凭证的原始债务人就是核心企业,那么在银行或保理公司的融资场景中,原本需要去审核贸易背景的过程在平台就能一目了然,信用传递的问题便可迎刃而解。

(4) 提供基于智能合约的合约执行

智能合约为供应链金融业务执行提供自动化操作的工具，依托高效、准确、自动地执行合约，可缓解现实中合约执行难的问题。以物权融资为例，完成交货即可通过智能合约向银行发送支付指令，从而自动完成资金支付、清算和财务对账，提高业务运转效率，一定程度上降低人为操作带来的潜在风险与损失。目前智能合约开发平台主要有：区块链智能合约系统（IBM）、Corda 智能合约平台（R3 联盟）、超级账本 Hyperledger（Linux）、以太坊智能合约平台等。

3. 区块链+供应链金融应用案例

全球著名债券评级机构穆迪曾给出过 127 个区块链案例。这些案例当中，从积分到交易清算，从文件存证到供应链管理，从跨境支付到供应链金融，各种应用层出不穷。而在如此众多的应用当中，又属供应链金融领域备受瞩目，商业化落地的进展较快。目前，我国一些企业已经着手将区块链应用于供应链金融领域，已有一批企业针对各类应用场景提出了相应的应用方案。

(1) 微企链供应链金融服务平台

微企链平台是联易融与腾讯共同合作，运用腾讯区块链技术打造的供应链金融服务平台。微企链平台通过区块链连通供应链中的各方企业和金融机构，完整真实地记录资产（基于核心企业应付账款）的上链、流通、拆分和兑付。

在实际操作中，微企链平台将一级供应商（轮胎企业）与核心企业（某车企）之间的应收账款通过资产网关进行全线上化电子审核，确保贸易背景的真实性。核心企业对该笔应收账款进行确权后，进行数字化上链，形成数字债权凭证，后续可以将该凭证在微企链平台中进行拆分及转让。每一级供应商均可以按业务需要选择持有到期、融资卖出或转让来满足自己的资金诉求。

微企链平台方案具有以下几方面的实用价值。

1）对于小微企业。
- 显著降低融资成本，实现秒级放款。改善中小微企业的融资困境。由于授信基础并非基于供应商自身，而是基于核心企业，因此二级及多级供应商能够以更低的融资成本获取金融服务。同时，通过引入过桥基金，小微企业可在常规融资渠道之外，选择秒级放款服务，优化体验。
- 凭证上链便捷，可拆分转让。凭证上链流程全线上化，无须线下提交资料，真正实现无论"你在哪"都可受益于区块链技术带来的普惠金融成果。数字债权凭证支持自由拆分，分享核心企业信用，无须提供多层贸易背景资料层层审核。
- 移动端手机操作，可快速接入。供应商可支持全程微信小程序操作，注册即可加入，业务接入零成本，全线上化操作，无须面对面开户、提交纸质资料等烦琐流程。

2）对于核心企业。
- 优化账期，改善现金流与负债表。通过微企链平台，供应商能够以更低成本进行融资，同时时效性大大增强，核心企业能够因此优化账期，减轻贸易谈判与兑付压力，改善自身的现金流与负债表。
- 提升供应链效率，加强供应链管理。通过区块链链接多层供应商，以自身信用支持上游小微企业，帮助供应商顺利开展生产，扩大规模，体现社会责任。同时还可结合大数据能力，对上游企业进行画像，加强质量管控、风险防范等，优化供应链管理。
- 低门槛获得投资收益，节省研发成本。通过财务安排及集团金控公司参与供应链业务，提升企业盈利能力，获取无风险收益的同时，扶持供应链企业共同发展。
- 在线确权，分享服务收益。线上注册及确权操作，无须线下烦琐的盖章审批流程，可有效防止票据/合同造假，更可分享服务收益。资产到期仅需一次打款，依托腾讯财付通清算能力，无须层层清算。

3）对于金融机构。

- 获取小微业务抓手，提升获客能力。新增业务来源及获客渠道，扩大业务规模，丰富对小微企业的数据画像，使风险更加透明可控，达到扶持实体经济，响应政策号召，赋能小微企业健康发展的目的。

- 自主定价，提升收益。与传统业务相比，在保证资产高评级低风险的同时，对多级供应商享有更多自主定价权，以提升业务收益。

- 线上操作，无须复杂流程。业务开展无须自建平台，注册即可使用，无新增工作量与流程，全部业务采用线上操作无纸化办公，方便金融机构开展全国业务。

（2）航天信息供应链金融支持服务系统

银行等金融机构在开展商业保理、票据贴现等供应链金融业务时，一般将具体贸易过程中的合同及发票等作为融资凭证。航天信息供应链金融支持服务系统采用区块链技术，将验真后的发票数据登记入区块链账本，供金融机构授信评估使用。在具体供应链融资过程中，金融机构通过调用本系统提供的凭证智能匹配服务，依据合同信息从发票池中匹配出合同关联的所有发票信息，形成本次贸易融资的发票稽核；通过调用本系统提供的发票识别、发票验真、发票数据补全等服务，提升金融机构对贸易背景真实性的甄别能力。

金融机构完成授信评估后，对登记入区块链账本的融资发票进行公示标识，作为金融机构下次贸易融资的信用风险评估依据。利用区块链信息防篡改、可追溯等特性，建立申请企业与金融机构间的信息对称机制，解决供应链金融各成员间互信问题，可有效防范供应链融资过程中发票重复融资风险。

航天信息供应链金融支持服务系统架构如图4-1所示。

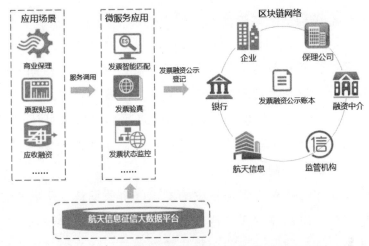

图 4-1　航天信息供应链金融支持服务系统架构

为保证企业交易信息和区块链上链数据的真实性,航天信息供应链金融支持服务系统提供了凭证智能匹配、发票识别、发票验真、监管审计、状态共享等服务,具体业务场景如下。

1）凭证智能匹配:企业在开展供应链金融过程中,以贸易真实性为前提,根据具体交易提供合同及发票作为融资的商事凭证。凭证智能匹配服务的主要功能是通过合同上的交易信息,智能地从发票池中匹配出对应的发票。

2）发票识别:企业提交纸质发票的扫描图片,后台提供相应的识别程序,分割提取各信息项目所在的区域图片,再做进一步识别,利用深度学习技术,提取发票的票面信息。

3）发票验真:发票验真模块通过识别企业销项发票特定区域并将其传至发票池系统进行验证,判断其是否真实有效;并匹配出发票的开具、红冲、作废等状态,发票验真查询结果可自动加入发票池,并将验真结果存入区块链。

4）发票状态监控:发票状态监控模块可实现自动检索发票上的开票单位和应税劳务及货物名称是否匹配,提升发票合规性检验能力;同时,还可以对通过查验的增值税专用发票和普通发票设置巡查期,自动定期检测发票状态,帮助金融机构规避因发票作废、红冲、异常状态等原因造成金融机构贷款风险。

5）监管审计：区块链平台为监管机构提供服务节点，监管机构根据监管需要结合底层智能合约，对发票验真数据、隐私数据及其合规性进行监管审计，确保上链数据真实、合规、可靠。

6）状态共享：银行等金融机构将验真后的发票信息使用记录及时登记入链，供其他金融机构查证，可以有效防止票据重复融资，从而达到降低金融风险的目的。

基于供应链金融支持服务系统的发票融资凭据链，是航天信息区块链平台供应链金融功能的重要组成部分。其利用区块链技术，在金融机构、企业用户间构建以发票作为供应链融资商事凭证的可信环境，帮助金融机构加强供应链融资贸易背景真实性审查，有效防范发票重复融资风险，为中小企业供应链融资开辟出了一条新路。

发票融资凭据链参与机构包括航天信息、金融机构及企业用户，由各成员机构节点共同维护发票融资凭据链数据账本，实现各成员节点对发票融资信息的共享。具体节点包括发票上链节点、用户节点、发票公示节点、监管节点、运营节点。发票融资凭据链部署如图4-2所示。

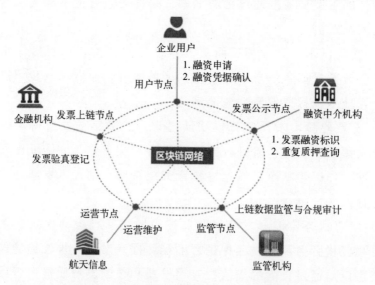

图4-2　发票融资凭据链区块链节点部署图

各节点的功能为：发票上链节点，金融机构进行发票验真补全信息入链；用户节点，企业用户可以勾选和确认参与融资的发票；发票公示节点，融资中介机构可以对参与融资佐证的发票进行标识和查询；监管节点，监管机构可以对上链数据监管与合规审计；运营节点，由航天信息对区块链基础平台进行运营维护。

（3）联动优势跨境保理融资授信管理平台

跨境保理融资授信管理平台（后文简称"授信平台"）采用联动优势自主研发的区块链底层系统——优链，利用区块链数据可信的特点，为供应商和保理公司提供融资全生命周期管理、融资额度管理等服务，并根据供应商交易和资信等信息，对供应商进行信用评级，为供应商定制合理的优惠利率，提供灵活的金融服务。

基于区块链的跨境保理融资授信管理平台，采用严格的节点准入机制，参与记账的节点需要通过登记和身份核验后才能加入区块链网络，从而防范恶意节点通过构造虚假网络、频繁加入或退出造成网络稳定性风险，同时也确保数据来源可追溯，一定程度上增加了数据的可信度。

当前，保理公司、支付公司以及授信平台建设方作为区块链系统的记账节点，共同维护授信平台的运转。

未来，随着平台业务的扩展，支持多家支付公司和保理公司作为记账节点，共同维护账本。跨境电商平台作为备选节点，可申请参与记账。此外，相关监管和审计机构可成为记账节点，直接获取链上数据。

平台主要提供四项功能：

1）供应商融资状态管理，包括多次融资申请、放款、还款。

2）供应商订单状态管理，包括未结汇订单的信息采集、跨境结算等，已结汇订单的还款和支付。

3）供应商授信额度管理，根据现有订单状态和融资情况，计算供应商的融资授信额度。

4）供应商信用评级管理，根据历史订单状态和融资情况，评估供应商的企业信用。

平台功能如图 4-3 所示。

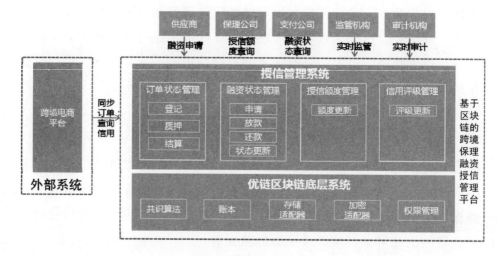

图 4-3　平台功能

平台总体业务流程如下：

1）供应商基于在境外电商平台的订单，向保理公司申请融资。

2）保理公司向跨境支付机构申请订单验证和额度锁定。

3）支付机构从电商平台采集订单信息，并将订单状态和额度锁定写入授信平台的区块链账本中。

4）保理公司从授信平台查询授信额度，根据查询结果确定放款额度；同时将放款情况写入授信平台的区块链账本，完成授信额度的更新。

5）电商平台在账单到期后发起订单结算，由支付机构完成跨境收结汇。

6）支付机构根据授信平台所记录的融资情况，优先支付给保理公司，完成还款。

7）支付机构将剩余的款项支付给供应商；同时更新授信平台中的订单状态。

总体业务流程如图 4-4 所示。

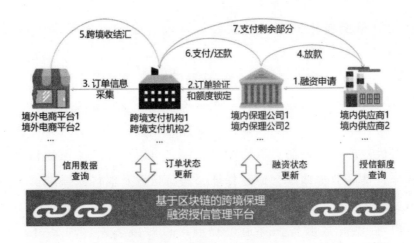

图 4-4 总体业务流程

该授信系统在技术研发、业务模式、服务模式等方面都有所创新，具有以下优势及亮点。

1）引入区块链技术将常规保理业务和跨境支付业务有机地结合起来，确保数据的真实准确、可信和可靠。系统基于联动优势自主可控的联盟链框架"Uchains"进行设计开发，通过数字证书进行准入许可，对参与方进行身份认证和授权，确保数据上链前的真实性；系统采用基于 PKI 公开密钥体系、基于分布式账本的数据存储和基于拜占庭容错的共识机制，确保了数据上链后不被篡改；在数据准确性上，采用"以链上数据为主，以链外数据为辅"的方式，减少链上链下数据不一致的情况，降低了业务风险。

2）采用 UTXO（Unspent Transaction Output，未使用的交易输出）模型对授信额度进行精确而灵活的控制和调整。授信系统严格控制供应商每次融资额度不超过其总体授信额度。授信系统及时根据其订单状态、融资情况、还款情况对授信额度进行精确的调整。供应商也可以根据其实际资金需求进行多次融资申请，未使用完的额度可以继续用于下一次融资，确保能充分使用其授信额度。供应商在完成新的订单后，可获得相应的新增授信额度，供应商在多家电商平台的订单所对应的授信额度还可以进行叠加，以满足大额资金需求，融资方式更加灵活。

3）创新了保理业务模式和供应商还款模式。对保理公司而言，通过跨境支付公司，可以确保订单回款将优先还款给保理公司，有效降低贷后风险，从而可以为更多的供应商提供融资服务，扩大其放贷业务范围。对供应商而言，通过跨境支付公司，可以简化订单回款和融资还款等操作，提高业务效率；通过保理公司，可以及时地获得融资服务，提高资金效率。

4）提供开放服务，并通过标准接口对接多家保理公司、支付机构、供应商和跨境电商平台的 IT 系统。在已有的数据基础上，提供授信额度查询、信用数据查询等增值服务，帮助供应商能够更方便地使用其授信额度进行融资，帮助境外电商平台更容易地选择良好的供应商；基于开放标准接口，更容易对接订单和融资的所有相关方，能够更全面地跟踪订单和融资的全生命周期过程，打破了各家公司间的数据孤岛，有效防范供应商利用相同订单进行多头借贷和超额融资，提高了保理公司的风控能力，降低由于供应商还款能力造成的资金风险。

4.2.2 区块链+资产管理

1. 资产管理的概念及现状

资产管理业务是指资产管理人根据资产管理合同约定的方式、条件、要求及限制，对客户资产进行经营运作，为客户提供证券、基金及其他金融产品，并收取费用的行为。

我国资产管理行业在过去的十年中经历了爆发性增长。但是，由于宏观经济的复杂性和监管强度不断加大，让资产管理行业面临严峻的挑战。对于银行类资产管理行业，投资路径多样，参与方众多并且互相之间信用往来频繁，一般来说包含下列难点：资金投前与投后参与方众多，需要对所有数据进行一致性判定；资金划取流程复杂，责任人同执行人缺乏互信关系，需要设立第三方进行信用转移；中小机构风险较大，需要进行频繁的管理调查。其中，资产证券化投资管理，结构化投资、委外投资组合管理这三类业务均涉及多方权益主体，并且需要进行频繁的信用管理，适合引入区块链技术对上述难点加以改进。

2. 区块链+资产管理应用案例

2017年8月10日，国内首个基于区块链技术的"泛资管阳光链"正式在光大银行上线。

"泛资管阳光链"项目通过应用区块链技术，实现了一种全新的业务承载和实现模式。通过该项目而构建起的生态网可以承载更多角色之间的往来业务，不仅能简化业务流程，降低多方角色建设和运营投入，还能提高业务过程和数据的流通效率，甚至还可扩展到更广泛的银行全领域业务中。

"泛资管阳光链"项目是光大银行携手IT金融全领域服务商赢时胜、泰达宏利基金、英大基金共同发起建设的首个直连业务区块链试点创新项目。该项目将区块链技术应用于真实的生产环境，直连真实的业务生产系统，覆盖多机构之间的往来合约，包括合同、交易、支付、核对、监控、报送等环节，资产委托人、资产管理人、资产托管人、相关交易机构、结算机构、审计机构、监管机构、信息报送机构等多方都可以共同参与，形成一个资产管理托管大生态网。

具体到技术解决方案上，"泛资管阳光链"主要划分为区块链平台层和应用层。其中，区块链平台层包含P2P协议实现、共识模块、区块处理机制，以解决区块链数据交易出块、扩散和共识达成。

实际上，方案在基础性区块链技术实现上做了不少改进，这包括共识机制的定制改进，投票模式共识的有限角色参与；利用公有合约对节点部署、管理等自动化处理；发块模式的定制干预调整；交易扩散过程中对无效数据处理的优化等。

"泛资管阳光链"解决方案本质上是一次业务领域的"基础设施建设"，主要分为两个建设阶段：初期以建设一种托管业务基础设施为核心目标，搭建以管理人和托管人系统直通式处理的基于区块链技术的业务承载通道；后期会增加更多的应用场景，扩展至更多的资产管理托管相关人，建设成全生态业务链。

在资产管理业务中，每日有大量资金划拨指令在管理人和托管人之间往来，然而传统方式耗时、耗力，时效性也不高。此番推出基于区块链技术的泛资管阳光链化解了这一困境：通过实现管理人和托管人业务与区块链基础业务"无缝对接"，在划款指令入链后，可以实时接收，实时获取状态、进度。入链的数据也无篡改、无差错、无遗漏，而且链上分布式数据可支持各机构本地查询。

区块链账本数据节点自动同步、账本数据加密防篡改的特性，将管理人和托管人的业务系统与区块链基础业务承载获取状态进行无缝对接，同时利用智能合约的处理实现实时接收。由于数据是分布式存储，所以部分节点的数据丢失或损坏不会造成灾难性损失。此外，还可以提升各参与方检索信息的速度，不会因为服务器性能的瓶颈影响检索效率。

"泛资管阳光链"项目试点创新落子光大银行，核心意义在于通过应用区块链技术，实现一种全新的业务承载和实现模式。未来该网可以承载更多角色之间的往来业务，其不仅能简化业务流程，降低多方角色建设和运营投入，还能提高业务过程和数据的流通效率，甚至还可扩展到更广泛的银行全领域业务中。

4.2.3 区块链+跨境支付

1. 什么是跨境支付

跨境支付（Cross-border Payment）是指两个或者两个以上国家或者

地区之间因国际贸易、国际投资及其他方面所发生的国际债券债务借助一定的结算工具和支付系统实现资金跨国和跨地区转移的行为。如中国消费者在网上购买国外商家产品或国外消费者购买中国商家产品时，由于用于支付的币种不一样，就需要通过一定的结算工具和支付系统实现两个国家或地区之间的货币转换，最终完成交易。

目前为止，由于各国金融管制的原因，传统的跨境支付方式具有以下痛点：

首先是费用极高，跨国支付一般分为三个环节。买家支付货款进入平台账户→平台资金转到海外银行账户→海外银行账户再转到国内银行账户。目前国内的中小跨境电商企业只能选择国外的一些国际第三方跨境收款平台收回自己的销售款项，在这种方式下，企业通常需要支付给第三方机构 2%~3%的转款、结汇费用。全球一共只有几家企业在做跨境汇款业务，它们利用手中的垄断资源，收取高额的手续费。

其次是资金回收极慢，因欧美金融支付体系和中国金融支付体系区别很大，资金在这两个支付体系中流转时也需要大量时间，导致中国商户资金周转慢。

最后是资金安全性无法保证，由于境外机构不受中国监管，导致部分业务处于灰色地带，另外，由于这些境外机构在中国的渠道极不稳定，也使资金安全性受到影响。

区块链支付采用的去中心化技术，使得交易双方不再需要依赖一个中心机构来负责资金清算，而是基于一个不需要信任协调的共识机制算法直接进行价值转移。因此，区块链支付为跨境支付提供了较传统汇款方式更好的解决方案。

具体而言，区块链在跨境支付中的应用将为行业带来以下改变。

（1）降低跨境支付风险

在传统的支付流程中，最大风险在于无法保证进口商资金支付、出口商的货物发货信息是否真实有效。进口商在通过银行汇款之后，无法详细了解中间的支付环节，也无法干预资金的转移支付，更无法及时了解出口商的发货信息，因此贸易双方只能依据双方的商业信用进行交易，存在一定的交易风险。

基于区块链技术的跨境支付，通过区块链技术将所有参与支付结算的节点，包括进口商和出口商等各类机构连接起来，共同维护支付交易信息，共同参与一致性校验。在进口商通过区块链支付之后，如果未能收到真实有效的出口商发货信息，那么在一致性校验环节，进口商将否认该笔支付信息，出口商将无法收到该笔汇款。因此，通过区块链支付，所有交易相关方可以共同维护交易记录，共同参与验证交易信息，进而大大降低国际贸易中的支付风险。

（2）提高跨境支付效率

在传统支付流程中，进口商的汇款最终都是由银行完成的。银行间支付经常由中央交易方完成，每一个中间交易方都有一个本地数据库，作为一个权威总账，记录了所有账户余额和交易流水。在这种具有中间参与方的交易中，必然经过两个复杂的业务处理：第一，所有参与支付的银行，必须对交易信息进行对账，并将所有交易信息同步到中间结算方；第二，中央交易方要在抵消不同账户的借贷后，才执行最终的支付。因此，在传统跨境支付中，需要非常复杂的交易处理。采用区块链支付的解决方案，由于区块链上所有参与节点共同维护验证信息，保证了信息的一致性，因此，在区块链支付中无须复杂的信息同步和对账，大大提高跨境支付的效率。

（3）节省银行业务资源

在传统跨境支付中，银行间支付采用权威的中央交易方来为借贷双方支付结算。为了最小化交易对手风险，每一个银行都必须为关联银行建立一套支付网络，为每一个关联银行设立单独的准备金账户，因此需要大量的准备金用于跨境支付。

在区块链支付体系中，不同银行之间可以基于联盟链实现，这样在不同货币之间进行汇兑支付时，可以摆脱中间关联银行的参与，直接进行实时支付；在基于区块链的支付平台中，每家银行只需一个储备金账户，可以节省本来要存储在中间交易方的备用资本金，当大量银行参与到这个网络中时，该解决方案就显得更加有吸引力。因此，基于区块链技术的跨境支付能大大节省银行的资源。

2. 区块链+跨境支付应用案例

（1）招商银行首创区块链直联跨境支付技术

2017年3月，招商银行通过首创区块链直联跨境支付应用技术，为深圳前海蛇口自贸区注册企业南海控股有限公司通过永隆银行向其在中国香港同名账户实现跨境支付，标志着国内首个区块链跨境领域项目在前海蛇口自贸片区成功落地应用，在国内区块链金融应用领域具有里程碑意义。

（2）Circle推出的C2C跨境支付平台

Circle International Financial是一家开发比特币钱包的数字货币创业公司，致力于通过区块链技术，使国家货币之间的资金转移更加简单和便捷。Circle在跨境支付方面主要是在区块链技术支持下实现低成本兑换货币及跨国汇兑，目前支持美元、英镑和比特币的兑换；用户可以在无手续费的情况下，使用手机APP实现转账、收付款。目前，Circle持有纽约州颁发的首张数字货币许可证（BitLicense）和英国金融市场行为监管局（FCA）颁发的电子货币许可证。

Circle推出的C2C跨境支付平台已经在150多个国家和地区开展了服务，年交易金额达10亿美元。

当前，区块链技术在跨境支付领域还处于萌芽阶段，基于区块链的跨境支付业务模式还不成熟，但区块链技术可省去第三方金融机构、实现全天候支付、实时到账、提现简便及没有隐形成本等诸多优点是显而易见的，并且越来越多地改变着资金的转移方式，相信未来区块链支付技术将会在跨境支付领域有着更为广阔的发展前景。

4.2.4 区块链+保险

1. 保险的概念

保险是指投保人根据合同约定，向保险人支付保险费，保险人对于合同约定的可能发生的事故因其发生所造成的财产损失承担赔偿保险金责任，或者被保险人死亡、伤残、疾病或达到合同约定的年龄、期限等条件时承担给付保险金责任的商业保险行为。

2. 区块链赋能保险业

虽然区块链技术还处于发展早期，但是现在已经出现了不少有潜力的基于区块链的保险应用。保险业巨头及大量区块链新兴企业都在积极探索新的解决方案。以下是区块链和保险最有希望进行高效整合的四个方向。

（1）反欺诈

保险行业的复杂流程造成了业务参与方之间的信息缺口，而这些信息缺口有时就成为不法分子手中进行欺诈骗保的套利武器。有时一笔理赔业务的流程会持续很长时间，这将为不法分子创造了利用同一起事故向多家保险公司进行反复理赔的机会。

目前保险公司主要是通过一些第三方数据公司来部署反欺诈方案，这些数据公司可以通过以往的理赔案件来推测和识别欺诈理赔的模式和特点。但由于目前不同组织之间拒绝分享敏感信息，其准确率并不理想。因此，如果没有一个可供全行业共享的信息库，想打造为全行业服务的反欺诈系统是非常困难的。

基于区块链的反欺诈系统可以从分享欺诈理赔案件入手，让保险公司共同建立一个分布式账单，一起来识别和判断欺诈行为的模式，并逐渐将理赔的处理转移到链上。这一系统相比于现有模式来说，有三个关键的优势：

1）规避重复记录，让事件和理赔一一对应，防止重复理赔。

2）建立所有权机制，通过将保险标的进行数字化，防止伪造标的进行欺诈的行为。

3）减少违法分销行为，非授权的保险经纪人如果将产品销售给客户并私吞保费，客户的保单将不会被登记上链，也无法享受服务。

欺诈案件的减少将能改善保险公司的利润状况，从而让他们能有更大的空间为客户提供保费折扣。

（2）赋能产险

对于主要是承保房屋和汽车的产险来说，最重要的问题是如何收集必要的信息和数据来评估和处理理赔案件。目前，数据收集的流程主要是手动完成的，并且要协调不同的数据源和客户，整个流程容易出错的环节很多。

区块链技术可以让保险公司将客户的实体资产数字化上链，并通过智能合约技术将理赔条件代码化，实现自动化理赔。这一切流程都将被记录在区块链上，形成一个理赔审查账单。

在传统的车险体系里，当客户遭遇车辆事故，并且对方司机负全责时，如果要拿到理赔款，需要经历自己垫付维修费用、提交理赔申请、等待保险公司审查理赔案等过程。有些保险公司还需要等待全责方的保险公司支付该笔理赔款之后，才会将理赔款打到客户账户中。

整个车险的流程逻辑很简单，但是因为涉及两家保险公司，其内部的理赔流程往往会有所不同，从而导致了效率低下，用户体验不佳。应用区块链技术后则可以通过统一流程、资产数字化等手段，为车险的理赔流程赋能提效。

区块链上的智能合约可以将纸质合同转化为可编程的代码，将理赔流程自动化，并且分析计算出理赔案中各方的责任比例。一份合同是由两方或多方之间达成的协议，并由法律背书，在满足特定条件时强制执行约定内容；而一份智能合约则是由两方或者多方之间达成的协议，并且写在区块链上，在满足特定条件时由代码自动执行。

比方说，当投保人提交理赔申请时，智能合约可以在满足理赔条件的情况下自动确认理赔，对于较为复杂的理赔，智能合约还可以触发一个人工复核的请求。在特定险种中，比如航空延误险，智能合约可以和空中交管数据库对接，在投保人所在航班延误或取消时，自动触发理赔。

（3）赋能健康险

传统的健康险领域一直欠缺一个可供服务供应商、保险公司和病人之间交流和交换数据的生态系统。

作为个人来讲，我们一生之中肯定会在求医过程中遇到大量不同的医生和专家。正因为如此，我们的健康信息实际上分散在不同的系统之中，对于医生和健康服务商来说，共享和协调病人们的敏感医疗数据困难重重。

而基于密码学的区块链技术可以在保证病人隐私不被侵犯的前提下，为医疗行业提供一个全行业的、可同步的医疗数据库。病人可以自己掌控他们的医疗数据，授权医疗机构调用数据。在一个基于区块链的医疗数据库中，用户的医疗数据首先经过加密处理，产生一个能够解密的私钥签名，用户通过私钥授权医疗机构读写自己的医疗账本，所有被记录上的信息都会标明记录者和记录时间，方便未来的查阅。

（4）赋能再保险

保险公司存在的意义在于帮助人们转移风险，降低意外事故对家庭的影响。这些风险和意外包括疾病和意外灾害。对于保险公司来说，有时同一类型的风险可能会集中爆发，从而给他们的偿付带来极大的资金压力。而再保险公司则会为保险公司提供保险，分流保险公司所面临的潜在风险。根据再保险产品种类的不同，再保险可以为保险公司在某一时间段内分担部分理赔支出，也可以对特定险种，比如地震和飓风等灾害进行分担理赔。

目前的再保险流程是非常复杂和低效的。比如临时再保险业务，一份再保险合同中的不同风险都需要被独立承保，而在最终签订合同之前，双方往往会经历长达数月的谈判。此外，保险公司一般会和多家再保险公司合作，再保险公司之间不同的数据标准往往会导致对保单条款不同的解读和判断。

区块链技术有潜力能够颠覆现有的再保险流程，它能通过共享账单来简化信息交换的流程，从而提高交流效率。在区块链上，一张保单的交易信息、理赔信息等数据都可以同时出现在保险公司和再保险公司的系统之中，这就省去了双方为了核定该保单信息所来回交流的时间。

3．区块链+保险应用案例

（1）安盛保险

法国保险巨头安盛保险（AXA）正在使用以太坊公有区块链为航空旅客提供自动航班延迟赔偿。如果航班延迟超过 2 小时，AXA 会通过这款名为"Fizzy"的"智能合约"保险产品自动向乘客进行费用偿还，为航班延误提供参数化保险。

Fizzy 将公有以太坊区块链用于记录保险产品的购买订单以及通过使用区块链上的智能合约来触发自动支付。以太坊智能合约与全球空中交通数据库相连接来不断监视航班数据，当航班延误超过 2 小时，赔偿机制将会自动执行，直接发送投保人的"信用卡"账户中，独立于AXA 的决定。

（2）阳光保险

2016 年 8 月，阳光保险与区块链数字资产管理平台"数贝荷包"联合推出"飞常惠航空意外险"微信保险卡单，这款针对高频乘机用户的保险产品保费为 60 元，可以使用 20 次，当事人身故可以获得高达200 万元赔偿。这款产品最大的特色是可以将电子卡单以红包的形式分享给好友，对方在出行前登记乘客和航班信息即可成为保单的受益人。

借助区块链技术多方数据共享的特点，可以追溯卡单从源头到客户流转的全过程，参与方不仅能查验到卡单的真伪，确保卡单的真实性和唯一性，还能方便后续流程，比如理赔等。

（3）众安科技

前段时间，众安科技联合连陌科技成立了"步步鸡"品牌，首次将区块链、人工智能、防伪等技术应用在农村散养鸡养殖。据了解，由于区块链具有不可篡改特点，该技术可以保证在养殖过程中，真实记录从鸡苗到成鸡，再到餐桌过程中的所有数据，保证每只鸡的信息溯源；同时还可以监控养殖环境的各项指标，对疫情状况做出预警。

与保险的结合在于，区块链的应用不仅能够为农户提供养殖全过程的数据，同时还能将数据共享给农户投保的保险公司，使保险公司同样可以实时监控农业生产的全过程，对农户资产的风险评估也就更准确，提供了风险定价和风险控制的依据。这不仅可以降低保险和信贷的风控风险以及评估成本，同时也增加了保险公司对农户和养殖资产的承保热情。

（4）安永会计师事务所

安永会计师事务所携手区块链专业公司 Guardtime 创建了全球首个航运保险区块链平台。这一全球性的区块链平台将保险客户、保险经纪、保险公司和第三方机构通过分布式分类账户相连。分布式分类账户包含了客户信息、风险类别和风险敞口等，此外也包含了保险合同相关信息。该区块链平台功能包括：创建并维护源自多方的资产数据；将数据与保险合同相关联；接收信息，并就对定价或业务流程产生影响的信息做出响应；联结客户资产、交易和支付信息；获取并验证最新的客户通知和损失数据。

这一区块链平台的出现对航运保险长久以来面对的各种挑战是重大利好。航运保险生态链较为复杂，往往涉及跨国业务。其参与方众多导致信息传输需时较久、各类文件和复印件繁多、交易量大、对账困难。这些业务特性均可能导致数据透明度降低，加大合规与精准风险敞口管理的难度。该区块链平台将不同的数据和流程连接在一起，可减少数据不一致的问题，降低出错率。

4.3 区块链+实体经济

作为金融科技的重要组成部分，区块链技术除了在金融领域的应用以外，也在向金融领域外的实体经济扩展。接下来将以政务、房地产、医药、零售、教育等行业为例，介绍区块链技术与传统行业结合的应用，也就是所谓的区块链+实体经济。

4.3.1 区块链+政务

1. 区块链+电子政务的前景

电子政务是电子化的政府机关的信息服务和信息处理系统，通过计算机通信、互联网等技术对政府进行电子信息化改造，从而提高政务管理工作的效率以及政府部门依法行政的水平。

出于数据安全因素的考虑，电子政务体系内各个政府部门之间的信息孤岛现象非常严重，在现实情况下，数据共享往往难以真正推进。究其原因，最大的难点在于政府部门作为天然的中心化管理机构，不可能接受完全去中心化的业务流程重塑。因此，在政务数据共享领域，存在办事入口不统一、平台功能不完善、事项上网不同步、服务信息不准确等诸多痛点。

区块链具有不可篡改、可溯源、数据加密等特点，这为跨级别、跨部门数据的互联互通提供了一个安全可信任的环境，大大降低了电子政务数据共享的安全风险，同时也提高了政府部门的工作效率。在结合区块链技术的电子政务平台中，数据可追溯、不可篡改，可以实现对数据调用行为进行记录，出现数据泄露事件时能够准确追责；允许政府部门对访问方和访问数据进行自主授权，实现数据加密可控，实时共享；彻底解决数据孤岛等问题，实现统一平台入口。

在数字政务时代，区块链技术在政务领域具有广泛的应用场景，比如数字身份、产权登记与公证、工商注册、投票选举等。"区块链+政务"应用场景如图 4-5 所示。

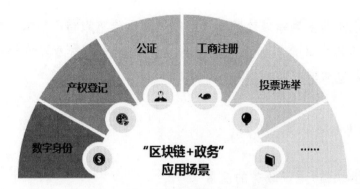

图 4-5 "区块链+政务"应用场景

就区块链+数字身份来说，政府可以基于公民数字身份提供便利的综合服务。数字身份是互联网中用于确认"我是谁"的组合信息，比如身份证、学历证、资产信息、诚信情况等。区块链可以解决数字身份中的数据主权与隐私问题。

存储在区块链上的数字身份，可点对点加密传输，作为公民的我们在政府部门办理业务时，不需要其他中心机构（派出所、银行）出具的书面证明，我们有权随时随地调用自己的数字证件，再也不会遇到证明"我是我"的尴尬。

2. 区块链+政务的应用案例

（1）政务链

智乾区块链科技有限公司历时 7 年，研发出了一套全新的政务信息化建设方案——政务链（GACHAIN），首次将区块链与电子政务相结合，建设一个信息存储安全、资源共享同步、服务响应迅速的电子政务生态系统。

政务链作为重点考察项目，被收录进我国工信部发布的《2018 中国区块链产业白皮书》，是国际上首个可创建主权分层级管理的公有区块链项目。政务链利用区块链技术将政府机构、经济数据、金融交易等多个政务领域结合，开发了管理部门机构、智能合约和接口的多级权限管理系统。也就是说，在去中心化的区块链中，组织和个人可以创建独立的生态环境。在这个环境中，创建者拥有绝对的管理权限，可以创建各种应用程序，实现各种事务流程，创建者或授权账户对该环境中的事务可以进行变更、撤回、删除等操作。

政务链多级权限管理系统如图 4-6 所示。

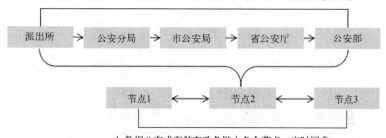

图 4-6　政务链多级权限管理系统示意图（以身份管理系统为例）

政务链与广州市南沙区政府展开区块链政务合作，用于处理政务区块链中不同生态系统的协同流程，推动政务服务的多部门资源共享，缩短流转办事时间，提高业务审批效率，实现精细化管理。主要功能包括。

一网通办：统一行政审批平台入口，避免多次递交资料与多部门重复审核，大幅缩短业务办理时间。

数据可控共享：实现政务服务的多部门资源共享，做到精细化管理。

精准追责：对数据调用行为进行记录、出现数据泄露事件时能够有效精准追责，创造良好的政务生态环境。

（2）IDHub

在数字经济时代，数字身份已经与我们每个人的日常生活息息相关。基于区块链技术的去中心化数字身份应用平台 IDHub 比较有代表性。

IDHub 致力于对个人身份的有效性、真实性、唯一性进行合理验证，帮助用户建立完整、可信的"自主身份"，最终实现以数字身份链接一切（包括社会服务、数字资产、数字生活等）的愿景。

数字身份可以分为两类，一类是基于传统中央账户模型，另一类是基于自主身份模型。传统中央账户模型是基于对单一方形成的身份认证体系的信任。传统数字身份（身份证、护照号）只提供一个不可篡改的 ID 序列，不能满足复杂的应用场景对身份信息的完整需求，只能是众多信息中的一项而已。而自主身份模型则不依赖单一方的信任体系，而是以图谱方式重新定义"身份"内涵。

IDHub 的定位就是一个身份平台，而非单纯意义上的身份认证。身份平台可以帮助用户实现声明自己具备某种值得信任的属性，但平台本身并不做认证，认证是由具备权力的其他参与方共同完成（如公安部门）。IDHub 身份平台能满足用户在复杂的应用场景中对身份信息的完整需求。在技术架构上，IDHub 使用的是一套"可验证声明架构"，确保在不同场景下验证机制灵活可靠。声明管理是公司的核心优势之一。

2017 年 6 月，基于 IDHub 技术的 IMI 数字身份系统在佛山市禅城区正式启用。IMI 数字身份系统作为统一认证接口，包括了 130 多万常住人口的用户画像，用户在取得实名认证服务权限后，可以获得公积金查询、交通违章查询、水电燃气费查询等多项服务。

4.3.2　区块链+房地产

1. 区块链+房地产的应用前景

房地产行业引入区块链技术，将为其带来以下改变。

（1）提高房源搜索效率，帮助用户迅速定位意向房产

在房源共享这件事上，国内的房地产中介大都是"各家自扫门前雪"，守着自己的一亩三分地，与同业互换房源的情形很少，即使有也只是局限在很小的范围之内，因此至今未形成一个统一的房源体系。

美国的情形或许会好一些，各地的房地产经纪人自发建立了一套被称为 MLS 的房源共享系统，房地产中介、房主和房客可以登录系统访

问自己想要的信息，比如房址、租金价格、地产特点等。

不过由于没有任何政府部门的介入，也没有任何标准化的流程，MLS 系统具体公布何种地产数据完全取决于经纪人的偏好，单从准确度、完整度和更新速度而言，整个系统还有很大的改进空间。而且，用户要想访问要先注册，同时还得缴纳一笔价格不菲的服务费。目前全美共有数千个 MLS 系统，碎片化的分布模式也大大降低了工作效率。

加入区块链技术框架之后，MLS 系统的数据将以去中心化、点对点的方式构成，房地产经纪人对数据的控制能力会大大增加。此外，去中心化的网络架构会让数据访问的费用不断降低，用户将以更轻松的方式获得自己想要的地产信息，房址、产权变更历史、租赁细节、房屋年龄等都将变得触手可及。

（2）优化租赁、地产及现金流管理

房地产市场中，房东、租户、物业经理以及房地产中介等都扮演者不同的角色。由于复杂的分工和花样繁多的手续，房地产管理要解决的事情简直多如牛毛。房地产交易过程中需要处理大量的支付和服务请求，任务完成后，工作人员还要对其进行定期追踪和记录。

同样的数据可能要核查好几次，重复工作虽然降低了工作效率但在目前看来这些重复都是必需的。比如，审计要准备和检查财务报表；银行要制定融资类的决策；金融监管机构要监视市场主体的目的；评估机构要完成资产评估。这也是为什么房地产公司在会计、合规、现金流管理等事务上有着严格的标准，相关成本也有着十分苛刻的要求。

采用基于区块链技术的智能合约来执行租约合同能够解决房地产市场面临的许多痛点。简单来说，智能合约是经由各方认可的、以数字化形式存在的一组约定，各方行为都要受到智能合约的约束和规范。传统租赁合约升级为智能合约之后，可以向房地产商、物业经理和其他利益相关者自动付款，租约和每笔交易也会对外公示，整个流程变得更加透明。

（3）帮助房地产商更好地决策

目前，房地产市场的工作机制是十分孤立的，"信息孤岛"的现象十分普遍。机构之间的系统往往缺乏互操作性,数据冗余、重复记录和不透明的案例时有发生。房地产商在决策时往往依赖数据库积累的信息,但是市场行情瞬息万变,而数据库的信息难以及时更新,这就很可能会给他们造成难以弥补的损失。

区块链能够充当连接房地产公司和其他市场主体的纽带,为参与各方提供开放和共享的数据库,帮助他们改善数据质量并支持实时的记录和检索功能。借助于区块链提供的即时数据,分析人士的预测将会更加贴近市场行情,市场主体的决策也会更加正确。

(4)帮助房地产商降低成本

传统方式下,买卖双方可能需要第三方协助,以确认买卖双方的身份、资讯真伪以至销售承诺等,并保障双方是在安全可靠的情况下交易。虽然好像增强了交易安全性,但交易的成本也相应地增长了。而运用区块链技术,买卖双方以及交易房产的资料和数据将变得更加容易获取,不仅效率得到提高,而且降低了各种成本。

(5)确保买卖双方的信息真实透明

通过引入区块链技术,可以保证买卖双方信息的真实性。在区块链系统中,每个用户的所有买卖情况都会被完整地记录下来并且不可更改,这些资讯将有助于银行及按揭公司更快速地审查客户的信贷记录,令房产估值、贷款按揭申请、房地产所有权转让等复杂的过程可以在一瞬间完成。同时,开发商所有的资质证书文件以及历史信息也会在区块链系统中呈现,买方可以更加公开透明地看到卖方信息,降低诈骗事件的发生概率。

2. 区块链+房地产应用案例

无论是企业层面,还是国家层面,区块链技术都在以前所未有的速度向房地产行业渗透。

(1)企业层面

就中国市场而言,2018年3月9日,易居中国在上海召开发布会，宣布其已经成立中国首个开源式房地产区块链场景应用研究中心"房链"。作为中国首个"开源式"房地产区块链场景应用研究中心，在房链的系统模型中，一切都可以基于时间戳的链式区块结构和分布式节点的共识机制，基于共识算力的经济激励和灵活可编程的智能合约记录和传递，这就是区块链技术与思维最具代表性的创新点。

就国际市场而言，美国的 Ethereal 平台的定位是去中心化房地产市场，还支持土地产权登记。Ethereal 智能合约让经纪商、客户、销售商和房地产中介依法签署所有交易。该平台已在美国加利福尼亚州进行测试。

此外，像是 Airbnb（爱彼迎）这样的 P2P 住宿网站也已经开始通过构建私有房产的公共区块链市场来转型整个旅馆业。Airbnb将空闲的房间资源聚合起来，他们计划通过区块链技术让整个业务流程变得更加顺畅。

（2）国家层面

瑞典国土勘测局早在几年前就已联手 SBAB 银行、区块链创业公司 ChromaWay 等多家知名企业启动区块链房地产交易技术实验。

据印度当地媒体报道，安得拉邦和泰兰纳邦都在探索利用区块链技术对土地登记流程进行数字化改造，旨在提高透明度，减少伪造文件的概率。

早在 2017 年，俄罗斯联邦通信部就计划以房地产自主交易作为试点项目，在权益登记、联合住房开发等相关的交易中使用区块链技术，以保证房地产业信息的真实性和可追溯性。

乌克兰政府表示将建立区块链房地产平台，借此改变传统房地产交易方式，增强房地产交易信息透明度，保证房地产交易安全性，确保房地产交易合法合规，外国投资者可在此平台安全的购买房地产。

阿联酋的迪拜土地局则宣布将在区块链上处理和执行所有房地产相关交易，在未来两三年内迪拜政府会将所有房地产记录在区块链上，并创建基于区块链技术的庞大数据库，可以记录包括租赁登记在内的所有房地产合同,从而增强房地产行业数据的准确性、交易的可信性和市场的透明性。

4.3.3 区块链+医药

1. 区块链+医药的应用前景

在医药行业中,区块链技术可用于药品防伪验证。比如在药品包装盒上有防伪涂层,下面附有验证标签,通过该标签与区块链上的记录进行对照可查看药品真伪及来源。2016年4月埃森哲就曾经发起一个用区块链技术记录跟踪药物的项目,以杜绝非法生产的假药。

此外,区块链技术可以帮助用户记录自己的病历。传统的病历由各家医院掌握,患者无法获得所有病历,通过区块链技术则可以建立数据记录和身份管理的标准。如果能建立全球化的电子病历网络,则可以把所有病人包含本地医院和医生记录的信息统一到个人病历中,以为医生完美决策提供参考,进而减少患者诊断过程中的医疗错误。

另外,采用区块链技术还可防止隐私泄露。传统的中心化网络下,医疗隐私数据曾被大规模泄露,比如美国第二大医疗保险公司 Anthem 曾泄露过8000万名患者及相关人员记录,UCLA Health 曾泄露过450万份病人数据。通过区块链技术可以有效保护个人隐私,真正实现电子病历的私人化,避免此类个人隐私数据泄露情况的发生。

2. 区块链+医药应用案例

(1)MediLedger 区块链平台

2017年9月,基因泰克和辉瑞等制药公司联合推出了 MediLedger 区块链药品追踪项目,并进行试点应用。通过 MediLedger 区块链平台,药品供应链的所有节点都将在区块链上对流通的药品信息进行记录,任何药品在区块链上都能够得到验证,最大程度保证了药品的可追溯性，使药品盗窃与假药销售无处下手，进而保证病患的用药安全。并且，这会促使制药公司严格按照药物供应安全法案的要求进行药品生产作业。

（2）阿里健康医联体+区块链试点项目

2017年8月，阿里健康宣布与常州市医联体达成共识，将区块链技术用于医联体底层技术架构中，合作开展项目试点，以实现当地医疗机构之间安全可控的数据互联，打造区块链医疗信息共享平台，实现医疗机构之间的医疗数据共享，借助区块链不可篡改的特性，打破传统医疗数据的柜式存储与纸质记录。这一项目不仅使患者的健康信息更加透明可信，还将解决医疗机构间数据共享的安全问题，用安全有效的方式解决医疗机构的"信息孤岛"现象。

4.3.4 区块链+零售

1. 区块链+零售的应用前景

有数据显示，2020年全球零售业的销售额将达到27万亿美元，成为全球最庞大的产业。区块链技术对零售行业的变革包括以下几个方面。

（1）数字身份

如果能让消费者通过区块链账户或者区块链钱包进行互动，那么每一次交流就都可以指向一个唯一的密钥（Key），也就是消费者的数字身份。由于区块链网络的个人匿名性，密钥可以在消费者的要求下跨行业、跨企业共享，这时就可以产生巨大的协同效应。并且所有密钥（数字身份）数据都在区块链账本上得到了加密保护，不会出现大规模数据泄露的问题。

（2）会员体系

对于零售商本身来说，会员体系也是可以上链的，或者说，传统的积分系统本身就是 0.1 版本的 Token 经济。

零售商会员体系中，只有 10%～30% 的消费者真正兑换了积分，传统积分系统中的大量积分被浪费了。这实际上浪费了零售商和消费者更多接触的机会。对于零售商来说，将这些会员数据、积分通过区块链整合起来好处是巨大的。一方面，会员积分完全数字化，降低了丢失、损毁的可能；另一方面，所有的数据都可以在区块链账本中随时查看，减少了不同商家之间进行积分收付、验证等的必要，消费者也没必要在积累海量分数后才能在某个企业换个奖品，而是直接在其他企业中消费掉这些积分。

（3）供应链和存货管理

供应链参与方的每一次交互都会产生海量数据，每个参与方也只会记下和自己相关的数据信息——事实上，为了保持一致性，这些数据必须由供应链的核心企业进行分析与整合，可以想象，每一步操作产生的数据错误、人为的数据损耗都会降低整条供应链的效率。在供应链体系中引入区块链，可以有效改善供应链体系中的各个参与方无法追踪商品、损耗欺诈、低营运效率的问题。

在实践中，沃尔玛使用 IBM 的 Hyperledger 来追踪美国的芒果和中国的猪肉来源。在使用了区块链技术的供应链管理系统后，当某个特定的农场发生细菌或病毒爆发时，沃尔玛可以在几秒钟内了解到底应该处理哪些肉类或农产品。

2. 区块链+零售应用案例

天猫国际全面启动全球溯源计划，利用区块链技术、药监码技术以及大数据技术跟踪进口商品全链路，汇集生产、运输、通关、报检、第三方检验等信息，给每个跨境进口商品打上"身份证"，将商品信息完整地展现在用户面前，提升用户购物体验，加强平台正品意识。

而京东也联合沃尔玛、IBM、清华大学等机构，成立中国食品安全区块链溯源联盟，通过区块链技术进一步加强食品追踪、可追溯性和安全性的合作，提升我国食品供应链的透明度。

美国 Open Bazaar 试图用区块链改造电商，Open Bazaar 是一个开源的对等网络，一家完全去中心化全球性自由买卖市场，基本上可以用数字货币购买和出售任何物品，Open Bazaar 完全存在于用户网络中，没有费用，不必担心受到审查，不必担心平台收集个人信息致使个人信息泄露或被转卖到其他平台。

而俄罗斯 INS 则借助区块链技术，提出 INS 生态系统的概念，绕过批发商和零售商等中介，将消费者与制造商点对点连接。INS 是全球首个可以让消费者直接向制造商以较低的价格购买杂货的分布式生态系统。透过该平台任何生产商都可以销售自己的产品，收到消费者回馈，并奖励忠实消费者。目前，全球多个快消品公司对 INS 平台产生了浓厚的兴趣，联合利华已经与其达成合作意向。

此外，在一些特定的商品领域，区块链技术还能打假。比如唯链就用区块链技术赋能红酒市场，推动 BaaS（区块链即服务），通过与物联网技术的结合，在产品溯源、产品防伪上有了革命性的进步，有效解决红酒的辨别问题，给假货和噱头充斥的葡萄酒市场带来转机。

4.3.5 区块链+教育

1. 区块链+教育的市场前景

"区块链+教育"被寄予了厚望，因为基于区块链技术可以实现物尽其用、人尽其才的目标。

1）物尽其用。区块链分布式存储的特点，让链上每个节点都可以上传资料，每个教师都可以发布自己的教学材料以及提供在线辅导和习题讲解等服务，资源丰富度可以得到很大的提升；并且上链的资料具备详细的版权信息，由于区块链具有不可更改性和可溯源性等特点，资料的版权可以得到很好的证明和保护；另外，区块链的去中心化特点可实现点对点传播，免除了大量的中介成本，既可减少中介平台的运营投入，又能促进资源的共享。

2）人尽其才。通过区块链可以完整地记录学生的个人学籍信息、学习程度、学历证书，甚至是学业成绩、出勤率等信息，建立起完整的学习历程档案。这些信息如同身份证一样，作为个人的评判依据。除了正式的学习学术活动以外，无论是自学、培训、竞赛、实习还是社会活动，甚至学生平时的表现也可以成为记录的对象。因此，可以记录到学生对知识和技术的学习进度和掌握程度，这都将成为学生的资质证明，从中也可以对学生的综合素质做出一个评价。

而且借助区块链，对人才进行评判也不局限于教育机构，"自学成才"也将会受到更多的认可。这对求职和企业招聘来说，都是一个非常便利和可信的凭据。

有鉴于区块链技术对于教育行业的巨大价值，国家层面在大力推动区块链+教育的应用。

2016年6月，教育部发布了《教育信息化"十三五"规划》，主要任务之一是创新"网络学习空间人人通"建设与应用模式，从服务课堂学习拓展为支撑网络化的泛在学习。利用成熟技术和平台，推进实名制网络学习空间的建设与应用。空间要集成网络教学、资源推送、学籍管理、学习生涯记录等功能。其次是建设国家学分银行和终身电子学习档案。学分银行是指学习者将平时零星学习得到的学分存入国家相关部门授权的机构，当所存学分按照相应的规则积累到一定数量后，就可申请国家认可的相应学位或资格证书。因为这种积累学分的教育制度与商业银行零存整取的储蓄方式相似，所以被形象地称为"学分银行"。

2016年10月，工信部颁布的《中国区块链技术和应用发展白皮书》中指出：区块链系统的透明化、数据不可篡改等特征，完全适用于学生征信管理、升学就业、学术研究、资质证明、产学合作等方面，对教育就业的健康发展具有重要的价值。

2018年4月，教育部又发布了《教育信息化2.0行动计划》，指出：建设国家学分银行，可以推动基础教育、职业教育、高等教育、继续教育机构逐步实行统一的学分制，加快实现各级各类教育纵向衔接、横向互通，为每一位学习者提供能够记录、存储学习经历和成果的个人学习账号，建立个人终身电子学习档案。

2. 区块链+教育应用案例

2018 年 4 月初，网班教育发布了基于区块链技术的教育培训联盟"EDC 教育链"，旨在通过分布式记账机制，结合教育学分 Education Credits（EDC）的 Token 分发机制，对学习者在不同教育培训机构进行的学习过程进行客观的、不可篡改的记录。联盟计划把不同教育机构修得的学分或成果组合，形成"学分仓库"或者"学分银行"。学习者完成一定学时的学习即可免费获得对应的"EDC 学分"，积累到一定"学分"之后就可以申请在"教育链"联盟内的学费减免等福利。

2018 年 10 月，全国首家大数据教育区块链试验区在河北廊坊正式启动。北京通州区教委、天津武清区教育局、河北廊坊市教育局三地教育部门，共同搭建一个大数据平台，采集并记录学生的学习成长轨迹数据，通过区块链的分布式、不可篡改等特性，建立学生的个人学习成长档案。

第五章

区块链生态圈——
链圈、币圈和矿圈

虽然当前的区块链行业仍旧处于发展初期，但是随着基于区块链技术的应用越来越多，也有越来越多的人投身到推动区块链发展的事业当中，参与者们根据其关注的侧重点不同，形成了既相互融合又相对独立的圈子，概括起来包括链圈、币圈、矿圈，这几个圈子共同构成了一个庞杂的、生机勃勃的区块链生态圈。

5.1 链圈

5.1.1 什么是链圈

在区块链行业发展的初期没有所谓的交易所和矿机，甚至很少有区块链技术与实体世界产生真实的交互，当时的区块链圈子非常纯粹，与其说它是一个产业不如说是一群技术极客的乌托邦，这群技术极客形成的圈子可以说是最早的链圈（这部分内容在本书第一章已经有所介绍）。

具体来说，链圈指的是专注于区块链的研发、应用，甚至从区块链底层协议编程开始做起的人群形成的圈子。这群人对区块链抱有最坚定的信仰，他们相信，区块链技术旨在通过不可篡改的分布式记账方式解决陌生人之间的"信任"问题，区块链在技术上的去中心化，可以让传统机构利用区块链改造现有的系统构架，带来更加高效和更安全的产品。

从比特币的诞生开始，区块链行业呈现了爆炸式的发展。各种应用层出不穷，进入区块链世界的人越来越多，链圈也不再由相对小众的技术极客构成，众多其他行业的技术人士纷纷进入了这个圈子。

总的来说，链圈人主要在做两件事，搭建区块链底层平台和构建区块链技术的具体应用场景。

区块链底层平台的搭建在前文有介绍（参见第一章联盟链、公有链等相关内容），"区块链+"一章实际上就是在讲区块链的应用场景，在此也不再赘述，在这里重点讲一讲区块链技术的进化，这很直观地反映了链圈人的工作。

扩展阅读：区块链的进化历程

通常来讲，区块链的进化历程可以分为三个阶段，即以比特币为代表的区块链 1.0、以以太坊为代表的区块链 2.0 和以 EOS 为代表的区块链 3.0。

以中本聪为代表的密码朋克们，开发了以比特币为代表的加密数字货币应用，提出了区块链的概念，实现了去中心化的加密数字货币和支付平台的功能，践行了去中心化的思想。此为区块链 1.0。

以 V 神为代表的技术极客，开发了以太坊，实现了可编程金融。区块链 2.0 应用加入了"智能合约"（利用程序算法替代人执行合同）的概念。这使得区块链从最初的货币体系，可以拓展到股权、债权和产权的登记、转让，证券和金融合约的交易、执行，甚至博彩和防伪等金融领域。此为区块链 2.0。

更多的区块链技术的信仰者们，在努力拓展区块链技术的应用，致力于将区块链技术的应用推进到更多的应用场景中（参见第四章介绍的内容），能够将区块链技术最终扩展到任何一个有需求的领域。此即为区块链 3.0。

5.1.2 链圈现状

要说链圈现状，主要是介绍链圈人在做的事情。通过下边介绍的行业动态，可以对目前链圈人在忙什么略知一二。

1. 区块链应用场景不断落地

很多人质疑区块链就是炒作加密数字货币，其实这种理解大错特错。实际上，加密数字货币只是区块链的一种技术应用，区块链还有很多其他应用。

区块链作为一种新技术已经逐步渗透到各行各业。比如，物流、金融、娱乐、医疗、农业、法律、公益服务等，包括 BAT 在内的许多科技巨头都在进行基于区块链技术的产品研发。

进入 2018 年，一大批由纯技术驱动的链圈企业在完成源代码以及底层技术积累后,正在加速商业布局,推进区块链应用场景落地。随着腾讯和蚂蚁金服等超级巨头的布局,区块链有望迈入链圈主导的商业时代。

2018年初,A股上市公司二三四五布局区块链项目,在其官网发布"2345区块链方案白皮书1.0",推出"2345星球联盟计划"。有业界人士指出,在推出"星球联盟"之后,二三四五凭借其强大的流量分发能力和庞大的互联网业务,有望在众多领域和产品上开花结果,推动区块链各项实际应用的落地。这也是二三四五区块链和别的企业不同之处:在已有的业务基础上专注于区块链实际应用的延伸。

再如,网易推出的一款区块链产品"网易星球"。据公开资料显示,网易星球是基于区块链技术的生态价值共享平台。它是通过应用区块链技术,为平台用户更好更安全地记录行为数据,有效提升用户行为在整个生态内的价值。每个用户每时每刻都在产生有用的行为,包括信用数据、浏览踪迹,以及购物、娱乐、出行等。

2018年8月,全球第一张区块链电子发票在深圳落地,腾讯为区块链电子发票底层技术提供方。上线一年来,深圳开出区块链电子发票800万张,已有5300家企业开通区块链发票。

截至2019年末,中国公开的区块链专利数量在全球专利数量占比过半,应用试点已经覆盖了30余个领域和场景,阿里、百度、腾讯、华为和京东接连推出了依托联盟链技术的BaaS平台。

2020年是我国区块链核心应用场景开始落地的一年。据不完全统计,截至2019年年末,我国已披露的区块链应用案例中,政务服务领域应用案例数量最多,占比达14%。2020年,区块链在电子政务领域应用还将逐步扩展,主要将涉及便捷政务流程、提高社会治理数字化水平两大方面。

2. BaaS平台将成竞争主战场,商业标准有望形成

行业初期,商业标准的形成对于企业抢占市场利润空间空前重要,成为企业重点关注和布局的对象。2019 年，阿里、百度、腾讯和京东等互联网巨头重点围绕行业中将率先落地的金融、民生、政务等应用场景，依托自身云平台基础，以联盟链的形式，布局开放式服务平台。

BaaS 是企业低门槛实现和使用区块链技术满足其业务需求的重要途径，尤其适用于满足民生政务、产业园区、智慧城市和自身技术研发的需求。若企业打造的 BaaS 平台能够吸引众多企业加入，一方面意味着将有越来越多的企业在自身无须具备太多关于区块链开发技术的前提下，就能享有区块链运行环境；另一方面也意味着开发 BaaS 平台的企业有望在行业中形成一定的商业标准，推动应用场景落地，甚至有望在行业中占据一席之地。

作为阿里巴巴重要的区块链业务板块，蚂蚁区块链已经解决了包括跨境汇款、供应链金融、司法存证、电子票据等 40 多个场景的信任问题。蚂蚁金服的区块链服务平台，旨在通过应用场景的建设来培育生态，将蚂蚁区块链服务开放给全社会的各个行业，将产业、经济、区块链有机结合，推动区块链行业技术标准的建立，切实赋能我国数字经济。2020 年，除金融领域之外，电子政务和民生行业将是蚂蚁区块链着重布局的业务板块，且会在行业中实现真正的落地，并力争形成行业标杆。

2020 年年初，腾讯也新增了多个与区块链相关的专利信息，其中不少都涉及区块链 BaaS 平台的落地应用，比如"基于区块链的借贷信息处理方法、装置、设备和存储介质""基于区块链的病历数据处理方法、装置、存储介质和设备"等。

3．构建行业联盟

对于一个新兴的行业来说，在发展早期通常会遇到一系列的问题和困难。这时候，抱团取暖显得尤为重要，区块链也是如此。

随着区块链在各行各业得到日益广泛的应用，区块链相关的产业、行业及地域性的联盟均出现了。

比较有代表性的链圈联盟包括 China Ledger 联盟、中国高科技产业化研究会区块链产业联盟、中关村区块链产业联盟、金链盟、版权区块链联盟、安全食品区块链溯源联盟等。

中关村区块链产业联盟：2016 年 2 月 3 日正式成立，它是在中关村管委会的指导下，由世纪互联公司联合清华大学、北京邮电大学等高校，中国通信学会、中国联通研究院等运营商，以及集佳、布比网络等企业发起。联盟成立的同时上还成立了中关村创业公社区块链国际孵化中心，为区块链领域的创业公司提供平台和服务支持。

中国分布式总账基础协议联盟（China Ledger 联盟）：2016 年 4 月 19 日由中证机构间报价系统股份有限公司、中钞信用卡产业发展有限公司、北京智能卡技术研究院等 11 家国企和民企共同发起，致力于开发研究分布式总账系统及其衍生技术，其基础代码将用于开源共享。

中国高科技产业化研究会区块链产业联盟：挂靠在中国高科技产业化研究会（简称中高会），后者由王大珩、王淦昌、马宾等著名科学家和经济学家发起，于 1993 年 10 月成立，现由中国科学技术协会主管。

金链盟（金融区块链联盟）：2016 年 5 月 31 日在深圳成立，由安信证券、京东金融等 25 家企业发起，旨在整合及协调金融区块链技术研究资源，形成金融区块链技术研究和应用研究的合力与协调机制，提高成员在区块链技术领域的研发能力，探索、研发、实现适用于金融机构的金融联盟区块链，以及在此基础之上的应用场景。

国内首个版权区块链联盟：在 2017 年 8 月 18 日，由版权家、艾瑞咨询、小米科技、美图秀秀、360 影视、优米网、TA 知识产权与娱乐法团队、杭州拾贝、知金链、安妮股份、厦门大学知识产权研究院院长林秀芹、知卓资本陶闯、华云音乐 13 家企业及专家共同发起成立，目的是推动区块链技术对版权进行保护。

中国安全食品区块链溯源联盟：在 2017 年 12 月 14 日，由沃尔玛、京东、IBM、清华大学共同宣布成立。四方将共同建立一套收集食品生产及流通数据的平台，通过区块链技术为消费者和零售商提供全供应链实时追溯服务。

5.1.3 链圈人物

一般而言，目前链圈的人主要分为两类人。第一类人主要从事公共区块链平台等基础设施的构建，第二类人则更加注重区块链技术和产品的实际应用。

在区块链领域中最出名的公共区块链平台是来自俄罗斯的 Vitalik Buterin（V 神）创办的以太坊，他搭建了以太坊平台，为区块链应用的开发者们降低开发 DAPP（分布式应用）的成本做出了巨大的贡献。有关 V 神创办以太坊的具体内容在第三章中已经有过详细介绍，这里不再赘述。

事实上，在链圈有众多像 V 神这样的底层开发者试图为区块链行业提供更完善的基础设施。比如，亦来云创始人陈榕、量子链创始人帅初、波场创始人孙宇晨等人，由于互联网底层技术开发往往缺乏盈利能力，因而大多数公链项目都会选择基金会式运作并发币融资，从这个角度来看链圈的发展与币圈提供的流动性和启动资金不无关系。

当然，除了公链以外，还有一部分人会更加注重区块链技术的应用。比如说Facebook致力于解决跨境支付问题的 Messenger 部门副总裁大卫·马库斯（David Marcus），致力于解决房地产流动性问题的 Yammer 首席执行官戴维·萨克斯（David Sacks），希望通过区块链技术切入供应链金融进而为中小制造业企业融资提供服务的 Chain 首席执行官亚当·卢德威（Adam Ludwin），以及致力于解决通信信息安全性问题的 Telegram 创始人帕维尔·杜罗夫（Pavel Durov）。

正是因为有这些链圈人对于区块链底层技术架构和现实应用场景的不断尝试，区块链才会充满生命力，区块链生态圈才会生机勃勃。本节内容将重点介绍亦来云创始人陈榕、量子链创始人帅初、波场创始人孙宇晨、Telegram 创始人帕维尔·杜罗夫（Pavel Durov）几位链圈知名人物。

1. 亦来云创始人——陈榕

陈榕，1982 年毕业于清华大学，同年考取中科院计算所出国留学生。1984 年出国学习。1987 年在美国伊利诺大学香槟分校取得硕士学位，此后五年继续在伊利诺大学进行操作系统和面向对象程序设计的研究。1992 年进入美国微软公司工作，先后参加过多媒体软件、操作系统、IE3、OLE、COM+的开发工作。2000 年回国参加创建北京科泰世纪公司，是"和欣"操作系统和 ezCOM 技术的主要设计师。2004 年 1 月，《程序员杂志》将陈榕列入"影响中国软件开发的 20 人"的第一位。

陈榕头顶的光环特别多。他是恢复高考后第一批大学生，也是第一位进入微软研究院工作的华人，回国创业后编写了中国第一套操作系统。

2017 年 8 月，陈榕联合韩锋等人创立亦来云项目，这是一个以区块链技术驱动的网络操作系统。2018 年 2 月份上线后，立即成为明星项目。

自亦来云创立以来，陈榕一改往昔低调作风，以布道者形象频频出现在区块链社群、网站和自媒体中。

亦来云项目要实现这陈榕十八年来的野心——他想建立一套新的网络操作系统。

亦来云项目就是一套升级版的网络操作系统。它植入区块链这个强有力的武器后，让其拥有了解决数字确权、去中心化运营机构、保证网络安全等全新功能。

搭建操作系统是一个庞大的工程，不过陈榕最初想以一己之力完成。这种野心源于他早年的优秀履历。1977 年中国恢复高考后陈榕以优异的成绩考入清华大学；毕业后考入中科院计算所；1984 年 1 月出国，1985 年春天，他顺利进入美国伊利诺大学香槟分校学习，这所大学设计了当时全世界最好的巨型计算机。

彼时，全球巨变彻底颠覆了 IT 领域。UNIX 操作系统面向美国著名高校开源；美国第一代互联网正走向美国各大科研院所；稍后不久，新的系统编程语言 C++推出，这是奠定 IT 领域的三大基石。正在学校学习操作系统编程的陈榕，曾不分昼夜地将 20 万行的 UNIX 操作系统源代码全部看完。他在学校花了 7 年试图设计自己的操作系统。

1992 年，陈榕作为第一位华人进入微软研究院，参与研究型操作系统编写工作。3 年后，陈榕参与微软浏览器插件技术开发，后来浏览器与 Windows 融合垄断了全球浏览器市场。但是当时 Windows 操作系统却有个致命弱点至今没解决，全球各国计算机经常遭受黑客攻击，造成严重经济损失。陈榕所在的研究小组开始着力研究解决办法。

经过长时间讨论，研究小组根据新的理念："The Network is the Computer"，也就是把整个网络当作计算机，为它设计一个操作系统，让这个操作系统来解决网络安全问题。该项目取名为".Net"。

1999 年 10 月，由于在.Net 的具体实施路径上，陈榕提出的用 C++实现 SaaS（软件即服务）的建议并没被采纳。他毅然离开了微软。

2000 年，陈榕回国创业。此时，国内互联网正在孕育期。陈榕联合几位昔日的清华同窗也准备大显身手，要研发自己的操作系统。很快，他们在中关村成立了一家研发公司，计划研发出一套嵌入式操作系统，命名为"和欣"，这实际和微软提出的网络操作系统类似。他们预计三四年完成。项目进展很顺利，陈榕带领他的团队在项目启动两年后成功编写出了和欣操作系统，这让很多中国人感到振奋。但由于和欣操作系统过分关注技术，忽略了用户体验需求，最后没有被广泛使用。

2003 年，和欣项目投资人因国家政策变化突然撤资，陈榕带领的一百多人的团队突然断粮，公司每况愈下，举步维艰。就在公司账上只有 6 万元时，他们却意外地收到上海政府伸出的橄榄枝。那时，上海正在打造一个科教兴市的项目，希望引进手机底层系统软件和芯片。这个项目挽救了陈榕的公司，接下来几年时间他们投入到智能手机的研发当中。

但是命运弄人,陈榕专心智能手机设计期间,苹果、Google 也已经开始了智能手机的研发。2007 年,很快苹果和安卓手机就上市了。陈榕的智能手机项目再次无疾而终。

陈榕的公司最后被富士康公司收购,他也一度停止了操作系统产品设计工作。但陈榕一直不愿意放弃以原生代码实现网络操作系统的想法,因为从理论层面讲,这个方向绝对没错。

2012 年,一则消息打破了他内心的平静:微软按照 1999 年的方案写出的操作系统 Windows Vista 失败。微软公司试图用陈榕当年提出的方案重写网络操作系统。

基于微软.Net 项目的核心思想,陈榕提出在连接产品与产品之间的互联网上再建一个操作系统,即工业物联网操作系统,解决端到端的安全问题。他将这个想法与富士康总裁郭台铭沟通后,很快得到认可。他再次带领团队开发出一个上千万行源代码的开源操作系统。尽管工程进度基本顺利,但是到了 2015 年,富士康重新审视并调整了其操作系统战略,这个本来大有可为的工业物联网操作系统只好搁浅。

2017 年,当比特币的热潮将区块链技术推到世人面前时,陈榕突然意识到,区块链技术植入网络操作系统,将使原有的系统更完善。于是他重新打造了基于区块链技术的"亦来云项目"。

陈榕认为,区块链技术可以使一台"记账计算机"不受一个机构或者个人控制,依据其原理,把区块链技术映射在网络操作系统中,就可以让互联网实际受益,确保网络安全,对数字资产确权,摆脱中介运营商等。

由于现在用户只需要一个 IP 地址就能上网,而 DNS 映射的 IP 地址是可篡改的,所以这非常不安全,会导致很多恶意的用户行为产生。通过区块链技术为每个用户发一个不可篡改的 ID,这将约束用户行为。这个特性同样可以为数字产品确权,比如每当生产一本电子书,系统产生一个哈希值,把这个哈希值记录到区块链上,这本书就确定所有权了。

数字版权确定后，也就产生了价值稀缺。区块链技术记录交易行踪，电子书出售后会像纸质书版本一样，卖方自动失去所有权，确保了商品价值的完整转移，也就是确保了价值可交易。通过区块链技术，让传统的信息互联网转化成了价值互联网。

不过，陈榕纠正了区块链就是价值互联网的说法，他认为，区块链使价值互联网成为可能，但是区块链本身不是价值互联网。用户在网上看在线视频、发送信息时，以区块链的运行速度，既做不了计算和存储，也传输不了大数据包，只能进行简单的记账，因此区块链本身不是价值互联网。

"区块链也不能去中心化。"他解释道，"区块链是大家共同记的一笔账。它只是一笔账，一个中心！只是由原来一个节点控制，现在由N个节点共同组成。简言之，一个人记账，记得快。N个人记，比较可信，但降低了效率。"

因此，亦来云项目不是一个区块链操作系统。区块链只是亦来云这个网络操作系统中的一个账本。到2017年底，亦来云的虚拟机、自动运行网络和区块链三大部件都将启动，并于2019年6月17日实现全网上线，这对亦来云来说，是重要的里程碑。

陈榕表示，亦来云团队的方向和愿景非常明确：尽一切力量，和生态合作伙伴、社区成员一起打造新一代互联网。同时，陈榕的主要兴趣之一是在亦来云之上创建DAPP（去中心化应用）。他表示，亦来云的DAPP背后不会存在一个受第三方控制的网站，为了让世界上所有人都可以随时、放心使用这个新的互联网，其背后一定没有任何企业或者实体公司运营。亦来云核心团队只是编写代码，并不运营，将来代码也越来越多来自社区的贡献。

陈榕现在做亦来云已不是把它当作产品，他表示，亦来云测试公链的代码已全部开源。这个系统不属于任何机构，所有人都能在上面完善创新，他希望构建出一个属于全人类的智能经济系统。到时候，他就可以像中本聪一样人间蒸发,逍遥自在,彻底无为。

亦来云的创始人陈榕,他为了创办一个更加安全有效的操作系统奋斗了数十年,他还将继续执着地奋斗下去。

2. 量子链创始人——帅初

帅初,Qtum(量子链)的创始人。从 2012 年起,帅初在中科大和中科院读博士期间,就开始从事加密数字货币及其底层技术的研究和开发,是区块链社区活跃的布道者,是中国区块链应用落地的推动者。

从技术宅男到飞遍世界,从互联网极客到入选 2017 福布斯中国 30 位 30 岁以下精英榜,并受邀在斯坦福大学区块链论坛发表演讲,帅初只用了五年。

2010 年 7 月份,著名比特币交易所 Mt.Gox 成立,这标志着比特币真正进入市场。尽管如此,能够了解比特币并且参与比特币交易的仍是一群小众的互联网极客。他们在 Bitcointalk.org 论坛上讨论比特币技术,在自己的计算机上挖矿获得比特币。帅初,正是这群技术宅中的一个。

2012 年,帅初就读于中国科学院上海微系统信息技术研究所,曾以第一作者的身份发表了学术论文《基于磁共振的中距离无线能量中继传输》,得过上海微系统所的所长奖学金。但他中途辍学,并未拿到博士学位。

博士在读的他开始研究比特币背后的工程和代码实现。他和当年的比特币早期玩家一样,玩过矿机挖过矿,还翻译了很多关于区块链的国外专著。

帅初热衷于在国内外区块链社区发表文章,据统计,帅初在 Bitcointalk 上累计发布了 10000 篇帖子,该论坛是区块链世界最具知名度和影响力的极客聚集地,因表现活跃,帅初成为该社区的 "Hero member",其中最为著名的那篇开发手册《从 0 到 1 建立自己的区块链》也是这一期间的作品,一经发表便获得了广泛的关注,帅初也开始成为区块链极客圈的"网红"。其在 OKCoin 的注册序列号更是排进了前 100 名。

2015 年前后，来自阿里的帅初、IBM 的钱德君和拥有 Louis Vuitton 工作背景的陆扬在上海市长宁区安定坊 12 号的一幢独立大楼里正式成立 bitSE。bitSE 将目光转向"区块链即服务"的区块链技术应用领域。帅初担任 bitSE 的 CTO，并拥有 21.3%的股份，直到 bitSE 拆分发展，陆扬负责唯链，帅初专攻量子链，他的名气才逐渐凸显。

帅初在很多场合提到，比特币点对点传输的网络简单、安全、可靠，但很难支撑其他应用，而以太坊扩展了比特币的概念，靠图灵完备的智能合约实现了灵活性，但以太坊又太灵活，以致安全性有时会出问题。量子链的创新是在这两者之间设计了一个账户抽象层，将两者的优点结合，打造一个价值传输协议和分布式应用（DAPP）平台。这个想法受到圈内人士的广泛认可，分布式资本管理合伙人沈波表示区块链社区与商业世界一直在平行前进，但量子链将会是它们的交集。以太坊联合创始人 V 神则直接宣称量子链的创业团队是中国乃至亚洲最好的区块链团队。

2017 年 3 月 16 日，量子链发起众筹，五天时间共筹集了 1500 万美元，约 1 亿元人民币。量子链这个号称要打通比特币和以太坊的隔阂，在二者之间搭建沟通平台的公链项目，自 2017 年 5 月上线以来，估值已达 10 亿美元。

2019 年 4 月，全球商业财经杂志《福布斯》发布 2019 年度"亚洲 30 岁以下精英榜"，Qtum 量子链联合创始人帅初入选 2019 亚洲福布斯"30 位 30 岁以下精英"榜单（简称福布斯 30Under30）。

到目前为止，基于量子链这个开源社区搭建的项目已多达 100 多个，量子链已然跻身币圈主流阵营之一。

3. 波场创始人——孙宇晨

孙宇晨，1990 年生，美国常青藤盟校宾夕法尼亚大学硕士，北京大学学士，移动社交应用陪我 APP 创始人兼 CEO，锐波创始人兼

CEO,《财富自由革命之路》发起人,波场TRON基金会创始人。

据说孙宇晨早年因将大量时间用于互联网、计算机编程、文学创作,成绩一度一落千丈。高二结束前夕,成绩基本徘徊于三本线上下。他下定决心,利用一年时间上演了从三本到北大的超级大逆转,并于同年获得了第九届新概念作文大赛一等奖,新概念作文大赛是中国青年文学界的顶尖赛事,涌现出韩寒、郭敬明、张悦然等多个青年文学乃至80后代表人物。

考入北大后,孙宇晨在《萌芽》杂志发表《一道论证题》,试图向人们证明"高中可以用一年的时间弥补任何的遗憾,只要你下定了决心"。他在文末留下自己的通信地址,邀请同龄人和他一道证明这个结论。文章在青年学生中引发轰动,阅读者过百万,短短一年之间,他的地址收到了近万封信件。上学期间就已经开始吸粉赚取大量流量,为其后期的波场推广打下了很好的流量基础。

我国互联网浪潮是在20世纪90年代,所以目前互联网巨头的创始人普遍是70后甚至60后。而80后第一批进入移动互联网,由此也涌现了不少创业成功人士,比如滴滴的程维、饿了么的张旭豪、今日头条的张一鸣等人。

而区块链则是90后遇到的最大时代红利。据一位加密数字货币交易平台内部人士透露,加密数字货币投资者的年龄多集中在25~35岁之间,甚至有相关人士指出,当下持有比特币最多的人正是90后。

比特币和区块链的风口催生了一大批90后的创业明星,而孙宇晨就是其中之一。与其他90后创业者所不同的是,在90后创业热兴起时,孙宇晨的创业项目就已经和区块链挂上了钩,他创建的项目就是波场TRON。

波场TRON基于区块链的去中心化内容协议,其目标在于通过区块链与分布式存储技术,构建一个全球范围内的自由内容娱乐体系,这个协议可以让每个用户自由发布、存储、拥有数据,并通过去中心化的自治形式,以数字资产发行、流通,交易方式决定内容的分发、订阅、推送，赋能内容创造者，形成去中心化的内容娱乐生态。

数据显示，波场的代币 TRX 的全球交易量一度仅次于比特币与以太币，2018 年第一季度与比特币相比价格大幅上涨 88.8%，TRX 登陆了 37 家国际主流交易所，持币人数近 50 万。

据孙宇晨介绍，波场团队国内有 200 余人，旧金山团队有 30 余人。技术团队中的人很多都来自阿里巴巴、亚马逊等知名互联网公司，此外波场还是 Twitter 上的第一大社群。

没有社区生态的区块链无法生存，这已经是这个行业里的共识，矿工、开发者、投资者、运营者、布道者等不同角色和身份的人共同构成了社区圈子，在这个圈子里，人人参与，人人共建，人人共享，高度自治，实现区块链社区高效有序地运行。换言之，健康成熟的社区建设是检验一个区块链项目是否优质的重要标准。

社区建设与活跃其中的每一个人的利益息息相关，是每一个社区人都关心的命题。相较于其他中心化的互联网生态系统，作为去中心化的区块链项目方，加强与用户之间的互动和交流显得格外有必要。这一点，波场 TRON 做得十分到位。孙宇晨认为，必要的沟通和交流才能促进波场生态建设和不断完善，让所有参考者和关注者感受到波场是一个对大众、对用户、对自己负责任的落在执行上的项目方。也正是因为如此，波场这个去中心化的区块链内容娱乐平台，发展到今天已经是全球最大的加密数字货币社区之一了。2018 年 5 月，TRX 持币用户就已破百万。

2018 年 7 月 24 日，波场 TRON 创始人孙宇晨正式宣布，波场以 1.4 亿美元的高价成功完成了对于 BitTorrent 及其旗下所有产品的收购，并将其并入到波场生态中。

2018 年 8 月 10 日，波场完成了对业内顶级域名 BlockChain.Org 的收购。由于 Org 后缀域名在区块链行业的认可度很高，而 BlockChain 又是行业最为核心和基础的词汇，该收购也表明孙宇晨已经对 BlockChain.org 的发展有了明确的战略规划，有意打造一个区块链行业中去中心化的"Google"。

如今的波场在全球范围的影响力无可争议，孙宇晨也在通过自己的个人魅力吸引着圈内圈外的支持者。2019 年 1 月 18 日，由波场 TRON 举办的 niTROn 2019 旧金山峰会于 2019 年 1 月 17 日（旧金山时间）正式开幕，波场 TRON 创始人孙宇晨与世界级篮球巨星科比·布莱恩特同台讨论。

2019 年 1 月 25 日，孙宇晨所领导的波场 TRON 荣获金色财经 2018 年度最具市场影响力公链&最具技术突破奖双项大奖，没过多久，波场 TRON 与 Tether 泰达公司合作发行了基于波场 TRON 网络的 USDT 代币。

2019 年 3 月 14 日，孙宇晨接受美国 CNBC 节目的访谈时，再次对波场 TRON 过去一年成绩进行了简短的总结。历时一年，波场在全球加密数字货币的总市值已经从年初的第 15 名跃升到第 7 名。

孙宇晨还将更多精力投入慈善事业。2018 年底至 2019 年初，波场在慈善领域做了很多工作，旨在利用区块链技术增加慈善透明度，更有效地追踪捐款。波场还向币安慈善基金会认捐价值 10 万美元加密数字货币，用于改善众多因疾病、残疾和经济脆弱性而陷入困境的个人和家庭的生活。

如今，孙宇晨迈出的每一步更加扎实、自信，在这条通向去中心化彼岸的征途上，走出了一条自己心中理想的路。

4．Telegram 创始人——帕维尔·杜罗夫（Pavel Durov）

在区块链行业当中，无论想做什么项目，总有一款基于区块链技术的社交软件难以避开，那就是被戏称为"电报"的 Telegram。

不同于家喻户晓的 Facebook 创始人扎克伯格，Telegram 的创始人帕维尔·杜罗夫在中国并不出名，但是他的人生和他所创造的产品绝对称得上是一段传奇。帕维尔·杜罗夫 26 岁就已资产上亿美元，当然现在最为公众所熟知的身份是 Telegram 的创始人。帕维尔·杜罗夫其人如图 5-1 所示。

图 5-1　工作中的帕维尔·杜罗夫

简单来说，Telegram 是一款有 VPN 就可以使用的即时通信软件，比起其他通信软件，Telegram 非常注重安全和隐私，于是在短短 3 年的时间中 Telegram 的月活跃用户数就已经突破 2 亿。

不过，这并不是帕维尔·杜罗夫的人生巅峰。帕维尔·杜罗夫曾经一手缔造了俄罗斯最大的社交网站 VKontakte，然而却因为某些政治原因被逐出公司，离开了俄罗斯。

出于对言论自由的热烈追求，离开祖国的帕维尔·杜罗夫开发出了 Telegram 这款产品，就是为了让世界各国人民可以突破国界和意识形态自由地进行沟通。

1984 年 10 月 10 日，帕维尔·杜罗夫出生在俄罗斯。他在学校的时候就很喜欢敲代码，曾经黑过学校的欢迎屏幕。平日里，他和哥哥尼古拉·杜罗夫（Nikolai Durov）关系非常亲密，他的哥哥不仅是出色的程序员，而且在数学领域里也是少有的天才。

2006 年从大学毕业后，杜罗夫兄弟俩创建了社交平台 VKontakte，类似于俄罗斯的 Facebook。没过多久，VKontakte 便迅速走红，用户数达到 3500 万。

据报道，VKontakte 给杜罗夫俩兄弟带来近 2 亿 6 千万美元的收益。在 VKontakte 的鼎盛时期，作为其办公场所的独栋大楼复古豪华，是圣彼得堡市中心的地标建筑。

2013 年，杜罗夫兄弟带着几个忠诚的 VKontakte 员工从俄罗斯飞到了美国纽约州的水牛城。在那里，他们开始了一个秘密项目，也就是后来的 Telegram。经过一系列技术手段加密，政府根本无法通过 Telegram 监视用户，任何机构也不能窃取用户信息。据悉，帕维尔·杜罗夫每个月都要花费 100 万美元用于维持 Telegram 的正常运行，到 2016 年为止，Telegram 尚未盈利。

帕维尔·杜罗夫似乎并不在乎这些。在 Telegram 月活跃用户数达到 1 亿的时候，帕维尔·杜罗夫花重金在巴塞罗那举行了一个非常盛大的 Party，并且邀请著名魔术师大卫·布莱恩前来助兴。

目前，帕维尔·杜罗夫和他的团队居无定所，住遍了全球的 Airbnb，没有人知道他们的确切位置。与其说是四处漂流，不如说是一边周游世界，一边工作。第一次看帕维尔·杜罗夫的 Instagram，差点误认为他是个旅游博主。每到一个地方，帕维尔·杜罗夫就会发表一番看法，并且邀请当地的 Telegram 用户在 Ins 的评论区热烈交流。

据说时任谷歌 CEO 的 Sundar Pichai 曾与帕维尔·杜罗夫会面商讨收购适宜，当时谷歌为 Telegram 开出的价格是 10 亿美元，不过帕维尔·杜罗夫回应称绝不可能达成此种协议。他曾说过，绝对不会卖掉 Telegram。而且他也向他的用户们保证，公司在德国注册，工程团队在全球各地分散，不会被政府封锁，用户信息也不会泄露。

5.1.4 链圈名企

以上介绍的致力于区块链行业底层架构和实际应用的人物由于区块链行业的特殊性最终大多选择了发币，但是还是有一大批知名企业坚守在无币区块链的道路之上，万向集团和微众银行就是其中的范例。

1. 万向集团——老牌浙商的区块链布局

在中国最早进行区块链产业探索的巨头并非来源于传统互联网行业，而是做机械制造业起家的万向集团。

（1）老牌浙商的区块链征途

在以互联网为代表的新经济时代，万向集团的名字并不为很多人所熟知。但这家创立于 1969 年，从生产农业机械的小作坊起家的民营企业，却是中国第一个为美国通用汽车公司提供零部件的 OEM 厂商，也是最早收购美国公司的中国民营企业之一。在 2015 年胡润百富榜中，万向集团创始人鲁冠球家族以 650 亿元财富名列第 10 位。

更让人难以想象的是，这家以机械制造起家，后又进入农业且年收入过千亿元的民营企业，竟然也是中国最早开始关注和布局区块链技术的大型企业之一。据万向控股（万向系旗下三大平台之一）副董事长兼执行董事肖风介绍，万向从 2014 年起就开始关注以比特币为代表的加密数字货币，随即跟进比特币的底层技术区块链。

2015 年开始，中国万向控股有限公司在区块链技术领域就开始了战略性布局。逐步打造了集万向区块链实验室、万向区块链商业创新咨询、新链加速器、万云等业务于一体的区块链生态平台，从技术、资金、资源等多方面全力推动中国区块链的行业发展和业务落地。

2015 年 9 月，万向控股成立了区块链实验室，创始人中包括以太坊创始人 V 神和分布式资本创始人沈波，V 神担任万向区块链实验室首席科学家。2015 年 10 月，万向区块链实验室在上海举办了首届全球区块链峰会。同年 10 月，又推出万向区块链实验室丛书。

2016 年 4 月，万向区块链实验室等 11 家国内企业成立了中国分布式总账基础协议联盟。

2017 年初，上海万向区块链股份公司正式成立。

为推进区块链技术的发展，万向区块链实验室于 2015 年 11 月推出了每年约 30 万美元的名为"BlockGrant X"的全球优秀区块链项目资助计划，以支持加密算法、共识机制、交易性能改进等区块链技术基础性研究。

而为了培养区块链相关人才，万向区块链实验室还启动了区块链培训课程，并与德勤共同举办了总奖金高达 10 万美元的上海区块链黑客马拉松活动。

最为重要的是万向控股对区块链创业公司的投资。截止到 2020 年 1 月上旬，万向控股已经在全球范围内投资了 280 家区块链创业公司，共计 1 亿美元。尽管每一家的投资额度并不大，只有数十万美元，但这给了万向控股一个很好的观察和连接全球区块链生态的机会。

（2）万向区块链的理想

尽管舆论普遍认为区块链将颠覆和解构传统金融机构，并对金融行业产生深刻的变革，但这并不意味着区块链只适用于金融行业，比特币只是区块链技术在全球的第一款现象级应用，而区块链技术给了所有传统企业一个变革的机会。

2014 年的《IBM 物联网白皮书》中提到，当物联网的设备超过 1000 亿台之后，最好的办法也许是用到区块链技术。

万向就希望能用区块链场景来管理物联网，建立一个全新的、更牢固可靠的物联网，让设备之间能够自动化地进行交易。

万向布局的技术社区，包括分布式基金和万向区块链实验室，大量的工作都是跨国性的区块链技术合作，从海外的以太坊到 Hyperledger，万向的思路其实是借鉴了中国过去 10 多年的互联网创新的特点，将具体的先进技术和具体业务场景相结合。

2. 微众银行——用区块链构建分布式商业

微众银行作为国内首家开业的民营银行、互联网银行，在创立之初就已构建了自主研发的分布式银行核心架构以处理海量客户和高并发交易。因此，微众银行也是自 2015 年开始，较早投入资源发展区块链和分布式账本技术的企业。

目前，微众银行已研发了两大开源底层平台。其一是联合万向控股、矩阵元推出的 BCOS，该平台在 2017 年 7 月完全开源，并被工信部标准院牵头成立的分布式应用账本开源社区纳为三大项目之一。随后，微众银行又联合金链盟开源工作组的多家机构共同研发并完全开源了 BCOS 的金融分支版本——FISCO BCOS，进一步促进国内金融区块链生态圈的形成。

以 FISCO BCOS 平台为例，其融合了金融行业的实践与思考。在性能上，优化了网络通信模型，采用拜占庭容错共识机制，结合多链架构和跨链交互方案，可解决并发访问和热点账户的性能痛点，从而满足金融级高频交易场景需求。在安全性上，通过节点准入控制、可靠的密钥管理、灵活的权限控制，在应用、存储、网络、主机层实现全面的安全保障。在可用性方面，FISCO BCOS 设计为 7×24 小时运行，达到金融级高可用性。在监管支持方面，可支持监管和审计机构作为观察节点加入联盟链，获取实时数据进行监管审计。此外，还提供各种开发接口，方便开发者编写和调用智能合约。

2016 年 5 月，微众银行联合深圳市金融科技协会、深证通等企业，牵头成立了金融区块链合作联盟（深圳）（简称：金链盟），目前金链盟成员单位已过百家，涵盖多类行业，遍布全国 24 个城市。金链盟成员们从成立之初就积极参与建设金融区块链生态圈，在云服务、信用、场外股权市场、票据等数十个领域展开研究，推动产业创新发展。

在场景探索方面，微众银行已在金融生产环境中上线了两个场景——基于区块链的机构间对账平台和仲裁链。

机构间对账平台由微众银行与合作行运用联盟链技术构建，通过建立起透明互信的信任机制，优化对账流程，降低人力和时间成本，提升了对账的时效性与准确度。通过该平台，交易数据只需秒级即可完成同步，并实现 T+0 日准实时对账。自 2016 年 8 月底上线，上海华瑞银行、长沙银行、洛阳银行等相继加入使用，平台至今始终保持零故障，记录的真实交易笔数已达千万量级。

仲裁链由微众银行联合广州仲裁委、杭州亦笔科技三方共同研发。2018 年 2 月，广州仲裁委基于仲裁链出具了业内首个裁决书，这标志着区块链应用在司法领域的真正落地并完成价值验证。借助区块链技术，仲裁链将实时保全的数据通过智能合约形成证据链，满足证据真实性、合法性、关联性的要求，实现证据及审判的标准化，从而将传统数个月的仲裁流程缩短到 7 天左右，司法成本也降低至传统模式的 10%。

此外，微众银行还在防伪追溯、身份认证等场景展开积极探索。

微众银行注重产、学、研相结合，现已与西安电子科技大学、中科院计算所等在区块链的架构、性能、安全、共识算法、跨链通信等方向展开研究合作，还拟将硬件计算加速、高通量虚拟机等前沿技术应用到更多金融场景中，共同打造新一代高通量区块链计算引擎。

在政府合作方面，微众银行积极对接国标委、工信部标准院、ISO/TC307、IEEE 等标准组织，深度参与了多个区块链相关的国际、国家、行业与团体标准的制定；也与央行、互联网金融协会、支付清算协会、金信委等组织的区块链研究工作组深度合作，开展相关课题的研究。

展望未来，微众银行将一如既往地致力于区块链底层技术研发，依托技术实力支撑，深度聚焦场景落地，与合作伙伴共同建立科技与金融深度合作的长效机制，共同打造金融创新的区块链共赢生态，构建一个深度互信的多方合作共同体，进一步推动分布式商业生态系统的形成。

5.2 币圈

所谓有链无币千奇百怪，有币无链传销思想。在上一节当中介绍了链圈，接下来为大家介绍区块链生态中最为喧嚣热闹的币圈。

5.2.1 什么是币圈

1．币圈的概念

币圈的概念很纯粹，是指一拨专注于投资加密数字货币或者通过其他手段为加密数字货币提供流动性的人或者机构。前者主要投资各类加密数字货币，在虚拟资产交易市场上杀进杀出，不亦乐乎；后者则通过为加密数字货币投资者提供交易所、钱包、资讯等各类服务来获取收益。

2．币圈与链圈的关系

有人说链圈是币圈的基础，正因为有链圈的存在，一个个以数字形态存在的加密数字货币才有了使用价值，但是同时币圈也反过来促进链圈得以不断发展壮大。

一方面，币圈中的ICO众筹融资为初创的区块链项目提供了启动资金；另一方面，交易所提供的流动性为区块链项目的早期投资方提供了退出通道，可以说币圈为区块链项目的早期融资提供了巨大的便利。

虽然，无论是币圈还是链圈都非常关注区块链技术的发展，也都喜欢谈及信任、共识、交易、代币、通证、Token等名词，但是两者仍然有较大差别。一般来说，链圈中人关注点在区块链技术上，主要精力放在数据库、分布式账本、联盟链、B2B、商业场景、产业链、供应链、生态等领域，开发的项目也多是与这些领域有关；币圈中人则更加关注加密数字货币，喜欢谈论比特币、以太坊、挖矿、钱包、ICO、公有链、山寨币、空气币、交易所等。

币圈链圈对比如图5-2所示。

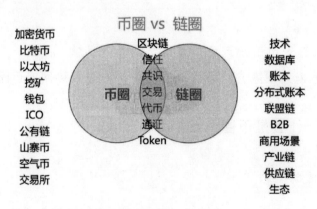

图5-2　币圈链圈对比图

不过，需要指出的是，币圈众多的创富传奇吸引了大批圈外人士进入，继传统投行跑步入局之后，微商、煤老板，甚至 VC，都在跑步进场，希望能分一杯羹，这也导致币圈现在乱象频生：一些人随便弄一个毫无内在价值的白皮书就开始 ICO，就能动辄筹集上亿的资金，卷款跑路的情况时有发生，导致投资者血本无归。这种现象对区块链行业的长远发展无疑是有害的。

5.2.2　币圈现状

2018 年以来，比特币暴涨暴跌，令无数吃瓜群众慨叹的同时，也令币圈人重新审视自我。那么，如今的币圈是怎样的状况呢？

1. ICO 浪潮退去

作为币圈的资金募集方式——ICO，经历了三个发展阶段。第一阶段是在 2011 年至 2017 年初，这一阶段 ICO 这一融资模式在探索中逐步完善，并且催生出以太坊、小蚁股等优质的区块链项目；第二阶段是在 2017 年 6 月至 2017 年末，这一阶段受到 ICO 造富效应的影响，各路人马跑步进行，滥发 ICO，项目鱼龙混杂，良莠不齐，估值高企，形成巨大的泡沫；第三阶段是进入 2018 年后，经历了 2017 年下半年的阵痛，区块链行业对 ICO 乱象做出了反思，并且提出了可控 ICO 的理念，希望通过技术手段根治 ICO 资金被滥用的行业乱象。

2019 年，依托于数字资产交易所担保发行的 IEO（首次交易所代币发行）项目大行其道，然而由于 IEO 项目缺乏实体支撑，加之过度中心化的发行方式使得 IEO 同样变成了机构资金收割散户的"割韭菜"盛宴。截至 2020 年，ICO 浪潮已经彻底退去，反倒是依托于实体资产的 STO（首次证券通证化发行）日益成为实体经济与区块链世界的强力纽带。

扩展阅读：ICO 的发展历程

（1）ICO 发展的第一阶段

以 2016 年 8 月 NEO 的二期 ICO 成功为标志性事件，链圈企业迎来了 2017 年爆发的 ICO 浪潮，特别 ERC20 标准的应用降低了发币门槛，让链圈再次回归拥抱币圈。作为第一批尝鲜 ICO 的项目，现在看来它们市值都在 50 亿人民币以上，代币都至少升值 20 倍以上。这些项目具有较高的投资价值，是链圈的代表。

正在研究项目的 ICO 投资者们，如图 5-3 所示。

（2）ICO 发展的第二阶段

进入 2017 年 6 月份，国内一批投机分子的空气币（空气币泛指那些无团队、无公司、无应用场景的三无 Token）开始进入市场。这些公司的典型特征是，团队背景看着比较华丽，但是没有任何过往历史成绩，主要靠包装一个项目白皮书来忽悠外行参与众筹投资。这些泡沫浓厚的空气币也是监管治理的重点。

2017 年 9 月 4 日，央行等七部委将 ICO 定性为非法集资并做出清退要求后，大部分违规项目做了退币处理。

图 5-3　正在研究项目的 ICO 投资者们

虽然，国内已经明令禁止了加密数字货币的交易行为和ICO等加密数字货币的发行行为，但强大的赚钱效应使得代币发行热潮重回人们的视线。先是迅雷在10月份推出了玩客币，接着人人网发布了区块链项目人人坊和代币RRcoin、柯达推出柯达币……多家企业入局区块链发代币，这使得代币发行这一现象再一次席卷重来。

2018年春节前后，ICO在海外迅猛复苏，ICO的形式和方法明显有了新的变化，交易从线上公开平台转移到线下和非公开平台。之前的ICO主要通过ICO.info等代投平台进行，项目方给平台部分额度，个人可以直接参与。现在国内平台均已关闭，国外大部分平台明确表示不接受来自中国的IP参与，且通过海外平台参与需要一整套国外证件，流程复杂，将大部分国人挡在门外。

其次，从交易额度来看，私募比例扩大。原来公募占80%份额，私募占20%，现在情况颠倒了过来。

（3）可控ICO——DAICO

曾经为区块链行业发展做出重大贡献的ICO最大的缺陷在于，项目方募集资金之后，仅仅靠项目方的自我约束，并无监管，这显然存在巨大风险；另外一方面，ICO目前处于监管的灰色地带，投资者对项目方普遍缺乏约束力，甚至很难得到法律的保护。

最近，一种新型融资方式DAICO出现了，这个概念由以太坊创始人V神于2018年1月提出，旨在最大限度地降低风险并提高问责制。DAICO是DAO和ICO的结合体，即Decentralized Autonomous ICO，去中心化的自治ICO。

在DAICO这种ICO环境中，想募集资金的项目方首先会发布一个DAICO智能合约，它首先以贡献模式（Contribution Mode）开始，并指定了一种机制，任何人都可以向这个合约投以太币（ETH）或者其他加密数字货币，投资者自动获得项目方发行的代币。一旦贡献阶段结束，就停止接受投入，初始发行的代币数量也确定了，然后代币就可以开始交易。

项目方完成了资金（以以太币或者其他加密数字货币的形式存在，亦可为各类法币）的募集，但项目方并不完全拥有资金的自由支取权利，这是由 DAICO 智能合约事先约定好的。

DAICO 设定了两种机制：一方面，根据项目方对项目的推进情况，代币持有者进行投票，从而决定项目方可以定期支取募集资金的比例或数量。另外一方面，代币持有者发现项目方涉嫌欺诈或者项目开发极不理想，那么代币持有者可以投票，从而使得智能合约自动终止合同，剩余的资金将按照持有代币的比例原路返还给投资者。

任何 ICO 都需要面临团队不负责任或者项目本身就是骗钱的风险。然而，在 DAICO 中，这些风险被大大地降低了。原因在于 DAICO 设定的机制让投资方可以掌控募集资金的具体用途。项目发起方必须定期公布项目的进展并得到投资人的认可，从而证明项目在朝着预期的方向发展，进而促使投资人投票决定项目方可以不断地从资金募集池中提取资金。在最坏的情况下，投资人可以通过投票自动终止合同，收回投出的资金，从而降低风险。

（4）STO

STO（Security Token Offering）即"证券化通证发行"，通过证券化的 Token 对外进行融资。其目标是在合法的监管框架下，进行合法、合规的、并且具有传统证券性质的 Token 公开发行。证券型 Token 持有者所享有传统证券性质的权益，如股权债权、收益权、投票权等。

STO 本质上和 IPO（首次公开募股）、ICO（首次代币发行）并无区别，它们的作用都是用来募集资金，甚至有人戏称 STO 是合法化的 ICO，是更灵活的 IPO。

相比起 ICO，STO 更是一种升级，由于 STO 发行的代币是实际的金融证券，因此投资者的公司资产、利润或收入等有形资产均可作为 STO 代币的依托。能利用有形资产支持 STO 的运作可不是一件小事。在某些情况下，这些 STO 代币可以代表实际股权，充当公司的"数字股份"。

STO 与 ICO 最大的区别在于监管，ICO 基本没有法律监管，STO 强调法律监管和监督。STO 的发行需要加强监管和监督，意味着投资者拥有更多的保护和权力，也增加了 STO 项目的透明度。更重要的是，这些 STO 代币的性质意味着它们在法律和监管方面的处理方式截然不同。因为它们从实际证券中获取价值，所以 STO 可被视为投资。这也为几乎所有领域的公司和项目打开了新的大门。

相比 IPO 的高门槛，STO 降低了用户的准入门槛，任何人、任何资产都能参与其中。这意味着规模较小的、刚起步的公司可以快速筹集资金而无须支付高额融资费用，大大提升了项目的灵活度。

STO 像是一种介于 IPO 和 ICO 中间的筹款工具，它融合了两者的优点，为投资者规避了大量风险，既具有证券的属性，也利用区块链技术实现了更高效的运行。

目前美国、新加坡、欧盟等国家和地区对 STO 的监管要求不尽相同，有着各自的标准。而在我国，对于 STO 这一新事物并没有相关的监管政策。STO 本质上是一种融资工具，在我国未经批准的公开融资行为都属于违法行为。STO 仍适用 2017 年 9 月 4 日七部委发布的《关于防范代币发行融资风险的公告》的监管范畴：代币发行融资是一种未经批准非法公开融资的行为。所以目前在国内发行 STO 是不被允许的。

2. 数字货币交易所现状

数字货币交易所是对加密数字货币提供交易流通和价格确定的场所，是加密数字货币产业链中盈利能力最强的环节之一，也是最具话语权的环节。币圈的活力，加密数字货币或者说各类数字资产巨大的体量，都在数字货币交易所中得到了集中体现。

从 2010 年世界上第一个数字资产交易所出现，到 2017 年 6 月，全球已有 4000 多家交易所。此后交易所数量增长呈爆发之势：半年内数量翻了近一倍,达到7700家;截至2020年1月初,全球数字资产交易所已经超过了3万余家,甚至比加密数字货币的种类还多。

数字货币交易所的发展态势明显呈现出以下几个阶段。

第一阶段:2017年9月4号之前,国内OKCoin、火币和比特币中国三家交易所独大,聚币、云币、比特儿等交易所紧随其后。

第二阶段:2017年9月4号之后,币安把握时机,极其坚决地转向海外币币交易市场,迅速超越OKCoin、火币和比特币中国成为全球第一大交易所。

第三阶段:为了应对激烈的竞争,平台币和分层迅速成为交易所运营的新手段,代表性的事件是Hadax的推出。火币推出的Hadax代表着交易所的竞争由主板的竞争转向了新三板和创业板的竞争,以后除了所有交易所都争抢的热门币种,小币种只能先上一些中小型的交易所或者大交易所的创业板,等到项目交易量、用户规模和影响力成长起来之后再转到主板。

第四阶段:交易所的服务细分将会是2019年的一个趋势,交易所不再什么都做,而是专注于实时的、动态的流量获取和自身运营。同时交易所的运营已经从单纯的线上开始转到线下,韩国、日本的交易所已经在积极接入线下商户的加密数字货币小微支付,构建线下流量和生态体系,这将成为未来一段时间交易所抢夺的一个重要用户场景。

第五阶段:未来交易所将是全球化和分布式的交易所。目前来看,火币网的全球化生态布局较为领先。而大部分的头部交易所都在朝去中心化、分布式的交易所这个方向努力。

截至2020年1月,全球数字资产品种已达十几万种,全球加密数字货币市场单日总交易额约为2000亿元人民币,约为2018年年初巅峰期的1/3。全球加密数字货币市场在经历了一轮超级大牛市和长达两年的熊市之后,逐渐回归到2017年的水平。

加密数字货币产业链环节包括加密数字货币项目、交易所、钱包、媒体服务、矿场、支付等环节。交易所是其中盈利能力最强的环节之一，也是最有话语权的环节，因为他们掌握着加密数字货币项目上市交易的渠道。

经测算，币安（Binance）和Upbit等大型交易所单日交易手续费收入超过300万美元，年交易手续费收入有望超过10亿美元。单日手续费超过100万美元的还有Huobi、Bittrex、Bithumb和OKEx，交易所的盈利能力十分惊人。

区块链技术的一个特性是去中心化的，但目前，数字货币交易所绝大多数却是中心化的。中心化交易所除了监管困难，大量的黑客攻击事件已经证明，它们的网络安全也成问题。据统计，仅2017年就发生了数十起影响重大的黑客攻击事件，损失金额在5亿美元左右。

那么什么是中心化的交易所？

中心化交易所是能让用户通过传统法币或主流加密数字货币进行交易的平台，是重要的流量入口，在币圈生态中扮演着重要的角色。这也是为何各个项目方挤破脑袋，想将自己的项目上线到大型交易所的原因。

中心化交易所凭借自身信用为用户担保。这种运作方式意味着，交易所是巨量用户资产的保管者，其服务器上存储着数以亿计的交易数据，这对黑客极具吸引力，所以中心化交易所有着资产被盗的安全隐患。之前的门头沟事件、币安事件都是黑客攻击交易所的典型案例。此外，中心化交易所的另一大问题是交易的不透明，而且在买卖单高峰期，高延迟现象已经成为常态。

那么有没有比中心化交易所更好的选择？答案就是遵循区块链精神的去中心化交易所。

去中心化交易所的典型特点就是用户在区块链上的账户公钥（即身份），无须再向交易所注册个人信息，故而不存在个人信息安全问题。另一方面，用户的资产托管于智能合约，一旦资金被纳入智能合约，那么只有拥有账户私钥的人才能接触该资金，只要用户保管好私钥而不被恶意第三方知晓，就能保证资金安全。当资金发生转移时，智能合约根据指令自动操作,无须人工审批。

去中心化交易的核心优势之一是避免任何资产被托管,你对自己的资产拥有绝对的所有和控制权,因此资产被盗的可能极低(除非自己泄露的私钥)。

简单来讲,去中心化交易所对用户来说最大的优点是安全和公平,交易费用也低。它通过在区块链上直接构建 P2P 的交易市场,让用户自己保护私钥和账户资金,从而解决中心化交易所带来的弊端。目前去中心化交易所的成功典范较少,比较知名的有 Bitshares——去中心化交易所中比较成熟的一个;CYBEX——Bitshares 的改革者;EtherDelta——老牌去中心化交易所,完全的 on-chain 交易;AirSwap——最个性化去中心化交易所。

扩展阅读:"门头沟"事件

(1)Mt.Gox 的起源

Mt.Gox 由美国程序员 Jed McCaleb(后来创建了 Ripple)于 2010 年创建,是一个著名的比特币交易所,国内区块链圈子因其中文译音戏称其为"门头沟"——北京市的一个地名。在 2011 年 3 月份,一位来自法国的开发者及比特币爱好者 Mark Karpelè 从 Jed McCaleb 手上买下了这个交易所。Mt.Gox 由"Magic The Gathering Online eXchange"这几个单词的首字母组成,意思是"神奇的在线交易平台"。一度全球 70% 的比特币交易都由 Mt.Gox 处理。

(2)第一次黑客攻击

Mt.Gox 在 2011 年就受到了黑客攻击,此事是整个币圈众所周知的事情,但是到 2014 年 Mt.Gox 仍有很大的影响力。2011 年的黑客事件的起因可能是该公司一个审计师的电脑最先受到了黑客的攻击,黑客利用交易所访问权限人为地将比特币的票面价值篡改为 1 美分/枚,之后又从该交易所的用户账户中转移了两千个左右的比特币。

不过，尽管 Mt.Gox 在 2011 年受到了黑客攻击，但是该交易所仍然迅速扩张，到 2013 年，已成为世界上最大的比特币交易所，交易量占全球比特币交易总量的 80%。

(3)"门头沟"事件

导致 Mt.Gox 崩塌的黑客攻击事件——"门头沟"事件，至今仍笼罩在一片神秘之中。

2014 年 2 月 7 日：Mt.Gox 暂停了所有比特币提币服务。该交易所在给出的声明中写道："系统出现了漏洞，不解决这个漏洞的话，交易细节有可能会被篡改，比如，在没有比特币转账的情况下，系统中可能会显示用户将比特币转入了电子钱包。"

2014 年 2 月 17 日：Mt.Gox 的公告中称："为解决该安全问题，公司采取了一系列措施，不过所有提币服务仍被暂停。"

2014 年 2 月 23 日：Mark Karpelè 辞去了比特币基金会董事会成员职务。同一天，Mt.Gox 删除了其 Twitter 账户上所有的帖子。

2014 年 2 月 24 日：Mt.Gox 暂停了所有交易活动，之后该交易所完全下线。有内部文件泄露称，该公司被黑客盗取了 744408 枚比特币，已经资不抵债。此次黑客事件其实预谋已久，但是该交易所多年来却毫无察觉。

2014 年 2 月 25 日：Mt.Gox 在官网上称，"决定暂时关闭所有交易"，也提及了最近的新闻报道以及此次事件的重大影响。

2014 年 2 月 28 日：Mt.Gox 在东京申请破产保护，之后的 3 月 9 日又在美国申请了破产保护。Mt.Gox 破产，成千上万的用户拿不回投资资金，既感到愤怒又感到束手无策比特币市场也因此发生了剧烈震荡，2014 年 2 月到 3 月底，比特币价格跌幅达 36%。这一数字货币交易所因为黑客攻击而破产倒闭的事件史称"门头沟"事件。

(4)事件后续发展

"门头沟"事件不仅让 Mt.Gox 及其用户深受其害，Karpelè——Mt.Gox 的 CEO 也深受影响，其在加密数字货币市场中的声誉也逐渐丧失。

Karpelè 在 2015 年年初被控进行欺诈和挪用公款。这些指控与"门头沟"事件没有直接关系。其在 2015 年 8 月再次被日本警方拘捕，一直到 2016 年 7 月，才被保释出狱。

Karpelè 曾在 2017 年 11 月提议通过 ICO 筹集 2.45 亿美元的资金以重建 Mt. Gox 交易所。

此外，专家们认为，由于 Mt. Gox 的破产委托人 Nobuaki Kobayashi 在 2018 年 2 月抛售了价值 4 亿美元的比特币，导致比特币价格跌至 6000 美元。Nobuaki Kobayashi 已出售了 35000 多个比特币及 3.4 万个比特币现金对债权人进行赔偿。

3．数字货币钱包发展迅猛

随着公链等基础设施的逐步成熟，会有越来越多的区块链游戏、金融、社交、出行、物联网等应用释放出来。所有这些 DAPP 都会有自己的 Token，很多用户可能不再单纯是为了资产的增值，更是为了使用这些应用。比如类似于加密猫的养成游戏，虚拟现实的游戏，德州游戏等棋牌休闲游戏，很多用户可能会经营自己的游戏，在游戏中消耗 Token。

钱包作为基础的 Token 管理平台，甚至是用户的身份管理工具。比如，当用户要玩加密猫游戏的时候，可以打开钱包，进入 DAPP，开始游戏，也可以通过钱包下载 DAPP 应用到本地后，直接使用。

随着代币种类的增加，整个区块链生态系统的完善，钱包不再单纯是存储代币、发送代币、参与众筹的工具，而是会从跟交易所、众筹项目打交道为主，逐步转向代币实现自身应用用途为主。

目前公链越来越多，协议和应用越来越多，Token 也越来越多，中心化交易所、去中心化交易所、量化交易等都在发展，这里就存在很多理财和资产管理的机会。比如当用户有了一些代币之后，有的是长期的价值投资者，比如有的用户会长期持有比特币、以太币或者 EOS 币，一些长期价值投资的用户，把代币存入钱包，是可以进行理财的。比如 Salt、Ethlend 等应用已经落地，可以基于用户抵押进行借贷，一些长期持有代币的用户，可以把自己的代币进行借贷，也可以抵押自己的代币进行借贷，这里存在大量的获益机会。当然这也是跟数字资产整体发展相关，只有当数字资产被更多的人所接受，依托于数字资产的投融资规模日益扩大，数字资产稳定的保值增值才可以成为可能。

钱包由于沉淀了很多用户的数字资产，当用户需要进行交易时，比较麻烦的一点就是需要转到交易所进行交易，这会受到各种因素影响，比如交易延迟，难以成交，价格波动等等。如果用户之间通过各自钱包就可直接交易，比如用户输入自己的理想价格就可以实现快速的撮合交易，也是一个很好的钱包的应用场景。

此外，随着众多 DAPP 的出现，用户需要有一个地方去发现和下载。而所有的 DAPP 都有钱包，都有 Token，钱包可以作为身份 ID，这个时候，钱包就会成为一个必备的基础工具。通过钱包的管理，自然就跟 DAPP 有紧密的连接，当用户发展到一定的程度，钱包就成为 DAPP 分发渠道，钱包将成为一个巨大的流量入口。

截至 2020 年初，全球数字货币钱包已经超过 6800 万个，全球数字货币用户 1.5 亿人，中国占据五分之一，达到 3000 万左右。

5.2.3 币圈人物

币圈人物可谓五湖四海走到一起来，各行各业人物都有，主要分为两类：一类是纯粹的草根，他们并非时代的主流力量，而是一批游离在主流视野之外的普通人，另一类是传统互联网行业的佼佼者，他们不甘心在 BAT 统治的版图中苟活，他们都看好区块链技术的前景，在他们眼中，加密数字货币正是风起于青萍之末时，格局未定，他们充分抓住了加密数字货币这一新生事物的发展机遇，成就了各自的创富传奇，为人所津津乐道。需要说明的是，币圈人物争议颇多，本章就为大家介绍一二，浅尝辄止。

1. 比特币中国——杨林科

比特币中国（BTCC），是中国第一家、也曾经是中国最大的比特币交易平台，由上海萨图西网络有限公司运营，成立于2011年6月9日。其团队成员主要来自中国、美国硅谷和欧洲。2014年3月12日，比特币中国正式上线莱特币交易，莱特币累计交易额超过3000万元人民币。2017年9月30日，比特币中国停止所有交易业务。2018年1月29日，比特币中国官方发布消息，称BTCC正式宣布被中国香港区块链投资基金收购。2019年2月，BTCC（比特币中国）集团旗下的合约交易平台BTCC Global正式上线。可以说比特币中国的发展历程较为详尽地呈现了中国数字资产交易领域区块链企业的发展历程。而杨林科作为比特币中国的创始人，更是在我国币圈中具有相当高的知名度。

杨林科（如图5-4所示），1985年出生，温州人，没有读过大学，在汽车配件厂打过工，当过兵，退伍后北漂做生意。

图5-4　杨林科

2011年，杨林科26岁，已经做过蒸房、酒店等传统的生意。5月的一天，杨林科打开电脑，映入眼帘的是朋友黄啸宇的QQ签名："想玩比特币的找我。""什么是比特币？"这激发了杨林科的思绪，比特币能赚钱吗？能够产生利润吗？能够是一门生意吗？

黄啸宇是一位技术宅。2011年开始接触到了比特币，并且打算从比特币的交易中赚钱，为此建立了一个专门用于比特币买卖的网站。当时，国外已经有了一家名叫 Mt.Gox 的比特币交易平台，占据了全球90%的比特币交易量，就是靠手续费赚钱。而当时的中国市场，比特币还停留在用电脑挖矿，并在淘宝上寻找买家的阶段。

杨林科感觉比特币会是一个商机，他拉上黄啸宇，投入了几万块钱，搭建出一个交易平台，取名为"比特币中国"。

很快，比特币的买卖就有了，虽然有时候一笔交易额只有几十块，利润微乎其微，但是实际需求是有的。开始两年，杨林科既是老板又是客服，交易量也不多，比特币中国也一直亏损。以至于杨林科一度想关闭了比特币中国，但黄啸宇劝说他坚持下去。

2013年4月1日，比特币价格首次突破了100美元。与2011年最早期0.03美元的价格相比，比特币实现了3000多倍的增长奇迹。比特币中国也实现了盈亏平衡，一度占据了国内比特币交易量的80%。

2013年12月，比特币价格一路暴涨到8000元/个，越来越多的人蜂拥进入比特币市场，比特币交易所得到了资本市场的青睐，这一年比特币中国从光速资本融资了500万美元，运营总部由北京搬迁到上海。

随着比特币中国的发展，越来越多的人都看上了这块"大蛋糕"，一个晚上就有几十家交易平台诞生。当年9月，火币网横空出世，最开始打起充值、提现、交易完全免除手续费的旗号；OKCoin 则是凭借最早支持莱特币的优势迅速占领市场，在当年年底竟完成了千万元级别的 A 轮融资，成为国内最大的数字货币交易所，比特币中国很多用户都被抢走了。

比特币的价格不仅是投资者关心的，也关乎数字货币交易所的生死存亡。2013年12月5日，中国人民银行等五部委联合发文否定了比特币的货币属性，并要求国内第三方支付机构不得支持比特币交易平台的转账和提现，比特币价格应声大跌。

紧接着2014年3月的一天，全球最大的比特币交易平台 Mt.Gox 被盗，丢失85万个比特币，史称"门头沟"事件，比特币的价格更是雪上加霜。此后，比特币进入熊市。

2014年年底，杨林科选择离开比特币中国，但继续持有比特币中国的股份。

2017年7月以前，比特币中国、火币网、OKCoin是中国最为知名的三大数字货币交易所。

2015年年底，以以太坊等为代表的底层技术区块链智能合约的二代项目开始崛起，筹币、上链、发币，成为造富捷径，随着ICO的持续火爆，出现了币众筹、云币网等一大批交易所。不过，ICO的持续火爆，促使大量的"空气币"的诞生，骗局横行最终引起监管层的关注。2017年9月，中国人民银行等七部委发布《防范代币发行融资风险的公告》，禁止ICO的同时，将为虚拟货币提供交易、兑换、定价、信息中介等服务也列为禁止项。紧接着，国内数字货币交易平台陆续被"约谈"。

随后，比特币中国率先发出停止交易的公告，OKCoin、火币等交易平台也发出公告，称将立即停止人民币充值业务，陆续关闭交易平台。

2018年1月29日，BTCC在海外注册，股权100%转让给中国香港一家投资基金，杨林科套现清仓，33岁的他彻底实现了财富自由。

2018年5月，杨林科成立乐东资本，专注于区块链领域风险投资及产业孵化。从乐东资本成立到2019年1月，其公开投资了6家公司，涉及多个领域，包括区块链交易、区块链社交、区块链广告、区块链媒体和数字货币交易所ZG.com。

由此可见，通过比特币实现创富传奇的杨林科并未远离，仍然活跃在区块链圈子，继续着他的故事。

2. BitMEX——亚瑟·海耶斯（Arthur Hayes）

BitMEX成立于2014年，是一家专注于期货交易的数字资产交易所，支持做多做空双向交易，杠杆最高可达100倍。BitMEX于2017

年下半年崛起为全球数字资产交易所交易量第一的交易所，并长期占据这一位置，其日交易量达到数十亿美元。

在这些巨额交易量的背后，成全了一个年仅 32 岁的亿万富翁——BitMEX 的创始人亚瑟·海耶斯（Arthur Hayes）。

亚瑟·海耶斯和他的伙伴们，通过 BitMEX 成全了自己的财富梦想，成为加密数字货币领域的"杠杆之王"。

作为美国典型的怀揣创富梦想的热血青年，亚瑟·海耶斯从小便有华尔街投行梦。出于对华尔街的向往，他选择金融行业作为人生前进的方向，并顺利被全球排名第一的商学院宾夕法尼亚大学沃顿商学院录取。

2006 年，亚瑟在上大学一年级时曾经到中国香港进行短暂地学习与交流，繁华的东方之珠让他流连忘返。于是第二年他便向香港的 12 家银行申请了暑期实习，最后去了德意志银行。

伴随着 2007 年全球牛市的到来，亚瑟见证了金融领域的一派繁荣景象，感觉自己站到了时代风口上，他对自己的现状很满意。

2008 年 6 月，22 岁的亚瑟顺利从沃顿商学院毕业，随即前往伦敦参加德意志银行的管理培训生计划。

2008 年 9 月，亚瑟正式成为了德意志银行香港办公室的一名全职员工，在中环的办公室里，他踌躇满志，对未来充满信心。谁也不会预料到，一周之后的 2008 年 9 月 15 日，有着 158 年历史的美国第四大投行雷曼兄弟申请破产，美国次贷危机爆发，引发全球金融海啸。当亚瑟看到这消息时，惊讶得说不出话来，他知道，银行业的好日子到头了，他的好日子还没开始就已经结束了。

事实的确如此，随后几年，德意志银行大幅削减奖金，并多次重组其全球交易业务，以此来控制风险。亚瑟的收入锐减，更可怕的是一轮又一轮的裁员潮袭来，所以亚瑟当时只有一个目标：活下去。

2013 年初，亚瑟跳槽到了花旗银行，但是他最担心的事情还是发生了，5 个月后，在花旗银行的裁员潮中，他被裁掉。但是此时的他却没有为此惊慌不安，因为就在一个月以前，他通过网络上的一篇文章认识了比特币——新的机遇正在向他召唤。

比特币，这个完全有别于传统金融产品的新事物彻底吸引了他。离开花旗银行后，亚瑟全身心投入比特币交易中，他通过俄罗斯公司 ICBIT 分别在现货市场以及期货市场交易比特币。

然而，2013 年的秋天，亚瑟因为某个市场事件而尝到了一个惨痛教训，那就是他无法从 Mt.Gox 提取现金。Mt.Gox 是一家位于日本的比特币交易平台，2014 年 2 月，在 85 万个比特币被盗后，Mt.Gox 无力偿还宣布破产，这就是本书中多次提到的"门头沟"事件。

在"炒币"的过程中，亚瑟发现了一条致富之路：比特币在不同交易所之间的价格差距很大，存在套利空间，比如，中国内地交易所的比特币价格比位于中国香港的 Bitfinex 高 20%！

于是亚瑟开始乐此不疲地在 Bitfinex 上购买比特币，然后在中国内地的交易所进行售卖赚取差价。然而根据我国法律，亚瑟可以将其卖币的钱存入内地的银行账户，但他无法将那些钱汇到香港。于是，他开始了"人肉搬砖"的旅程——从香港乘坐巴士到深圳的银行，取出所允许的最高提现额 2 万元，然后将现金带回香港。就这样，通过一次次的"人肉搬砖"套利，亚瑟积攒下了人生的第一桶金。

亚瑟从未丧失过他的人生目标——赚钱，赚更多的钱，几千万美金，甚至是几亿美金。搬砖套利并不能实现他的人生目标，股票衍生品交易员出身的亚瑟清晰地意识到，交易衍生品比交易现货更加有利可图，衍生品不仅可以应用数十倍的杠杆，还可以在任何方向上进行巨额投注，对于比特币交易也是一样的。于是亚瑟有了一个大胆的想法：为所有比特币交易者提供一个高达 100 倍杠杆的比特币期货合约交易平台，这就是后来的 BitMEX。

2014 年 1 月，不再满足于搬砖套利的亚瑟找到了两个创业合伙人：毕业于牛津大学的计算机科学家本·戴罗（Ben Delo），他曾为摩根大通开发高频交易系统；以及来自美国的资深程序员山姆·里德

（Samuel Reed），山姆曾经担任过两家技术公司的首席技术官。

三人进行了合理分工，精通金融衍生品的亚瑟担任首席执行官；熟悉高频交易系统的戴罗任首席策略官；有着十几年程序开发经验的山姆担任首席技术官，BitMEX创业铁三角正式形成。

BitMEX被打造成了一个纯期货合约平台，撮合期货合约的买家和卖家，并收取结算费用。这样，无论加密数字货币走势如何，BitMEX都能保证自己赚钱。若是比特币，则平台收取0.05%的结算费用，莱特币等其他流动性较低的币种，平台则收取0.25%的结算费用，BitMEX上的所有交易都以比特币结算，不转换为任何法定货币。

同时，亚瑟与戴罗一个天才般的设计，让BitMEX从比特币期货合约交易平台中脱颖而出，那就是永续掉期合约（Perpetual Swap），即XBT-USD永续合约。与一般定期合约不同，一般定期合约最终会到期并触发标的资产的交割，而这些永续合约永不终止。它追踪与比特币的美元价格指数，投资者可以在不中断的情况下，长时间做多或做空比特币。

提供最高100倍的杠杆的BitMEX成为全世界所有比特币合约玩家的投资天堂，根据其官网数据显示，其日成交量高达17亿美元，30日成交量约900亿美元，冠绝全球。

谁也不知道亚瑟通过BitMEX究竟赚了多少钱，但是可以肯定的是，BitMEX这台24小时不间断运转的造富机器改变了无数人的生活，成就了三位创始人财富自由的道路。

据英国媒体报道，BitMEX联合创始人之一的本·戴罗成为英国第一位比特币亿万富翁和英国最年轻的白手起家的亿万富翁。

在2018年，BitMEX的动作并不多，基本上都是对期货交易相关功能的修补与完善，2018年上半年，BitMEX同时新上线了ADA、EOS、TRX三个币种，此后再无新增；2018年11月，BitMEX设立风险投资部门BitMEX Ventures，专门投资加密货币初创项目；2018年12月，BitMEX通过其实体HDR联合香港上市公司麦迪森收购了日本日牌交易所BITOCEAN，为进军日本市场铺垫；此外，BitMEX的研究部门在2018年频频出台各类研究报告并发声，并且产生了较为广泛的影响力。

总的来看，BitMEX在2018年之后主要还是围绕着期货交易业务开展工作，相比其他主流交易所更加专注与低调，并有效巩固了其市场地位。

5.2.4 币圈名企

在币圈中有一系列知名企业在行业深度耕耘，其中有两家企业不可不提，其中一家是从广东省中山市发展起来的中国比特币（中币网），另一家是获得了美国纽约金融服务部门牌照的Coinbase。

1. 中币网——行业的深度耕耘者

在跌宕起伏的币圈，每天都充满着新鲜的事物，比特币的丰厚利润，ICO的造富神话让各个行业的人蜂拥而至。币圈的发展一日千里，纵观整个币圈的发展，有些人来了，有些人离开了。但有一个交易所坚守了4年，走过了这些年的风风雨雨，砥砺前进，坚守初心，它的名字是中国比特币（CHBTC.com），币圈称中币网，一个低调但不可忽视的存在。

中币网的故事从2012年开始。

（1）起步阶段

北京的车库咖啡是比特币爱好者的聚会圣地，早期的技术极客、比特币爱好者都来到这里交流思想，分享心得。2012年，作为技术极客的花松秀偶然了解到比特币，在对比特币和其背后的区块链技术做一番了解后，认识到比特币是一个很有趣的事物，一项很伟大的创新，他意识到这种加密数字货币有巨大的潜力，于是，他果断放弃手上数个正在开发的项目，投身到比特币行业中来。

2013年，在广东省中山市的一个小办公室中，花松秀和其他两个合伙人搭建了中国比特币网站，启用了 CHBTC.com 域名，也就是我们熟悉的 CHBTC，币圈称中币网。2013 年 8 月 1 日，CHBTC.com 开始了第一笔比特币交易，当时恰逢比特币价格的上升期，中币网的比特币交易量也极速上升，同时，中币网团队也在慢慢壮大。

当所有人都沉浸在比特币暴涨的喜悦时，2013 年 12 月，五部委的一纸文件（《关于防范比特币风险的通知》）直接让比特币从云端跌到了地板，比特币价格从 1134 美元/个高位下跌到 382 美元/个。在后来的 2014 年和 2015 年，比特币经历了漫长的熊市。

而在 2014 年之后长达 3 年之久的加密数字货币行业大调整中，中币网全面布局全产业链相关业务，涵盖比特币银行、理财、行情、兑换、矿机生产、矿池和钱包等服务。

（2）快速崛起

2015 年，中币网全产业链布局越来越大，花松秀于是找来李大伟来担任 CEO，全面管理公司的业务。在李大伟的带领下，中币网率先支持以太币、EOS 和瑞波币等优质币种。在上线以太币的成功尝试之后，中币网在选择上线币种方面也更加大胆，先后上线了众多加密数字货币币种，中币网的用户量每天都在刷新，其交易量在国内数一数二，在币圈中享有很高口碑。

（3）转战海外

2017 年 9 月 4 日，中国人民银行等七部委发布《关于防范代币发行融资风险的公告》，明确代币发行融资行为（即 ICO）本质上是一种未经批准非法公开融资的行为，开始大力整治 ICO 乱象。9 月 30 日，中币网关停全部交易，保留提现业务。

在中币网关闭之后，几位创始人转战海外，成立了一个新的、更合规的平台 ZB（中币网海外版），继续为投资者提供安全可信赖的优质服务。

尽管中币网国内业务已经关停，但中币网的初衷：成为所有投资者和区块链技术的桥梁，让更多的人参与到区块链的变革中，仍然具有现实意义。据悉，目前 ZB 在海外积极并购具备核心技术的优秀创业公司，其范围涉及人工智能、无人驾驶、区块链技术等行业。

2. Coinbase——美国数字货币巨擘

Coinbase 于 2011 年 7 月成立，创始人是前 Airbnb 工程师 Brian Armstrong，Coinbase 是美国第一家持有正规牌照的比特币交易所（2015 年 1 月 27 日正式开张）。Coinbase 于 2017 年 1 月 17 日获得了纽约金融服务部门（NYDFS）牌照申请，其在美国纽约州的经营获得了官方认证。

Coinbase 是美国最受欢迎的数字货币交易平台，其口碑好，运营稳健，早早就获得众多投资机构认可，在过去几年的发展中，不仅自身成长迅速，更是让早期的投资机构和投资人实现了从"传统互联网 VC"到"区块链投资新贵"的华丽转身。

Coinbase 目前在全球 30 多个国家经营有业务，包括四大主要业务线：交易代理业务 Coinbase、全球数字资产交易平台 GDAX、针对机构投资者的数字资产监管服务，还有最新的移动应用 Toshi，其中包括浏览去中心化应用、以太坊钱包和身份信誉管理系统等功能。

在公司网站的介绍中，Coinbase 对自己的定位是：一个数字货币钱包和数字货币交易平台，让商家和消费者在他们的平台上进行数字货币交易。

Coinbase 网站主页的标语曾经是欢迎用户来到"货币的未来"，如今已经改成了鼓励用户"买卖数字货币"。明确定位对 Coinbase 这样的交易代理商来说意义重大，毕竟，Coinbase 的收入是靠每一笔交易抽取的佣金而获得，鼓励用户交易和投资，自然是其生存之本。

从 2017 年 Coinbase 用户数量的激增上，也能看出其鼓励投资者交易的宣传决策是正确的。统计显示，Coinbase 2017 年 11 月的日均新增用户高达 10 万人。截至 2020 年 1 月，Coinbase 的客户已超过 4000 万人，交易总额超过 1000 亿美元，随着用户的增多，交易额也将有机会继续上涨。

安全性一直是 Coinbase 所强调的重中之重，除了严格防范黑客之外，Coinbase 还有一个安全法宝就是把大部分加密资产以线下形式存放，线上存储的资产则有伦敦劳埃德保险公司保驾护航。当然，客户仍然要负责保管好自己的密码和登录信息。

Coinbase 承诺遵循的还有 KYC（Know Your Customer）政策和反洗钱政策，对投资者执行严格的身份认证程序，追踪监控数字资产的交易往来。

当然，Coinbase 的雄心又远远不止一个交易平台。这家资金丰厚的公司刚刚推出了自己的风险投资业务，打算投资区块链领域的初创公司，Coinbase 还在 2018 年 3 月 6 日宣布推出以自己名字命名的首只加密数字货币领域指数基金，进军资产管理行业。

在此之前，Coinbase 大展全球扩张的蓝图，在英国获得电子货币牌照，同时得到了英国巴克莱银行的支持，可以让英国的客户顺利实现账号资金存取服务，建立了扩张欧洲业务的基石。

2018 年 4 月 16 日，Coinbase 宣布收购 Earn。做为此收购交易的一部分，Earn 公司的创始人兼首席执行官将加入 Coinbase 并担任首席技术官。

2018 年 5 月和 6 月，Coinbase 收购了 Paradex（一家基于 0x 协议的分散式交易所）和 Keystone Capital（一家经纪公司），以便能够完全按照 SEC 的要求提供经纪服务。出于同样的目的，Coinbase 还收购了 Venovate Marketplace 和 Digital Wealth 两家公司。

Coinbase 最近一次的收购是将 BlockSpring 数据管理平台纳入麾下，该平台于 2019 年 1 月加入了 CoinBase。

2019 年 10 月，Coinbase 首席执行官 Brian Armstrong 在接受采访时表示，Coinbase 在过去三年中实现了盈利，并且赚取了比其筹集的风险投资更多的运营利润。根据 CrunchBase 的数据，Coinbase 在九轮融资中约筹资 5.5 亿美元，该公司目前的估值为 80 亿美元。

目前 Coinbase 的年收入和用户增长趋势都预示着其市场价值还会继续攀升。与此同时，Coinbase 也还在增加更多的数字资产交易类别。

5.3 矿圈

简而言之，"矿圈"指的是一批专注于加密数字货币挖矿（通过为区块链网络提供计算能力从而获取加密数字货币的手段）的组织和个人。

5.3.1 什么是矿圈

1. 挖矿的由来

大多数人接触加密数字货币挖矿是从比特币开始的，目前矿圈也还是以比特币挖矿为主，虽然莱特币、比原链、EOS 等知名币种的挖矿也方兴未艾，但是由于体量较小，生态系统较为脆弱，并没有得以普及，不具备代表性，所以这里仅以比特币挖矿为例。

2009 年 1 月 3 日，中本聪创建了比特币。同时，他设立了比特币发行的三条基本规则。

第一，比特币总量为 2100 万枚。

第二，比特币网络每 10 分钟左右产生一个区块，经过穷举计算获得打包区块权利者被奖励一定数量的比特币，初始奖励值为 50 比特币。

第三，每产生 21 万个区块报酬将减半。2012 年 11 月 28 日，比特币第一次报酬减半，报酬变为 25 比特币；2016 年 7 月 10 日，比特币第二次报酬减半，报酬变为 12.5 个比特币。

这一经过穷举计算获得打包区块权利并取得比特币的过程即为我们所称的"挖矿"，"挖矿"是直接获得比特币的唯一方法，而随着比特币在市场上价格持续走高，越来越多的人加入到"挖矿"的群体成为"矿工"，也就形成了最初的矿圈。

挖矿的本质是穷举一个随机数使其所在数列的哈希值（Hash）符合某一特定标准，哈希值是由 64 个数字和大小写字母构成的字符串，每一位都有 62 种可能性（即从 26 个大写字母、26 个小写字母、10 个数字中任意选取一个）。因此，获取正确哈希值的大量计算不得不借助计算机完成，越快计算得出哈希值的主体便能越早得到比特币奖励，由此产生了一场旷日持久的对更多算力的争夺，更由此产生了专门用来挖矿的"矿机"，形成了一个专门的挖矿产业。

2．矿圈的构成

一般来说，矿圈里面的角色大致分为这样几类。

（1）矿工

在区块链行业中矿工专指那些为区块链提供算力，进而获取加密数字货币的人群。矿工群体为维护区块链的稳定运行做出了突出的贡献。

中国最早一批矿工主要聚集在深圳，当时挖矿的矿机用的是深圳市电，价格偏高接近 1 元/kWh，成本太高，不少比特币矿工都是在深圳打工的外来务工人员，家乡在河南、安徽等地。他们随后将矿机携带返回家乡开始大规模挖矿，挖矿聚集地转移到平顶山、马鞍山等地。为了降低电费，矿工们又开始向有大量水电站、电费更加便宜的四川转移。

在比特币巨大造富效应的裹挟之下，矿工日益增多，比特币挖矿竞争日益激烈，矿工也开始分化，有的成为矿场主，有的则为矿场提供配件或技术服务，有的无奈离开比特币挖矿产业，而有的则成为为矿场主打工的真正意义上的矿工。

（2）矿机和矿机制造商

矿机是一种用于通过挖矿获取加密数字货币的计算机，一般配备专业的挖矿芯片，因而耗电量较大。以比特币矿机为例，此类矿机通过运行大量计算（计算 Hash 值），经工作量证明机制（PoW）确认后，获取某个区块的记账权,并由此获得相应的奖励,也就是比特币。因为挖矿通常需要强大的计算机能力,所以这种计算机是为此专门设计的,由于匹配了专用芯片,其挖矿效率大大提高。矿机一般可分为:ASIC 矿机、GPU 矿机、CDN 矿机、云矿机。

随着比特币等加密数字货币的价格不断走高,矿机需求量暴增,于是进行矿机组装生产的矿机制造商应运而生。

通常来说,矿机制造商指的是那些掌握一定技术优势,具有较为强大的芯片设计能力的生产专业矿机的制造业企业。他们为矿工挖矿提供更为先进的工具。

背靠深圳及周边强大的制造业基础设施,"中国制造"在过去几年牢牢垄断着各式矿机的设计和生产。世界排名前三的矿机生产商比特大陆、嘉楠耘智和亿邦科技,囊括了全球九成以上的份额——这三家公司都是中国人创办的。

专业矿机如图 5-5 所示。

图 5-5 专业矿机

(3)矿场

由于各类主要加密数字货币的价格不断高涨,参与挖矿的人越来越多,挖矿难度持续提高,挖矿的竞争强度也在不断提高,利润率逐渐下降。个体矿工很难独自应对比特币价格的周期性涨跌的风险、电力价格的居高不下的成本压力、漫长的设备维修周期，矿工群体开始抱团，集群式挖矿应运而生，并且逐渐形成了规模巨大的矿场。

矿场外景如图5-6所示。

我国四川省曾是全球比特币挖矿资本最为聚集的地方之一，大量矿场聚集于此。全球最大比特币矿机生产商——比特大陆，在全球范围内只在两个城市设立维修中心，位于四川省的康定就是其中之一。但冬季进入枯水期后，四川的水电又变得不够用了，一些"矿场"主便把矿机迁到新疆、内蒙古等地，像养蜂人般进行迁徙。

图5-6 矿场外景

目前全球最主要的矿场位于我国云南、贵州及四川等地，当然，在北美、北欧、中东、中亚等地同样存在着规模巨大、数量众多的加密数字货币矿场。

有人说，其实比特币现在的商业模式之一就是销售矿机，矿机产业规模已经达到几十亿上百亿美元的规模，比特币的交易价格已经被人为控制，目的是来刺激矿机销售。

矿场内部实景如图5-7所示，矿场夜景如图5-8所示。

图 5-7　矿场内部实景

图 5-8　矿场夜景

（4）矿池

由于比特币网络全网的运算能力在不断地呈指数级别上涨，单个设备或少量的算力都已经无法在比特币网络上获取奖励。在全网算力提升到了一定程度后，过低的获取奖励的概率促使一些极客开发出一种可以将少量算力合并联合运作的方法，使用这种方法建立的网站便被称作"矿池"（Mining Pool）。

在此机制中，不论个人矿工所能使用的运算力多寡，只要是通过加入矿池来参与挖矿活动，无论是否有成功挖掘出有效资料块，皆可经由对矿池的贡献来获得少量比特币奖励，即多人合作挖矿，获得的比特币奖励也由多人依照贡献度分享。

截至 2019 年年中，全球算力排名前十的比特币矿池有：BTC.com、F2Pool、Antpool、Poolin、SlushPool、BTC.TOP、ViaBTC、DPOOL、BitFury、Huobi.pool。目前全球约 70%的比特币网络的算力掌握在中国矿工手中。

扩展阅读：矿池挖矿的收益分配

付出不菲成本的矿池是如何盈利的呢？矿池所挖出的比特币又将如何分配给每一个参与的矿工呢？由此便产生了如何分配奖励比特币的问题。

目前大概有以下几种挖矿收益分配方式。

第一种是 PPLNS（Pay Per Last N Shares）分配机制。此种分配方式根据各个矿池主体就开设矿池所贡献的股份数量占比分配挖出的比特币，该分配方式的收益部分取决于运气，收益稳定度较低。

第二种是 PPS（Pay Per Share）分配机制。该种分配方式根据个体算力在矿池中的占比，并估算矿池每天收益的基础上，给予参与挖矿的个体基本固定的收益。该种分配方式虽然确保稳定收益，但由于矿池经营者承担主要经营风险，矿池管理费也相对较高。

第三种是 P2Pool 分配机制，矿池主体通过算法把各个矿工的运算量组织起来进行挖矿，其中 99%的奖励会平分给各个矿工，剩余部分会奖励给生成区块的矿池主体。此种方式有助于避免前述两种分配方式的劣势，近年来对于 P2Pool 分配机制的应用逐渐普遍化。

5.3.2 矿圈现状

读到这里，相信很多人会好奇加密数字货币挖矿行业是否有利可图，现在进入矿业是否适宜，接下来我们将对加密数字货币挖矿行业，也就是这个由比特币催生的矿圈的发展历程与现状进行介绍。

(1) 挖矿技术不断升级

最开始挖矿的人不是很多，一般的个人计算机就可以挖矿，只要组装几台"矿机"，聘用几个管理员，就可以开始挖矿的事业了。故而，业内有一句玩笑的说法，币圈风险太大，链圈技术壁垒太高，只有矿圈是躺着赚钱。后来，随着挖矿的人日渐增多，必须要用具备高算力的专业服务器来挖矿，矿机和电费价格也持续走高。生产成本高企，挖出比特币的概率越来越小，"躺赚"时代已经谢幕。

截至目前，挖矿技术的更新经历了四个阶段，分别为 CPU 挖矿、GPU 挖矿、FPGA 挖矿（现场可编程门阵列挖矿）、ASIC 挖矿（专用集成电路挖矿）。

CPU 挖矿：早期挖矿主要是个人利用其普通计算机的 CPU 完成，世界上第一个区块即由中本聪用其计算机的 CPU 挖出。但是，CPU 并不擅长多线程并行运算，故在计算哈希值这类独立并发的整数计算模式下，并无优势，算力仅为 20MHash/s。

GPU 挖矿：随着挖矿队伍日益壮大，CPU 挖矿已跟不上形势。计算机显卡被逐渐应用于挖矿，此即 GPU 挖矿。GPU 基于其数量众多的独立计算单元，擅长处理多线程并行运算，对独立并发的整数计算模式具有天然适应性，算力可达到 400MHash/s。2010 年 GPU 被用于挖矿后，便受到市场巨大追捧。此后，高端显卡一经面世即被抢购一空的新闻不绝于耳。

FPGA 挖矿：2013 年以后，作为可编程芯片的 FPGA 也被用于挖矿，其在数位操作方面相比 GPU 更具效率，算力可以提升至 25GHash/s，同时耗电量较少。但 FPGA 在用于挖矿时的内核运算频率极高，因而稳定性不足；同时生产难度较高，价格昂贵。因此，不足半年便逐渐被市场淘汰。

ASIC 挖矿：目前挖矿市场为 ASIC 所主导。ASIC 是一种专用集成电路，相较于前述几种挖矿技术，ASIC 具有能耗低、体积小、稳定性高、保密性强、成本低等优点，最重要的是其算力能够达到 3.5THash/s，因而广受好评。

（2）矿业分布不断去中国化

当一座座矿机、矿场拔地而起，不断轰鸣的机器忙着挖掘比特币、以太坊、莱特币时，随之而来的是超高的电能消耗。矿机的启动、运行和冷却都需要大量电能维持。

经大致推算，在 2017 年末，以比特大陆的 S9 矿机为例，其功率为 1450W，电费为 0.6 元/kWh，日产比特币 0.002 个左右，以此为准，则每产出 1 个比特币即需消耗电能大约 17400kWh，电费大约为 10440 元。而随着算力提升及产量下降，单位比特币的电费成本将越来越高。

矿场专用巨型电缆如图 5-9 所示。

图 5-9　矿场专用巨型电缆

出于节省成本以及用电便利性等方面的考虑，国内矿场由起初驻扎在一个个城市中的状况逐渐转移至偏远山区。在四川省马边彝族自治县，上万台矿机深藏山区的数家水电站，昼夜开工；此外，新疆、宁夏和内蒙古的火电站，甚至风电厂也是矿场们的目标合作对象。

然而，2018 年 1 月 2 日，互联网金融风险专项整治工作领导小组向各地方互联网金融风险专项整治领导小组发文，要求"积极引导辖区内企业有序退出'挖矿'业务"。

随着政策收紧与电费上涨，国内矿场逐渐将目光投向国外。目前，在马来西亚、吉尔吉斯斯坦、白俄罗斯、加拿大乃至冰岛等地区都活跃着中国矿场主的身影。

(3) 网络安全威胁日益严峻

2017年以来，由加密数字货币引发的互联网安全问题频频爆发，不法分子看中加密数字货币的匿名性，使用勒索、盗窃、非法挖矿等手段获取大量不义之财。

不法黑客通过挖矿木马"闷声发大财"，由于这种病毒的非破坏性和隐蔽性，即使用户计算机中毒也不会像勒索病毒一样即时感知到。挖矿木马只会潜伏在用户的计算机中，定时启动挖矿程序进行计算，大量消耗用户计算机资源，导致用户计算机性能变低，运行速度变慢，使用寿命变短。

2017年12月底，腾讯电脑管家就曾捕获一款名为tlMiner的HSR币（超级现金代币）挖矿木马，该木马隐藏在游戏"绝地求生"的辅助程序中，在玩家不知情的情况下，启动挖矿木马专门挖取HSR币。从植入到大范围传播，仅仅两天就有近20万台机器受到该挖矿木马影响。

进入2019年，区块链数字资产引发的区块链安全问题总体呈上升趋势，技术本身的特性和缺陷，加上监管的滞后与不足，数字资产成为洗钱、恐怖融资、金融诈骗、非法集资等涉众型经济犯罪的重要工具，各种加密数字货币非法犯罪案件愈演愈烈。

在2019年数字资产犯罪案件中，美国占比超过28%，为全球最多，欧洲占比为24%，我国占比为18%。据统计，从2019年1月至2019年12月中旬，全球约发生超万次数字资产黑客事件，我国发生的与数字资产相关刑事案件多达2000件。

2019年，全球数字资产犯罪案件类型包括黑客攻击盗币、诈骗、非法集资、洗钱、暗网非法交易等，总计损失超60亿美元，网络犯罪和暗网交易类涉案金额大体相当，项目方跑路类涉案金额是前二者的两倍还多，其中由于系统漏洞造成的损失超过10亿美元。

数字资产非法犯罪案例不仅从未停止，并且犯罪手段层出不穷，勒索软件、资金盘跑路模式花样新翻，犯罪团伙来源广泛，犯罪案件数量、犯罪活动涉及总金额呈递增趋势。

数字资产非法犯罪活动的日益猖獗,不仅对矿圈从业者的资产安全造成了严重威胁,也给加密数字货币挖矿产业蒙上了一层严重的阴影。

5.3.3 矿圈人物

随着参与挖矿的人越来越多,再加上矿机和电费价格走高,尤其是 2018 年之后,各类加密数字货币的价格持续走低,挖矿成本高企,现在的矿圈也不是那么好混的了,也过了可以轻松躺赚的时代了。

不过,竞争强度的加大也意味着行业的成熟和寡头的形成。本节内容将为您揭秘那些为矿业发展做出突出贡献并且成为行业巨头的矿圈人物。

1. 矿机教父——阿瓦隆矿机创始人南瓜张

众所周知,中国是加密数字货币领域第一挖矿大国。各种的加密数字货币每天在中国产生,坐落在全国各地的各式各样的矿机在不断的轰鸣声中奋力运转,将电力转化成各种加密数字货币。促使挖矿规模化的转折点是一款叫作阿瓦隆的矿机产品的诞生,这款矿机的发明者被称为南瓜张。

阿瓦隆矿机如图 5-10 所示。

图 5-10 阿瓦隆矿机

首先，我们先简单回顾一下早期比特币挖矿历程，经历了 2009 年的个人计算机 CPU 挖矿时代，再到 2010 年的 GPU 矿工时代，以及进化到 2011 年的区域可编程门阵列（FPGA）时代，比特币的挖矿业在 2012 年再次迈上一个台阶。零散的显卡组装列阵不能满足矿工们的挖矿需求，常规计算机设备似乎已经被应用到极限程度，对专门进行挖矿的专用设备的需求非常强烈。此时，一名中国人在这个时刻站了出来，他就是后来江湖人称"矿机教父"的南瓜张。

南瓜张为北航毕业的计算机专业的博士，本名张楠赓，他在比特币社区的 ID 为 ngzhang，所以人们干脆就称其为"南瓜张"。南瓜张是比特币爱好者，而且也是一个深度军迷，他还曾在军事论坛中探讨各种武器的问题。与此同时他又是一个深度的动漫爱好者，用通俗的话讲，他是一名"技术宅男"。

从 2011 年起，国外就产生了挖掘比特币的 FPGA 矿机的需求，南瓜张曾为外国人定制过几批，当时他并不觉得这有多了不起，只是很简单的把这种行为当成"勤工俭学"而已。但是当他知晓比特币的运行原理之后，便开始思考研制专门供比特币挖矿用的矿机。

2012 年 6 月，美国一个开发比特币矿机的机构"蝴蝶实验室"（Butterfly Labs）声称，他们准备研发一种功能远胜过现有水平的基于 ASIC（Application Specific Intergarted Circuits，专用集成电路）的矿机。比特币网络有一个设定，如果某个挖矿者掌握的运算能力超过整个比特币网络的 51%，他就有能力对交易记录进行篡改，这就是所谓的"51%攻击"。蝴蝶实验室研发的新机器使他们可以非常轻松地拥有这个运算能力，而这会毁掉整个比特币世界。于是，南瓜张决定开发自己的 ASIC 矿机，并将它们卖给其他用户，对抗可能出现的垄断。他将新机器命名为"阿瓦隆"，也就是亚瑟王传说中"天佑之岛"的名字。据南瓜张自己解释，其研发矿机的主要目的纯粹是为了"维护世界和平"。

第一批阿瓦隆矿机售价 1299 美元，2012 年 9 月开始发售，只销售 300 台；第二批阿瓦隆矿机售价 75BTC，2013 年 2 月开始发售，销售

600 台；第三批阿瓦隆矿机售价还是 75BTC，2013 年 3 月开始发售，销售 600 台。以上三个批次的矿机刚刚面世就被抢购一空，甚至一度被炒到 25 万元人民币一台。

南瓜张设计的阿瓦隆矿机运算速度远超显卡矿机。据一篇 2013 年 5 月份的报道，南瓜张设计的阿瓦隆矿机一天能产生 357 个比特币，按照当年 7 月 12 日的比特币价格换算（1 比特币兑换 579 人民币），南瓜张比特币矿机一天可以挣得 20 万人民币。

有趣的是，在巨大利润面前，南瓜张却宣布不再出售阿瓦隆矿机，而是选择出售其中最为关键的芯片。

可惜的是，虽然前几批矿机大获成功，但是转型做矿机芯片的嘉楠耘智公司（南瓜张的设计生产矿机的公司）却陷入混乱，南瓜张也很快地进入了迷茫期。现实中的芯片生产流程并不能够按照商业周期进行准确推算，这导致阿瓦隆的矿机芯片在市场上的流通程度并不高，而且不少骗子公司声称拿到了阿瓦隆矿机芯片，在市面上大肆行骗，更是在一定程度上让南瓜张的阿瓦隆矿机蒙上了负面阴影。

更为让人担忧的是，比特币短期内很难直接购买现实中的商品，被各国政府接受更是遥遥无期，在这种情况下，比特币价值升高只能靠吸取现实中的资金来增值。以往的游戏参与者只能靠吸收新参与者投入的资金才能赚取利润，而一旦外部兑换渠道断裂，封闭的比特币产业链就会成为一个零和游戏。这造成了比特币价格的走低。

随着比特币价格的下跌，南瓜张的矿机生意一落千丈，甚至在一段时间内，虽然矿机产品设计方案十分完整，但是因为没有充足的资金而难以进行生产，令人扼腕叹息。

与此同时，烤猫矿机与比特大陆的蚂蚁矿机也在迅速崛起，一时之间，市面上冒出了数十家矿机生产厂商，矿机产业的商业竞争陷入白热化。不过在经历了一段时间的休整后，南瓜张的嘉楠耘智信息科技有限公司，仍然义无反顾的继续从事着比特币矿业方面事业。

在随后的几年时间中，几经沉浮，南瓜张和他的嘉楠耘智仍然取得了惊人的成果；在 4 年间里，通过 10 次增资，公司的注册资本变更为 3 亿元人民币，翻了 3000 倍。2017 年 5 月，嘉楠耘智获得跨朴投资、锦江集团、瞰澜资本等近 3 亿融资后，其估值接近 33 亿人民币。

就在同一年，嘉楠耘智"区块链计算系统系列软件开发项目"被认定为江干区"百人计划"B 类项目，董事长张楠赓和联席董事长孔剑平还分别被认定为"省万人计划人才"，拟入选省领军型创业创新团队。

作为集成电路设计和芯片自主研发的国家高新企业、世界超算芯片和人工智能芯片开发商和配套服务提供商以及全球重复运算领域的领军企业，嘉楠耘智也是最早量产 16 纳米芯片的企业之一。

2018 年夏天，嘉楠耘智发布了全新量产的全球首款 7 纳米芯片，这款芯片相比同类芯片能耗降低 60%，核心体积降低 70%，运用在嘉楠耘智最新推出的阿瓦隆 A9（区块链超级计算机）之后，其运算能力和运算速度大大提高，在同业竞争中占据有利位置。

不过，虽然嘉楠耘智的主要收入来自比特币挖矿机销售，他们却并不希望被局限为"比特币挖矿巨头"。如今公司已经逐渐把业务渗透到人工智能领域，量产的各类人工智能芯片，已经应用于智能家居、无人驾驶等领域。

2019 年 11 月 21 日晚，经过数年的紧张筹备，杭州嘉楠耘智信息科技有限公司在美国纳斯达克上市，证券代码为"CAN"，成为"全球区块链第一股"。嘉楠耘智 IPO 晚宴现场如图 5-11 所示。

图 5-11　嘉楠耘智 IPO 晚宴现场

可以肯定的是，南瓜张已经在芯片领域和区块链领域中深深烙印下自己的名字。

2. 矿业沙皇——比特大陆创始人吴忌寒

阿瓦隆矿机的创始人南瓜张虽然入行比较早，但是论实际营收却比不上作为后起之秀的比特大陆创始人吴忌寒。仅仅用了三年时间，吴忌寒的比特大陆就超越了老牌芯片巨头英伟达，成为世界芯片产业的无冕之王。

吴忌寒其人如图 5-12 所示。

图 5-12 吴忌寒其人

从一万个比特币买两个披萨饼，到一枚比特币买数百个披萨饼，自 2009 年面世以来，比特币已升值数百万倍。江山代有人才出，各领风骚数百年。在互联网时代芯片产业的无冕之王是西方人创立的英伟达，在区块链时代芯片业的霸主却已然易主。

吴忌寒，便是区块链时代的"矿业沙皇"，这位从面相上看来似乎仍旧稚气未脱的 85 后企业家，在矿圈一言九鼎，作风更是老辣。据说，全球每十台比特币矿机，就有七台出自其旗下的比特大陆；全网每挖出十个比特币，就有一半以上来自他的矿场。

从无名小卒，到国内芯片设计公司收入榜的榜眼，他只用了三年时间，但吴忌寒与他的比特大陆并非走的一帆风顺。

（1）投行出身的比特币布道者

吴忌寒是 85 后，北京大学研究生毕业，拥有心理学和经济学双学位。2009 年，吴忌寒毕业后进入了投资行业，担任风险投资分析师和投资经理。也正是在这一年，中本聪提出了比特币，在偶然接触到之后吴忌寒就被比特币深深地吸引。他认为比特币至少在货币理论上是成立的，于是一边研究一边买入，直到花光了自己的所有积蓄。

在 2011 年，吴忌寒与科幻作家长铗等朋友一起创办了比特币咨询网站巴比特（区块链领域影响最大的中文论坛之一），一起翻译关于比特币的文章。在年底，吴忌寒第一次把中本聪的比特币创始论文《比特币：一种点对点的电子现金系统》翻译成了中文。而直至今天，吴忌寒的翻译版本仍在流传，他也因此被称为比特币的布道者。

（2）比特大陆

事实上在 2011 年接触比特币之前，吴忌寒并没有什么技术背景，他从事的是风险投资领域的工作。据他所说，是因为投资的敏感性让他注意到了当时只流传于技术圈的加密数字货币，于是在那一年，他陆续将所有的储蓄通过淘宝和 Mt.Gox 交易所换成了比特币。2011 年初，1 比特币只值 0.3 美元，而到了 2013 年年底，比特币的价格飙升至了 750 美元/个。全仓的投入加上 2500 倍的涨幅，足以让年轻的吴忌寒完成资本的原始积累，也给了他全身心投入到这个行业中的理由。

2013 年初，吴忌寒决定创办自己的矿机生产企业，但是由于自己本非技术出身，需要有资深的技术人才加盟才有把握推出具有竞争力的产品。于是，吴忌寒说服了毕业于清华大学并且大他十几岁的詹克团，两人联合创立了矿机生产公司——比特大陆。

詹克团比吴忌寒大了整整十岁，一直在从事集成电路的设计工作。他与吴忌寒在 2010 年因为一个机缘巧合相识，并在三年后受后者力邀共同创建比特大陆。

詹克团不负所托，和他的富有高速低功耗芯片设计经验的团队一起，仅仅用了半年时间，就研发出代表 55nm ASIC 挖矿芯片最高水平的 BM1380。

基于这款芯片，比特大陆在 2013 年 11 月推出的第一代矿机蚂蚁 S1 矿机（Antminer S1）大受市场欢迎。

但是，如果仅仅如此远远无法塑造出一个足以问鼎世界的巨头级企业。真正将其带上矿机霸主地位的，是比特币的寒冬。

2014 年初，中美俄三国重拳出击联合封杀比特币，当时全球最大的比特币交易所 Mt.Gox 发生欺诈和盗窃事件，比特币价格在短短三个月内遭遇腰斩，并在接下来的一年中，从最高点 1100 美元/个，一路下滑到最低的 200 美元/个。彼时，整个矿业哀鸿遍野，没有人再愿意付出昂贵的电费来挖掘一个价值不断下降的加密数字货币。

在这一次的大整顿中，烤猫消失了，美国的 ButterflyLabs 被美国联邦贸易委员会（FTC）起诉了，另一家龙头企业 KnCMiner 破产了。只有比特大陆还在不断地研发矿机。2014 年 4 月，蚂蚁 S2 矿机量产销售；6 月，第一版 28nm 芯片 BM1382 研发成功；7 月，搭载 28nm 芯片的 S3 蚂蚁矿机量产；12 月，蚂蚁 S5 矿机量产；2015 年 8 月，第四代比特币矿机芯片 BM1385 发布；11 月，蚂蚁 S7 矿机量产。于是，等到 2015 年下半年比特币价格逐渐回暖，矿工回归时，他们惊奇地发现，这个市场上的可供选择的矿机几乎只剩下了比特大陆的蚂蚁矿机。

回头来看，蚂蚁 S7 矿机的发布正是比特币矿机界的分水岭。在此之后，比特大陆正式取得了矿机行业的垄断地位。

如果吴忌寒仅仅满足于矿机制造，那只能说他是一个不错的商人。真正展现出其战略眼光的，是在比特币寒冬中同步进行的其他行动。

第一件事就是建矿池。

矿池最基本的职能就是将其用户矿工的算力聚集起来一起挖矿，2013 年，BTC Guild 是当时最知名的矿池。很多矿工在淘宝上买个 USB 矿机就可以连接这个矿池进行挖矿，但后来因为算力降低和美国政府监管问题，BTC Guild 于 2015 年关闭了。

2014 年 9 月 2 日，比特大陆低调完成了对雪球云挖矿平台的收购，并更名为算力巢（HASHNEST.COM）。2014 年 11 月 14 日，比特大陆上线蚂蚁矿池（Antpool），其算力当月就跃居全球第三，并在四个月后成功登顶。

还有一个让比特大陆旗下矿池份额暴涨的原因是其在 2015 年 3 月推出的算力理财产品 PACMIC。简单说，PACMIC 将云挖矿和保本理财结合了起来——这大概是只有中国人才能想出来的主意。既保本又有 10% 以上的年化收益，2015 年 8 月份推出的 PACMIC 三期产品，当天就售出了 3500 份，按当时币价计算相当于 300 余万元人民币的规模。

乍一看，从购买矿机转为购买算力的云挖矿是一个解放矿工的业务。但实际上，把算力卖给矿工的矿池才是稳赚不赔的角色。矿池从此变成了"房地产商"，出售算力后快速回收现金流，再去开发新的矿场。但和房地产商不同的是，比特币矿池的建设周期短、需求大、供给少，生意自然更加好做。

2015 年，比特大陆的矿池和亚马逊 AWS、奇虎 360 云计算基地一起入驻宁夏中卫云基地。2016 年，比特大陆发力矿场建设，并向内蒙古、新疆等地延伸。

但吴忌寒的野心远不止于此，他接连在 2016 和 2017 年推出了新矿池 BTC.com 和 ConnectBTC，并投资了 ViaBTC，在 2017 年全球矿池算力份额变化中，比特大陆系的算力从年初的 30% 快速扩张至年底的 60%。现在全球 60% 的比特币算力背后，其实都有比特大陆的身影，早已超过 51% 的算力比例。所谓的挖矿行业去中心化，已经成了一个伪命题。

在中本聪的构想中，比特币的核心是算力民主，因此像扩容这样的重要决议，每个拥有算力的人都应当有自己的投票权（One CPU One Vote）。一个方案能不能成功，就看它的支持者是不是够多。然而，中本聪一定没有预料到的是，这场扩容之争的最终胜利者并不是自己钦点的比特币维护开发团队 Bitcoin Core，而是矿池和交易所。

因为矿池的出现让算力变的集中，而类似 PACMIC 这样理财产品更是导致算力的拥有权和使用权出现了分离——算力不但没有去中心化，反而愈发地集中了。

在这样的情况下，坐拥全网 60%算力的比特大陆系，理论上就成了拥有一票否决权的比特币联合国常任理事国。

由于与比特币 Core 团队的路线之争，吴忌寒甚至主导了比特币史上的第一次硬分叉，创建了比特币现金 BCH。

尽管 Bitcoin Core 团队和技术社区极力反对，比特大陆投资的矿池微比特（ViaBTC）依然成功地在 2017 年 8 月 1 日实施了区块的扩容行动，也就是圈内熟知的第一次硬分叉。分出来的克隆竞争币叫作比特币现金（Bitcoin Cash，BCH）。硬分叉后，比特大陆的蚂蚁矿池第一时间上线了比特币和比特币现金的挖矿切换选项。

BCH 的可怕之处并不仅仅是因为它是比特币的竞争币，更在于用于比特币挖矿的矿机同样可以用于挖取 BCH 这一分叉币。而这再一次命中了比特币的死穴——算力。在 BCH 诞生后的一段时间里，基于经济效益，不少矿主背弃比特币，用拥有的矿机去挖 BCH。在极端情形下，BCH 分流了 BTC 一半的算力，让比特币的链上交易大幅拥堵。

2017 年，随着监管政策的再度收紧，ICO 也随即被叫停，使得一众加密数字货币集体下跌，包括其中最为坚挺的比特币。对于比特币持有者而言，这也导致了他们的财富大幅缩水。但是，由于比特币挖矿的获利空间仍然较高，挖矿产业仍旧有利可图，故而比特大陆的业绩实际上有增无减。

可以说，吴忌寒是真的理解了比特币的实质——对于限定总量，发行手段公开透明的比特币来说，谁掌握了挖矿权，谁就相当于拥有了发行权。而发行权，对于货币来讲是最为关键的权力。

虽然 2017 年起中国政府对加密数字货币行业的政策开始逐渐收紧，各地纷纷传出清退比特币矿场的新闻，但吴忌寒似乎对此并不以为意。

2018年初央行勒令关闭矿场的消息一出，吴忌寒就向媒体发布了一份声明：正常经营的矿场并不会被关闭，央行联合地方政府关闭的主要是偷电的矿场。而且正常经营的矿场还对当地经济起到了促进作用，帮助一些小水电厂还了贷款，这种可以算是精准扶贫。而结局也恰如吴忌寒所料。

说归说，事实上吴忌寒还是嗅到了一丝危机的气味，而他对此也做出了两手准备——一手出海，一手转型。

自从2015年起，比特大陆就陆续在旧金山、以色列和荷兰等地设立研发中心。这时候比特大陆的海外战略，可以解释成为贴近区块链的前沿发展。而2018年一开年，比特大陆的海外布局陡然加速，短短20天里接连在瑞士的"数字货币谷"设立分公司，在新加坡开建地区总部。与此同时，还传出比特大陆正在加拿大魁北克地区寻找适合的地点设立矿场的新闻。

除了出海之外，吴忌寒为比特大陆选择的另一条出路，是人工智能。2017年11月，比特大陆发布了旗下的AI品牌Sophon（算丰），以及自研的全球首款张量加速计算芯片（TPU）——BM1680。Sophon之名，取自科幻小说《三体》里的智子。在小说中，它是三体人锁死地球科技的工具，也是监视太阳系的工具。而这一品牌的中文名算丰，则代表了"算天地玄空，丰认知智能"，与中国古代的易经暗暗契合。科幻与玄学并重，这一品牌似乎承载了不同寻常的期许，吴忌寒和詹克团是想要利用比特大陆在ASIC芯片设计上的领先优势，在深度学习领域与Google、Nvidia和AMD一较高下。

2018年1月，比特大陆投资的矿池ViaBTC及其旗下的矿池BTC.com、AntPool具备了全网51%的算力；3月，科技部独角兽企业名单出炉，比特大陆成为当时唯一一家区块链上榜公司，估值达10亿美元；2018年9月26日，比特大陆向港交所提交上市申请，但该申请于2019年3月26日失效，同日比特大陆发内部信表示未来会重启上市计划。

有媒体披露，吴忌寒于 2019 年 2 月已淡出了比特大陆管理层，着手成立自己的新公司"Matrix"，开展区块链业务。

2019 年 10 月 29 日下午，比特大陆发生重大人事变动，创始人之一的吴忌寒以内部信形式宣布解除另一位创始人詹克团在比特大陆的一切职务。

3. 矿池一哥——F2POOL 矿池创始人毛世行

矿机挖矿具有巨大的不确定性，对于中小投资者而言则意味着巨大的亏损风险，于是对矿机算力进行统筹运用并将挖矿奖励统筹分配的矿池应运而生，在中国矿池江湖当中，鱼池（F2POOL）的创始人——毛世行（七彩神仙鱼，简称神鱼），是一个不可不提的人物。

2010 年末 2011 年初，还在信息工程专业读大二的毛世行第一次接触到比特币，但并未真正留意。直到不久以后他在一天之内看到了两次比特币的消息，这才重视起来。被激发了好奇心的毛世行立马去翻看中本聪的白皮书，看完之后，毛世行判定区块链这是一种可以改变整个互联网底层的技术，并决心投身其中。毛世行所就读的信息工程专业对密码学、硬件、软件等都有涉及，这让他涉足区块链产业的时候有了先天优势。

当时获取比特币的方式只有两种，一是买币，二是挖矿。当时，比特币交易所还大都在国外，且基本不支持汉语，因而买币非常困难，手续费也极其高昂。自知炒币不适合自己之后，毛世行便全身心投入到了挖矿当中，他最早使用笔记本挖矿，然后就开始买进很多 5870 显卡自建矿机在家里挖矿。

当时国内区块链圈子还很小，最开始只有几百人，后来发展到几千人的规模。说来可笑，价格在 2017 年一度达到数万美元一个的比特币在那时不过几块钱一个而已，当时行业交流群的群签名还是"（比特币）30 不是槛，100 不是梦"，而且单位是人民币。

大家每天一起探讨区块链技术的可行性以及对未来的憧憬，圈子里大多数都是极客，大家互称对方的 QQ 名，而毛世行的"七彩神仙鱼"的昵称也一直延续至今。

2011 年，比特币价格从 1 美元涨到了 30 美元，随着行情的上涨，2012 年以后参与进区块链圈子的人越来越多。

然而当时国内基本上没有介绍比特币的网站，所有的文献都是英文的，于是一位昵称叫作"夜猫"的人做了个个人博客，专做区块链外文文献的翻译，这一网站为早期国内区块链的生态建设做了很大的铺垫。之后，毛世行（也就是神鱼）和夜猫一起参与了 btcman（一个区块链的论坛）的早期建设，后来他们又建立 LTCBBS 论坛，专注于挖矿技术分享。

2012 年，ASIC 挖矿技术出现，商业意识敏锐的毛世行意识到这个技术的出现将重塑比特币挖矿行业，这绝对是一个千载难逢的好时机。

2013 年，刚上研一的毛世行花了 3 个月时间说服了父母，并卖掉了部分比特币，休学创业：建立了国内第一个矿池——F2POOL 矿池，又被称为"鱼池"。

然而创业之路并不是那么好走，由于当时海外矿池经营者跑路事件时有发生，鱼池创立之初就采用了新的挖矿收益分配模式：其一，矿工的收益是按照难度的理论值来分配，运气差、技术差等损失都由鱼池来承担风险，这样矿工的利益就变得最大化；其二，矿工收益保证在 24 小时内发放，这样就算矿池经营者真的跑路，矿工们也只会损失一天的收益。

这样的分配模式对矿工而言是利益最大化，而且收益是可预测、可保障的。但是反而言之，鱼池就承担了过多的风险。2013 年初鱼池遭遇了疯狂的 DDOS 攻击，导致挖矿效果不佳，然而矿工收益需要照常发放，这就亏损了几千个比特币，投资人一度觉得这样的商业模式有问题，纷纷撤资。

于是，在 2013 年 7 月份，鱼池困难到了发布关闭矿池的公告，毛世行也准备关闭这个矿池，那是鱼池也是毛世行最艰难的时期。

到了 2013 年年底，鱼池最终进入了稳步期。同年 11 月～12 月份，随着比特币价格达到惊人的 1242 美元 1 个，大量投资者纷纷涌入，比特币圈子一时间变得热闹非凡，突破了极客圈的范围，毛世行和几个小伙伴意识到有必要做好投资者教育，保持区块链行业健康发展的工作。

因此，在 2014 年年初，毛世行和李钧、暴走恭亲王、森林人、小虫等几个小伙伴共同成立了壹比特数字科技有限公司，做了门户网站、论坛和杂志，专门提供区块链产业资讯和投资者科普教育。

然而在经历了大幅度的暴涨之后，整个区块链行业很快就再次进入了低迷期。壹比特由于在牛市的盲目扩张，此时的资金流显得尤为紧张，直至 2015 年底，壹比特破产清算，没能坚持下去。

2015 年底，壹比特公司散掉之后，毛世行在老家歇了一阵子，看了很多书，也做了很多思考。他意识到了比特币具有周期性，有上有下是很正常的，在熊市里活下来才最关键。而且没有经历过这些起伏，很难在市场变化中沉下心来好好做事情。

2016 年，区块链市场再度回暖，比特币价格在整个 2016 年翻了一番并创下过往 3 年来的新高。同期，神鱼再度回归矿圈，他主导的鱼池又在 2016 年大牛市里迎来了一个无比灿烂的春天。

2017 年中旬，运行一直稳定的鱼池遭遇了一起自动化盗币的攻击行为，攻击者恶意盗取代币，鱼池因此损失了 8000 多个以太币。但鱼池一声不吭地承担了所有损失，第二天照常给用户支付收益。鱼池一直都是这样的态度，不管是以前还是现在，只要是技术等因素造成的风险和损失，都由鱼池自身来承担。

神鱼发现加密数字货币市场存在的两大危机：一是黑客，当时已有大量黑客制作很多自动化和半自动化盗币工具；二是钱包应用的保密痛点，几乎所有的钱包都让用户自己保管私钥和注记词（相当于让用户自担风险),而很多用户没有安全意识,导致黑客窃取私钥极其容易。

为保护数字资产安全,捍卫区块链行业的整体生态,神鱼决定做一款真正安全的钱包产品。于是,他在与蒋长浩博士(2013 年创办中国第一个比特币钱包"币行")联手,于 2017 年年底共同推出 Cobo 钱包。

同时,神鱼也坚信,着眼于未来市场的角逐,才是 Cobo 钱包应有的格局。未来,Cobo 钱包可能会成为一个区块链世界的流量入口,具有巨大的想象空间。那时会有大量互联网用户涌入区块链行业,其所带来的增量用户,会呈现爆发式增长。

2018 年 9 月,腾讯《和陌生人说话第二季》第一期节目"发财梦",把众人目光聚焦在加密数字货币投资人群的同时,也让更多人了解神鱼这段币圈传奇。这个视频短短两天播放量达到 826 万,也很快登上头条热搜。

神鱼作为"大神玩家"的代表,真实讲述了自己在加密数字货币世界的传奇经历。他描述业内有太多人一夜暴富,又眨眼间血本无归;有人东山再起,也有人黯然离场;币圈一日,人间一年,这一刻是巅峰,下一刻,可能就是深渊。

5.4 互联网巨头的区块链布局

区块链吸引了全世界范围的巨大关注,全球各国政府普遍认识到区块链技术的巨大应用前景,开始从国家发展层面考虑区块链的发展道路,区块链成为全球各大监管机构、金融机构及商业机构争相研究讨论的对象。

区块链巨大的战略价值也引发了全球企业界的争相竞逐,随着各国积极推动区块链技术和应用发展,区块链开始在各国迅速普及和发展,这造就了区块链产业良好的发展势头和环境,2017 年之后传统互联网企业也纷纷进军区块链行业。

5.4.1 国内互联网巨头的区块链布局

以腾讯、阿里巴巴、百度、京东为例，传统互联网巨头最先意识到区块链技术引领的新浪潮将至。

从项目方向上看，腾讯与百度主攻金融领域的区块链技术应用，基于其本身所拥有的云计算技术基础，双方先后建立了面向金融业的商业级区块链云计算平台 BaaS。

阿里巴巴旗下的蚂蚁金服和京东受其主要业务的影响，其区块链技术应用更关注线上电商与线下物流的数据一体化，分别在商品防伪溯源领域进行技术探索。与京东不同的是，蚂蚁金服在防伪溯源和物流跟踪之外，于 2017 年 11 月与雄安新区签署战略合作协议，蚂蚁金服将承建数字雄安区块链基础设施平台。

具体而言，国内互联网巨头的区块链布局如下。

1．腾讯：打造垂直行业应用的生态平台

2015 年底，腾讯成立了专门的区块链技术研发团队。腾讯选用了联盟链技术作为其实现区块链应用场景的技术路径。区别于比特币之类的公有链，联盟链参与方皆为大型机构，本身参与的节点可信度要高于任何普通的比特币节点。同时联盟链作为"多中心化系统"，具备自主可控、隐私保护、效率高的特点。针对中国的政策环境，联盟链用"多中心化"取代"去中心化"，可以完成区块链技术从概念到落地应用。

多家机构组成联盟链后，金融机构间支付、结算、清算等交易速度与交易成本将大幅降低。一旦完成联盟链的区块链云服务，腾讯本身的金融业务与银行业、保险业、信托业、证券业和租赁业可以形成无缝衔接。

腾讯区块链团队在 2017 年已经完成底层技术完整积累，现已进入商业应用开发阶段，其区块链产品的落地场景包括公益寻人、供应链金融、物流信息、法务存证、处方流转、智慧出行、智慧旅游等多个领域。

2016 年 5 月 31 日，微众银行发起了金融区块链合作联盟——金链盟；6 月，微众银行推出基于腾讯云的联盟链云服务（BaaS）。

2017 年 1 月，微黄金正式上线，这是腾讯第一个内部落地的区块链商业场景；4 月，腾讯正式发布《腾讯区块链方案白皮书》和腾讯区块链行业解决方案；10 月，腾讯加入加拿大区块链研究所；11 月，腾讯正式发布区块链金融级解决方案；12 月，发布供应链金融服务平台"星贝云链"。

腾讯的 BaaS（Blockchain as a Service，区块链即服务）平台——TBaaS（腾讯云区块链服务）构建在腾讯金融云之上，并整合了腾讯在线支付、社交网络、媒体网络、征信平台等众多业界领先领域的资源在内的解决方案，将在智能合约、互助保险、大数据交易及资产交易、供应链金融与供应链管理、跨境支付/清算/审计等场景下为金融用户提供安全、可靠、灵活的区块链服务。

当然，作为行业巨头，腾讯的目标不只是将区块链技术应用于金融场景，而是意图打造基于腾讯区块链搭建垂直行业应用的生态平台。该平台是未来腾讯金融服务的关键，通过金融云的接口，腾讯本身业务如游戏、社交及效果广告、数字内容销售和支付业务等与外界金融机构间联系进一步增强。

2018 年 4 月，腾讯发布旗下首款 AR 捉妖手游《一起来捉妖》，该款游戏还是腾讯首款区块链游戏化应用；8 月深圳税务局携手腾讯开出全国首张电子区块链发票。

2019 年 7 月，中国网安、腾讯公司以及北明软件公司联合发布司法区块链应用生态服务平台"至信链"；10 月，中国信通院、深圳税务局和腾讯公司联合代表中国在国际电信联盟标准局 ITU-T SG16 Q22 会议上首次主导提出了《区块链发票通用技术框架》国际标准立项。

2. 蚂蚁金服：研发生产级底层技术，专注项目落地

在产品层面上，阿里巴巴旗下的蚂蚁金服推出了自主研发的联盟区块链技术，包括金融级区块链 BaaS 平台——蚂蚁区块链。

蚂蚁区块链是阿里研发的面向金融领域的区块链引擎，目前已经能够支持 10 亿账户规模，同时能支持每秒 10 亿交易量，实现每秒 10 万笔跨链信息处理能力（PPS）。

在商品溯源领域，蚂蚁区块链从澳新奶粉溯源开始，到 2018 年"双十一"，1.5 亿件海淘商品实现了原产地溯源。

在供应链金融领域，以核心企业的应收账款为依托，蚂蚁区块链联合供应链的参与主体，让原本 3 个月的账期缩短成 1 秒。

2014 年 10 月 16 日，起步于支付宝的蚂蚁金融服务集团（蚂蚁金服）正式宣告成立；2015 年，蚂蚁金服成立区块链小组。

2016 年 7 月，蚂蚁金服开发了第一个区块链应用——"听障儿童重获新声"公益善款追踪项目；之后，蚂蚁金服区块链团队正式成立。

2017 年 11 月，雄安新区宣布与蚂蚁金服签署合作协议，蚂蚁金服将承接数字雄安区块链基础设施平台的建设。

2018 年 6 月，全球首个基于区块链的电子钱包跨境汇款服务在中国香港上线，港版支付宝 AlipayHK 的用户可以通过区块链技术向菲律宾钱包 Gcash 汇款。

2018 年 9 月，蚂蚁金服宣布蚂蚁 BaaS 区块链平台将对外开放。

2019 年 2 月，蚂蚁区块链科技（上海）有限公司和蚂蚁双链科技（上海）有限公司在上海黄浦区揭牌成立，重点发力区块链应用场景；11 月，上海银行与蚂蚁金服区块链平台合作供应链融资项目正式落地放款。

阿里达摩院区块链实验室于 2019 年 9 月首次公开亮相，该实验室共由七大研究方向组成，包括区块链技术结合可信执行环境、共识协议、跨链协议、密码学安全与隐私保护、智能合约语言与整体安全性分析、区块链技术与 IoT 结合，以及区块链技术与安全多方计算结合；区块链应用产品涵盖了商品溯源、互助保险、慈善公益、房屋租赁四个方向。

3. 百度金融：着力消费金融，推出区块链云计算 BaaS 平台

相比阿里、腾讯等公司，百度重视区块链在自家场景业务的落地，例如百度搜索、百度百科、百度学会、百度云盘等。百度区块链布局领域包括内容版权、信息溯源、文化娱乐、信息安全、个人信息管理、数字广告六大领域。2019 年，百度重整了区块链业务的发展方向，从最初以 BaaS 平台作为切入点，到 2019 年年初推出百度区块链引擎 BBE（Baidu Blockchain Engine）平台，构建开源、商业化的"区块链操作系统"，发力 DAPP 应用开发。

2016 年 6 月，百度投资了美国全球性区块链技术支付公司 Circle，Circle 是一家提供数字货币储存及国家货币兑换服务的消费金融创业公司，在获得百度融资前已获得四轮融资。

2017 年 5 月，百度金融与佰仟租赁、华能信托等在内的合作方联合发行国内首单区块链技术支持的 ABS（Asset Backed Securitization），一种以项目所属资产为支撑的证券化融资模式项目，发行总规模达 4.24 亿元。该项目为个人消费汽车租赁债权私募 ABS。8 月，由百度金融发布的"百度-长安新生-天风 2017 年第一期资产支持专项计划"获得上交所批准通过，这是我国首单基于区块链技术的公募 ABS 平台产品。9 月，该平台正式上线。通过作为技术服务商搭建的区块链服务端 BaaS，百度金融实现了在消费金融 ABS 行业对于区块链技术的初步应用探索。

2017 月 7 月，百度金融推出其商业级区块链云计算平台 BaaS，旨在联合企业、机构、联盟组织构建区块链网络体系。公开资料显示，这是继腾讯后国内第二个融合云计算与区块链技术，在架构中嵌入区块链技术的商业级云计算平台。

2017 年 8 月，百度区块链开放平台 BaaS（已更名为"度小满金融区块链开放平台"）正式上线，该平台是百度在区块链上的首次尝试。

2018 年初，百度搜索公司成立百度区块链实验室；2 月，推出"莱

茨狗"；6月初，发布百度超级链，并上线首款区块链产品"度宇宙"；7月，百度正式上线基于区块链技术的原创图片服务平台——百度图腾（PIC-Chain）。

2020年2月28日，百度公布财报，其中将区块链BaaS平台相关的进展进行了单独叙述，依托于百度智能云的区块链平台有望成为其技术创新方向的新增长引擎。在AI服务上，百度与上海浦东发展银行达成合作，共建区块链联盟，在百度区块链开放平台上实现跨行信息验证。

4. 京东：落地商品防伪溯源和物流追踪

区别于阿里在商品防伪溯源领域的单兵作战，京东选择基于京东商城的数据节点进行持续扩展，在品牌商、监管机构、第三方认证机构逐步部署联盟链节点，形成社会化的区块链防伪与追溯网络。同时京东建立开放式技术平台，围绕京东商城的零售生态，服务优质品牌商，并向接入的品牌商开放数据采集、数据整合、数据可信、数据展示四方面技术。

据了解，京东区块链的技术架构分为JD Chain和JD BaaS两部分。其中，JD Chain作为核心引擎，聚焦解决区块链底层的关键技术问题，建立拥有中国自主知识产权的技术生态；JD BaaS是企业级服务平台，提供灵活易用和可伸缩的区块链系统管理能力，支持企业级用户在公有云、私有云及混合云环境快速部署，降低企业使用成本，促进应用落地。

2017年3月，京东金融区块链实验室成立；同年4月，京东金融区块链平台完成上线，随后京东金融营销云接入区块链平台，开始试水在区块链上探索可行的新模式。

2018年1月，京东金融、银联、万达、招行四方联盟链商业应用成熟度验证完成，开始酝酿商业化落地项目。

2018年2月，京东物流正式加入全球区块链货运联盟（BiTA），据网络公开资料显示，BiTA成立于2017年8月，由经验丰富的物流技术和货运管理人员组成。目前，包括 UPS、FedEx、PENSKE、C.H.Robinson、SAP 等超过 200 家国际物流与技术企业已加入联盟，京东物流则为国内首个加入该联盟的物流企业。京东物流旨在搭建一个"新链路、高品质、全透明"的跨境商品精准追溯生态体系，有效串联生产、运输、仓储、清关、报检和配送等相关环节，打通保税备货和跨境直邮两种形式的跨境电商供应链信息，形成跨境物流领域的全链条服务。

2018 年 3 月，京东推出一项名为"AI Catapult Accelerator（AICA）"的项目，以扶持初创企业在区块链领域的业务。该项目于 2018 年 3 月启动，为期 6 个月，第一批成员均为海外初创公司，包括 CanYa、Bluzelle、Nuggets、Republic Protocol、Devery 和 Bankorus。

2018 年 3 月 22 日，京东发布《京东区块链技术实践白皮书（2018 年 3 月）》，白皮书中指出，京东区块链的目标是打造面向企业级应用的区块链基础设施，为企业提供能够切实解决业务痛点的区块链技术方案。23 日，援引中国证券网消息，京东金融与近 30 家商业银行共同发起成立"商业银行零售信贷联盟"，联盟成员优先享受场景开放、技术共享，并优先加入基于区块链技术的反欺诈联盟。

2018 年 5 月，京东金融与银联合作完成了区块链技术底层打通并测试成功，这是中国银联与互联网企业之间建设的首条联盟链；6 月，京东集团宣布成立"京东品质溯源防伪联盟"。

2018 年 8 月，京东的区块链防伪追溯平台 BaaS 正式发布，将商品的生产、运输、仓储、清关、报检和配送等相关环节的信息全部有效串联起来，从而用户能够一键掌握商品的全供应链情况。

同月，京东与中国太平洋保险集团联手推出的全国首家利用区块链技术实现增值税专用发票电子化系统。

2018 年 10 月，银联与京东金融共同发起的"互联网金融支付安全联盟风险信息共享（分布式查询）平台"正式上线，并接入双方风控数据投入运营，成为行业内首个基于区块链的跨机构数据分布式存储及查询机制。

2019 年 6 月，京东数字科技资管事业部基于京东智臻链 JD BaaS 平台，推出首个区块链 ABS 标准化解决方案。

除去上述四家公司，国内其他大型企业也在纷纷涌入区块链领域。华为于 2016 年 8 月开始申请区块链技术专利，10 月，华为加入超级账本（Hyperledger）区块链联盟。该项目是区块链技术领域最具影响力的开源项目，华为在两个热度最高的子项目 Fabric 和 STL 中持续做出技术和代码贡献，被社区授予这两个项目的 Maintainer 地位，也是两个项目中唯一来自亚洲的 Maintainer。

总体来看，国内大型企业涉猎区块链项目主要开始于 2017 年。2017 年下半年至今，苏宁金融和 360 金融先后宣布成立区块链研究团队，探索布局；迅雷推出共享计算服务；网易、小米对区块链游戏进行了初步尝试。随着区块链概念的普及以及智能合约技术的成熟，以区块链技术为基础的项目落地变得更为切实。

5.4.2 海外互联网巨头的区块链布局

在中国知名企业入局区块链的同时，国外知名互联网巨头们在纷纷布局区块链产业，其中微软入局较早，IBM 已经在区块链进行了深耕，成绩斐然，谷歌、Facebook、亚马逊等也都在开展各具特色的区块链技术研发与应用。

1. 谷歌：遥遥领先，成果显著

谷歌的区块链投资路线图主要瞄准在银行和金融机构，希望他们可以利用自己的解决方案来优化大型商业项目。最近一段时间里，谷歌在区块链技术上的"动作"可谓是十分频繁。

（1）开发分布式电子账本

区块链技术中特有的"分布式账本"，是其明显区别于其他互联网技术的显著优势。当前谷歌大力开发"分布式电子账本"的初衷，旨在支持其旗下云业务的开展，并保障用户数据存储的安全性。据了解，谷歌已经开始着手收购和投资一些从事分布式电子账本的互联网公司，借此来壮大谷歌在区块链技术中的声势，并与竞争对手展开新一轮的博弈。

（2）打造"云操作平台"

谷歌已经开始打造独立的、基于区块链技术的项目应用，而着眼点就在于区块链技术的"不可篡改性"，以此在链上创建一个可溯源的记录账本，这一独立的区块链项目正是"云操作平台"。

（3）构建透明公开的审计审查平台

谷歌的母公司 Alphabet 计划利用区块链技术构建一个透明公开的审计审查平台。谷歌将利用区块链技术来更新全球数据的审计信息，并且创建一个"防篡改"的日志，用以验证"链上"存储的数据信息不会被更改。谷歌即将申请的两个区块链项目：其中一个是包含"首个签名"的"目标区块链"，另一个是以单独的"链式结构"构建的存储数字签名的验证工具。

（4）谷歌拟启动"云计算"区块链技术开发工作

除了以上的"分布式账本""云操作平台""审查审计平台"，谷歌还正在大力研究支持旗下基于区块链技术的"云计算业务"工作的开展，以对抗来自互联网领域接踵而至的新兴初创公司的强力竞争，并以此在区块链技术站稳脚跟。

除去以上在区块链技术上的布局，谷歌还率先提出运用区块链技术，运用手机多余运算能力，搭建空中服务器网络的 Google Chain 计划。通过区块链技术整合每个手机多余的运算能力，充分发挥手机多余的硬件储存能力，以每个手机链接站点为网络节点，更方便，更快捷，更高效，使每个节点距离更近，进行更紧密的连接，临近区块之间反映更快，更迅速。

从 2012 年开始，谷歌就对加密数字货币领域初创企业进行投资，从 2012 年至 2017 年，谷歌旗下风投部门 Google Venture 在区块链技术领域投资了多家初创企业，包括 gyft、Blockchain、ripple、LedgerX、Buttercoin 等。

进入 2018 年第三季度，谷歌加快了与区块链公司的合作，同时加快了区块链工具的开发。对于坐拥全球十几亿广告客户的谷歌来说，借助区块链技术解决数据安全保护问题，进而维护其十几亿广告用户的利益，是其在当下应对日益激烈的竞争的有效手段。

此外，云计算服务作为最为吸金的业务之一，科技巨头们你追我赶，都想要争取更多的市场份额。在此领域，谷歌已经被微软、亚马逊甩开了一大截。2019 年初，谷歌定下了一个宏大的目标——在 2023 年成为全球云计算市场的第一名或第二名。而谷歌在区块链方面的众多布局，也被视为是为了借助区块链技术赶超竞争对手并实现这一目标的途径。

2019 年，谷歌大数据分析平台 BigQuery 悄然加入了以太坊经典 ETC 的网络插件，可以在所有谷歌云的 BigQuery 产品中搜索 ETC 区块链数据。实际上，谷歌早在 2018 年 2 月份就先后将比特币、以太坊区块链数据加入 BigQuery，并与人工智能协同。谷歌已经在区块链领域觉醒并加速。

2．微软：后发先至，野心优雅

虽然比尔·盖茨曾经声称不看好比特币的投资价值，但他依然看好区块链的应用价值。

2018 年 5 月 8 日，微软发布了 Azure 区块链工作平台，为开发人员运用区块链技术提供了新的应用工具。微软表示，一些合作伙伴已经开始使用这一平台，包括以色列银行 Hapoalim、雀巢公司以及软件生产商 Apttus。

Azure 区块链工作平台的发布，是微软在区块链领域发展的新举措。在过去的几个月里，微软已在区块链领域建立了多个合作伙伴关系。就区块链技术的不同方面进行研究。

早在 2015 年，微软就启动了"Azure 区块链即服务（BaaS）"计划。该计划将"区块链"技术引入 Azure，并为使用 Azure 云服务的金融行业客户提供 BaaS 服务，让他们可以迅速创建私有、公有及混合的"区块链"环境；

2016年，微软宣布启动了一项计划，微软称之为"开放的、模块化的区块链组件"，它被 Azure 所驱动。这个计划被称为 Bletchley，它是"用微软自己的架构方式创建区块链企业生态联盟"；

2017 年 5 月，微软宣布了一个新的框架，用以在 Azure 云平台上加速已通过企业概念验证（PoC）的区块链部署。旨在简化嵌入式概念验证过程。根据微软的说法，框架需要原型区块链网络，相关的 API（应用程序编程接口）以及散列服务和签名服务来支持测试。

2017 年 8 月，微软推出了 Coco Blockchain Framework，这是一个企业级开源区块链基础平台，用于构建符合企业标准的，机密的大规模区块链网络。Coco 的全称是 Confidential Consortium（机密财团），其特点是与区块链协议无关，而且与大多数当前的区块链网络兼容，旨在通过添加关键的企业需求即可扩展其功能。这一框架能够帮助银行、保险公司和制造商等企业，通过使用以太坊等建立共享数字账本及自动化智能合约，解决商业普及过程中的隐私性、速度和管理问题。

2017 年 10 月 17 日，微软在华盛顿特区召开了"政府云论坛 2017 大会"，宣布将推出"Azure 政府机密"（Azure Government Secret）服务，旨在使政府机构能够更好地访问云计算。除了提供这种新服务，微软还将打开区块链供应的大门，使其当前的"政府云"客户能够访问微软 Azure 区块链即服务（BaaS）产品。

2018 年 2 月 13 日，微软宣布，接受比特币和以太坊等公有区块链，应用于分布式身份识别系统。微软将率先支持基于区块链分布式 ID 验证在微软身份验证（Microsoft Authenticator）App 的应用。

事实上，自 2014 年，微软第三任 CEO 萨提亚·纳德拉（Satya Nadella）上任后，微软就提出了"移动为先、云为先（Mobile First, Cloud First）"的发展战略。

2014 年至 2020 年，微软逐渐由一个出售操作系统和消费者软件的公司，转型为以提供企业级服务为主要盈利来源的公司，云服务成为其主要营收来源。微软的区块链布局主要基于其云服务的不断发展，从微软的主营业务比重变化情况可以看出，微软的云服务所占业务比重逐渐增大。云服务的核心产品是 Azure 云平台，Azure 云平台是其区块链布局的基础。

3．IBM：深耕服务，领先一步

IBM 是最早布局企业级区块链的科技巨头，2014 年，IBM 便开始对区块链进行探索。2015 年，IBM 成为超级账本（Hyperledger Fabric）的初始成员企业。截至目前，IBM 的区块链布局已经涉及底层技术、贸易融资、跨境支付、供应链、物流、医疗等不同领域。

IBM 已经推出了一整套企业级区块链的架构、技术、产品和服务，在规模可观且日益增长的区块链产品和服务市场中，IBM 已经成为占据最大市场份额的企业之一。

根据 2018 年 3 月 8 日发布的一份投资者简报来看，IBM 目前已经在全球拥有至少 400 家与区块链相关的客户。在这些客户中，有 63 家与 IBM 进行了特定主题的合作：包括 25 家全球贸易公司、14 家食品公司、14 家全球支付业务公司，其中不乏雀巢、Visa、沃尔玛和汇丰银行这样的全球知名企业。

事实上，IBM 布局区块链项目最早可追溯到 2015 年。那年 IBM 宣布参加由 Linux 基金会领头的开源区块链项目开放式账本项目（Open Ledger Project）（现更名为超级账本（Hyperledger）项目），该项目一经公布便受到了金融、科技行业和区块链行业的广泛关注，除了 IBM 以外，该项目的参与者来自金融科技行业和银行业颇具影响力的企业如英特尔、思科、伦敦证券交易集团、摩根大通、富国银行、道富银行。本周，该项目的参与者已经增加到了 30 家，包括荷兰银行、纽约梅隆银行、芝加哥交易所集团、ConsenSys、NTT 数据、红帽公司、Symbiont 等。

IBM 充分利用其现有的品牌影响力，将自己定位为一个企业级的区块链解决方案领导者。而 IBM 作为 Hyperledger（超级账本）成立初期的最重要参与者之一，已经为 Hyperledger 贡献了 44,000 行代码，并助力超级账本孵化了 Fabirc 项目——一个超级账本框架。

2016 年 4 月，IBM 在自己的云服务上启动了区块链服务，IBM 通过这种方式加快了区块链在商业中的普及；同时在它的云端提供了区块链网络操作的安全框架，这让区块链的设计符合安全和监管需求。

除了开源区块链技术，IBM 还在参与定义一个全新的市场——区块链即服务（BaaS）。

IBM 的"区块链即服务"属于公共云服务，客户可基于此开发安全的区块链应用。在 IBM InterConnect 2017 会议上，IBM 宣布了其首个商业应用项目——"IBM Blockchain"。而 IBM Blockchain 的操作框架正是 Fabric。基于 Fabric，开发人员便可以构建企业级应用。IBM Blockchain 旨在为用户提供端到端的区块链平台解决方案，快速搭建高可用的区块链应用，还可以提供区块链平台安全特性，并且在全球各地都可以使用。

2017 年底，IBM 的区块链与技术合作伙伴 Stellar.org 和 KlickEx Group 合作，共同构建新的跨国支付解决方案。该解决方案可以促进在多种货币体系之间的跨境支付。IBM 已经召集了一批大型银行合作伙伴来进一步推动这一举措。该解决方案已在太平洋群岛、澳大利亚、新西兰和英国间的 12 条货币走廊中处理实时交易。

2018 年 1 月 17 日，丹麦哥本哈根航运巨头马士基集团和 IBM 宣布将成立合资公司，通过区块链技术为开展全球贸易及供应链数字化提供更为高效、安全的端到端数字化服务。建立新合资公司旨在创建一个联合开发的全球贸易数字化平台（Global Trade Digitization Platform，以下简称 GTD）。这个平台建立在开放的标准基础之上，全球航运生态系统中的各方均可使用。它将解决在跨境和贸易区内货物运输方面的需求，使信息流更透明、更简化。

截至 2020 年 1 月，IBM 已经形成了 IBM 超级账本（Hyperledger）、IBM Food Trust 和 IBM Blockchain Platform 三条基本产品线。其中，

IBM Food Trust 运行在 IBM 区块链云平台 IBM Blockchain Platform 之上，底层采用标准的超级账本 Hyperledger Fabric。

无论是 Hyperledger 中的开源项目，还是后推出的 BaaS，IBM 在进行着多行业跨领域的区块链应用探索，而且，寻找更多的盟友是当前 IBM 的区块链战略显著的特征。

在区块链人才储备上，IBM 同样投入巨大。2018 年，IBM 曾招募大约 1600 名员工加入区块链技术项目。

作为最早布局区块链的企业之一，IBM 在区块链专利申请方面的表现也尤为突出。公开资料显示，2015～2017 年，IBM 均保持了区块链专利申请数量第一的位置，2018 年被阿里巴巴以微弱优势领先。从 2019 年上半年的区块链专利申请情况看，IBM 已经逐渐丧失了在区块链专利上的领先优势，申请数量处于第五位。在区块链专利上，IBM 已被阿里巴巴超越，但仍强于 Amazon 和 Microsoft。

4．Facebook：整合力量，推出天秤币

对 Facebook 来说，区块链这一领域是一定要涉足的，错过的风险实在是太大了，区块链可能会比互联网还要影响深远。

2018 年夏，Facebook 进行了一次大规模高层重组，重新安排了产品副总裁的职责，并且增加了一个不同寻常的新部门——Facebook 原即时通信 APP 负责人戴维·马库斯（David Marcus，曾是 PayPal 的总裁，也是加密货币交易所 Coinbase 的董事会成员之一，2014 年加入了 Facebook）将领导一个不足 12 人的团队，专门研究区块链技术。与马库斯一起共事的包括 Instagram 前著名产品副总裁凯文·威尔（Kevin Weil）和 Instagram 工程副总裁詹姆斯·埃弗林厄姆（James Everingham）。同时，Facebook 还计划推出自己的加密数字货币，从而让世界各地数十亿的用户通过这种虚拟代币实现电子支付。

Facebook 布局区块链和之前引发轩然大波的泄露用户隐私数据事件也有着很大的关系。用户数据泄露事件造成的负面影响极大，Facebook

希望借区块链技术能一劳永逸地解决用户隐私保护的问题。

2019 年 6 月 18 日,Facebook 正式发布了其数字货币项目 Libra (天秤币)的白皮书,标志着以 Facebook 为代表的传统互联网行业向区块链行业进军的脚步逐渐加速。Libra 计划于 2020 年正式发行。Libra 由一篮子银行存款和短期国债作为储备资产,在区块链上实现低波动、低通胀、可在全球通用的加密数字货币。

Libra(天秤币)的发布在全球互联网圈内引起了不小的轰动。

5. 甲骨文:姗姗来迟,追赶风口

甲骨文(Oracle)是全球最大的企业级软件公司,早在 2017 年就开始布局区块链,并计划在 2018 年推出服务于企业的区块链产品,而此计划终于要兑现了:2018 年 5 月 7 日,时任甲骨文产品开发总裁的 Thomas Kurian 在位于美国加利福尼亚州的总部表示,他们将在当月推出区块链即服务(BaaS)平台,并会在 6 月份发布区块链 App。

Thomas Kurian 表示,甲骨文正在与智利银行、尼日利亚政府合作,在金融、海关进出口领域已有基于区块链技术的应用。下一步,甲骨文还将为医药公司提供基于区块链的溯源解决方案。

早在 2017 年 9 月,甲骨文就已经正式加入了由 Linux 基金会领导的区块链开发项目——超级账本,甲骨文认为,通过像超级账本这样的项目推动的可扩展跨行业技术、机密交易和模块化框架是关键的组成部分。

2019 年 8 月 8 日,甲骨文"数聚中国 30 年"数据库云大会在北京举行。会上,甲骨文发布了 Oracle 区块链本地解决方案。甲骨文称,该解决方案有能力帮助企业轻松搭建区块链网络,使企业更安全、高效地处理交易,并在全球供应链跟踪货物。

5.5 监管者们在行动

以上内容介绍了区块链生态圈中的链圈、币圈、矿圈,以及传统互联网巨头们在区块链中的布局，接下来介绍当前全球各主要国家对区块链领域中最受瞩目，最为活跃，产生最广泛影响，也是争议最大的、跨越国界的加密数字货币的监管政策。

了解监管者们的态度，明晰监管政策，有利于创业者们规避法律风险，从而能够更好地促进区块链产业的良性发展。

5.5.1 亚洲国家

世界上大多数的加密数字货币交易都发生在下述的这几个亚洲国家。

1. 日本

日本修订后的《银行法》和《犯罪收益转移防止法》规定，禁止银行和证券公司在没有注册的情况下为客户提供比特币交易，但允许自营交易比特币，同时修订后的《支付服务法案》承认加密数字货币作为支付手段，赋予其与各个主权信用货币相同的法律地位。迄今为止，日本金融厅已授予十七家数字货币交易所合法经营的营业执照。

2017年9月6日，日本国家税务局宣布，来自加密数字货币的收益须缴纳个人所得税，分类为"杂项收入"，但与产生业务收入的活动，（如挖矿）相关的情况除外。也就是说，矿工可以从他们的最终收益中减去像挖矿设施成本、电力消耗等费用，再行缴纳个人所得税。

2018年1月，日本 CoinCheck 交易所发生 NEM（新经币）被盗事件，引发了日本金融厅对国内数字货币交易所的强化审查，3月，金融厅对所管的 Coincheck、GMOCoin、Mr.Exchange 等多家数字货币交易所做出行政处分，并对其他部分数字货币交易所要求限期业务整改。在这样的监管环境下，8家已经提交申请的交易所撤回了牌照申请。虽然监管有所强化，但整体来看，日本对加密数字货币依旧持支持和鼓励态度。

2018年2月，日本国税厅推出了针对数字资产税收全方案，裁定数字资产收益属于个人"杂项收入"，按照累进制税率进行报税，从 15%到 55%不等，如果投资者当年含数字资产资本利得的收入超过 4000 万日元（约合 36.5 万美元），那么超出部分就将征收 55%的最高税率，远高于对投资股票、外汇等征收的 20%左右的所得税。

2018 年 3 月 8 日，日本金融服务管理局发布了 8 道"肃清令"，第一道为成立了"虚拟货币交易从业者研究会"；余下 7 道均为"罚单"，两家数字货币交易所被关停，另外 5 家被要求整改。

2018 年 4 月 10 日，日本加密货币商业协会在金融服务管理局委托的研究小组会议上提交了一份报告，分析了 2017 年 17 家主要交易所的各项数据。报告的公开推动了日本加密数字货币交易市场的透明度。数据显示，由于加密数字货币投资激增，日本在 2017 年已经成为全球最大的加密数字货币交易市场。其中，比特币的年交易额从 2014 年的 2200 万美元增至 2017 年的 970 亿美元——增长幅度之高令人咋舌。

2018 年 5 月 1 日，据福布斯报道，为了防止洗钱等犯罪活动，日本金融厅正在暗中施压数字货币交易所，迫使他们放弃门罗币（XMR）、Zcash（ZEC）、达世币（DASH）等为罪犯和黑客青睐的加密数字货币交易。

2018 年 5 月 7 日，日本金融厅将对国内数字货币交易所采取进一步监管。交易所还将面临更严格的反洗钱措施，要求进行"了解你的客户"（Know Your Customer，KYC）方面的检查，比如身份证验证；对大笔转款则要采取多重密码保护。日本央行行长表示，对于加密数字货币来说，需要考虑到对消费者的保护。加密数字货币需要一些监管，但是同时也需要避免阻碍创新，加密数字货币可以成为金融系统的一个优势。

2018 年 6 月，日本规模最大的 bitFlyer 等 6 家交易所都收到整改通知。bitFlyer 被检查发现安全系统中存在问题，涉及在防止洗钱、恐怖主义融资等方面的问题。

2019 年 5 月份，日本参议院全体会议通过了关于加强对加密数字货币交易服务商、交易活动监管的《资金结算法》及《金融商品交易法》修正案。根据修正案，"虚拟货币"名称将更改为"加密资产"。该制度有望在 2020 年 4 月生效。

面对加密数字货币，无论是在政府监管政策，国民参与积极性，还是在加密数字货币的实际应用方面，日本都表现出了领先一步的姿态。作为加密数字货币的流通中枢，日本的合规加密数字货币交易所目前已经有 20 家（2019 年 9 月止）。这些交易所都需要"持证上岗"，在获得日本金融厅颁发的加密数字货币交换行业营业执照后才能营业。同时，他们还要受到监管政策的多方面约束，如要求用户实名认证且邮件寄送确认等，以此保证洗钱等风险发生的概率降到最低。

2．中国

早在 2016 年，我国就将区块链技术列入国务院《"十三五"国家信息化规划》，把区块链作为一项重点前沿技术。此后，国家也相继出台了多项关于区块链发展的政策。

2017 年 9 月 4 日，中国人民银行、中央网信办、工业和信息化部、国家工商行政管理总局、中国银行业监督管理委员会（银监会）、中国证券监督管理委员会（证监会）和中国保险监督管理委员会（保监会）七部门联合发布联合发布《关于防范代币发行融资风险的公告》（银监会与保监会已于 2018 年 3 月合并为中国银行保险监督管理委员会，简称银保监会；国家工商行政管理总局职责进行调整，于 2018 年 3 月组建为国家市场监督管理总局），正式定性 ICO 是非法集资，并明确禁止任何代币发行融资活动。中国对于加密数字货币的态度始终保持克制和理性，政策调控较为严格。中国央行曾多次发布公告，提醒投资者加密数字货币的风险。

2018 年 1 月 26 日，中国互联网金融协会发布《关于防范境外 ICO 与"虚拟货币"交易风险的提示》，呼吁广大投资者认清境外 ICO 与加密数字货币交易平台的风险，牢固树立风险防范意识，不参与或组织参与任何涉及 ICO 和加密数字货币交易的活动。提示表示有关管理部门对境内 ICO 行为及数字货币交易场所的清理整治工作已基本完成，期间有部分投资者转向境外开展相关活动。根据国家相关管理政策，境内投资者的网络访问渠道、支付渠道等可能会受到影响，投资者将蒙受损失。2月4日，央行旗下《金融时报》报道称，针对境内外 ICO 和加密数字货币交易，监管机构将采取一系列监管措施。

2018年4月23日，中国银保监会发布消息表示，密切关注民间贷款利率以打击非法集资，继续防范互联网金融风险。所有 ICO 平台和比特币交易已经全部退出中国市场。

2018年8月24日，中国银保监会、中央网信办、公安部、中国人民银行、国家市场监督管理总局发布《关于防范以"虚拟货币""区块链"名义进行非法集资的风险提示》，强调打着"金融创新""区块链"的旗号，通过发行所谓"虚拟货币""虚拟资产""数字资产"等方式吸收资金的活动实则以"金融创新"为噱头，是"借新还旧"的庞氏骗局，资金运转难以长期维系。

2017年9月5日，中国香港证券及期货事务监察委员会（香港证监会）发布《有关首次代币发行的声明》，明确表示 ICO 发行的 Token 如属于法规界定的"证券"范畴，须遵守香港证券法，公司将对其 ICO 相关活动承担全部法律责任。以香港市民作为发行对象的 ICO，无论公司在何处注册，参与方须取得牌照并备案。香港证监会表示，数字货币交易所须获证监会发牌或向证监会注册，并且已经责令多家数字货币交易所将属于证券类型的加密数字货币下架，若发现有公司继续向公众发放具有证券性质的加密数字货币，不排除有进一步行动的可能。2018年2月9日，香港证监会发布《证监会告诫投资者防范数字资产风险》公告，对7个加密数字货币交易平台和项目方发出警告，重申 ICO 项目需符合监管要求的必要性，并提醒公众在投资 ICO 和在数字货币交易所进行交易时的潜在风险。

我国台湾地区货币政策主管机关于2013年认定，比特币等加密数字货币是商品，与法定的主权信用货币有所区分。台湾地区货币政策主管机关新任负责人表示，台湾地区货币政策主管机关现阶段的主要任务是"注意趋势"和"进行实验"。2018年4月，台湾地区法务部门负责人表示，为避免比特币等加密数字货币成为洗钱工具，将把加密数字货币纳入监管，推出基于现有反洗钱法规的加密数字货币监管制度。

2019年10月24日下午，中共中央政治局就区块链技术发展现状和趋势进行第十八次集体学习。中共中央总书记习近平在主持学习时强调，区块链技术的集成应用在新的技术革新和产业变革中起着重要作用。要把区块链作为核心技术自主创新的重要突破口，明确主攻方向，加大投入力度，着力攻克一批关键核心技术，加快推动区块链技术和产业创新发展。

自"10·24讲话"之后，全国各地方政府积极学习讲话精神，把握区块链机遇，加强顶层设计，提升当地的区块链产业优势，为抢滩区块链发展先机，各地方政策百花齐放。

据相关报道，目前全国多地陆续出台了众多涉及区块链的政策信息，推动区块链产业发展。上海、杭州、苏州、广州、长沙、重庆、成都等城市为了吸引更多区块链企业落户，专门建立了区块链产业园区，甚至专门针对区块链初创企业落户、企业经营、高层次专业人才落户、购房补贴以及生活补助等方面都出台了相应的扶持政策。

3. 韩国

韩国一直是加密数字货币领域的先锋。有分析师估计，全球约有21%的比特币交易量发生在韩国。正因为韩国加密数字货币交易频繁，黑客袭击防不胜防，倒逼韩国政府不得不进一步完善对加密数字货币的监管，并尽快建立长效机制。

2017年起，韩国的加密数字货币交易活动日趋活跃，尽管目前韩国还允许交易所继续运营，但该国也在加强监管，并且正在制定一套全面的监管规定，韩国央行行长在国民议会规划和财政委员会的听证会上谈到，最重要的是要找到方法来保护消费者和防止与加密数字货币相关的违法行为。

2017年9月，韩国金融服务委员会正式宣布"禁止通过各种形式的加密数字货币进行筹集资金",并表示加密数字货币需要受到严格的控制和监视。韩国金融服务委员会同时宣布将禁止匿名交易;禁止未成年人和政府官员进行交易;对加密数字货币交易征税。

2018年1月30日起,韩国新韩银行、农协银行、企业银行、国民银行、韩亚银行、光州银行6家商业银行要求加密数字货币用户开户时必须进行实名认证。数字货币交易所既有账户转为实名确认账户后即可获批交易,而新用户在开户时必须实名认证。

2018年4月5日,韩国政府对企业的监管机构公平交易委员会向12家国内数字货币交易所下令,要求修改其定式合同,认为它们大多未能给予消费者足够的保护。

2018年5月13日,韩国金融监督院加入了对该国最大数字货币交易所Upbit的调查。韩国金融监督院协助韩国金融情报分析院和金融监督服务委员会,共同评估Upbit的资产负债表。

2018年6月28日,韩国金融服务委员会针对数字货币交易所公布了新的加密数字货币监管框架和指导,要求数字货币交易所进行客户尽职调查和强化尽职调查,并进行足够的客户背景检查,确保外国人不使用韩国交易所买卖加密数字货币;犯罪分子不能秘密利用个人账户洗钱;防止可疑交易和支付处理。

自2019年12月份以来,韩国已经陆续释放了加密数字货币的对策。韩国政府已经考虑了各种措施,从司法部提出的全面禁令到监管态度的缓和。

2019年12月8日,据报道,韩国企划财政部表示,政府决定对虚拟资产征收所得税,计划2020年通过《税法》修正案,制定具体的征收方案。21日,韩国国会政务委员会法律审查小委员会通过了《关于特定金融交易信息的报告与利用等法律》修订案。虽然该法案不是专门为加密数字货币交易所创建的单独法律,但是它也包括了加密数字货币交易所(虚拟资产经营者)作为特别金融法的对象之一。

有专家解释成韩国试图设立令人满意的加密数字货币及区块链政策。在过去的五年里,韩国已经成为世界上最具创新精神的国家之一,并且正在成为世界上最大的加密数字货币交易市场之一，其区块链技术也突飞猛进。

经韩国科学和信息通信技术部证实，韩国政府将在2020年对区块链项目投资约1280万美元。韩国总统直属第四次工业革命委员会也敦促政府尽快使加密数字货币制度化和制定相关税收方案。并表示，政府应意识到区块链是必然趋势，尽快确定基于区块链的加密数字货币法律地位。

4．印度

2018年2月1日，印度财政部长承诺将严厉打击加密数字货币的非法用途，并强调加密数字货币不是合法货币，政府不会考虑将加密数字货币合法化，同时政府将阻止在其司法管辖范围内使用比特币和其他加密数字货币进行交易的行为。

2018年4月5日，印度央行宣布，禁止央行监管的实体为任何个人和企业实体处理和提供加密数字货币的服务和结算。如果已经提供这类服务，必须在一定期限内终止。

2018年4月11日，印度政府在调查中发现，印度公民在过去的17个月里可能进行了35亿美元的加密数字货币交易，面对巨大的利益，印度税务部门立刻向加密数字货币交易商和投资者发出了税收通知。

2018年6月，印度财政部经济事务部部长透露，印度加密数字货币监管条例将于7月公布，草案框架已经制定，并且印度政府不会将加密数字货币视为通货，不会允许加密数字货币进入该国支付系统，执行机构将采取措施来终结数字资产的非法使用。

不过，在加密数字货币既未合法化又未被监管的印度，当地创业公司正在积极主动地提供服务，帮助加密数字货币投资者计算应缴纳的税费。但是，印度央行印度储备银行曾多次向加密数字货币持有者和交易商发出警告，声称没有授权任何实体或公司经营比特币或其他加密数字货币的许可。

5．新加坡

新加坡加密数字货币政策的开明众人皆知。历史上新加坡一直是东南亚的金融中心，现在也渐渐地在变成亚洲的加密数字货币中心。与亚洲以及世界上的其他国家相对比来说，新加坡的监管机构对区块链和加密数字货币的看法更为全面，也更加透明。

2017年8月1日，新加坡金融管理局首次表明对ICO这种融资方式发表立场。一是明晰和界定了数字凭证和虚拟货币的概念和范围；二是继续强调要防止利用虚拟货币进行洗钱或恐怖融资等不正当行为；三是强调ICO属于《证券与期货法》的管理范围中的、由数字凭据所构成的产品，ICO需要接受新加坡金融管理局的监管。

2017年10月2日，新加坡金融管理局发布《答复议会有关在新加坡使用加密货币的问题及监管加密货币和ICO的措施》，表示目前正在制定一个新的支付服务监管框架来应对洗钱和恐怖主义融资风险。同时表示，虚拟货币若超越其作为一种支付手段的身份，演变为代表资产所有权等利益的"第二代"代币，类似于股票或债券凭证，那么出售该类"第二代"代币来筹集资金的ICO项目应受新加坡金融管理局监管。新加坡金融管理局还没有专门为ICO发布新的立法，但新加坡金融管理局会继续监察这类发行的发展情况，如有需要会考虑更有针对性的立法。

2017年11月14日，新加坡金融管理局发布《数字代币发行指引》，对受法律监管的数字代币发行活动做出明确定义。若发行的数字代币代表投资者持有的企业股权或资产所有权，或是可转换为公司债权，就受证券期货法管制。文件表明，新加坡数字资产相关的中介机构，若涉及提供被视为资本市场产品、证券或期货合约的数字资产交易，则需要获得相应牌照、批准，若仅提供币币交易，且不涉及上述被视为资本市场产品、证券或期货合约的数字资产，则无须相关牌照，但仍需要符合反洗钱法的相关规定。

2018年2月5日，新加坡副总理兼央行负责人表示，目前虽然没有理由去禁止加密数字货币，但是新加坡金融管理局正在密切研究加密数字货币可能构成的潜在风险，并要求相关中介机构严格遵守反洗钱法规定。

2018年6月5日，新加坡金融管理局局长在野村亚洲投资大会上表示：ICO就性质来说不属于证券范畴，因此不受《证券期货法》的限制。但是如果ICO具有证券性，例如有的发行公司向投资者承诺通过这些加密数字货币可取得回报，那么它就应该被归类到证券范围内，视为投资产品。就必须遵守《证券期货法》，接受新加坡金融管理局的监管，并像所有的上市公司计划一样，提供公开招股书，披露公司细节和业务状况。

2019年初，新加坡国会审议通过《支付服务法案》（Payment ServiceAct），对加密数字货币业务的监管进行了明确，该法案规定，数字货币交易所、OTC平台、钱包等属于支付型代币服务商，需要满足相关反洗钱规定，并申请相应牌照。

2019年7月，新加坡税务局发布针对数字支付代币的商品服务增值税草案。

2019年12月20日，新加坡金管局宣布于2020年1月28日起正式实施《支付服务法案》。这项法案将使新加坡成为少数几个对加密数字货币业务有明确监管的国家，会进一步促进区块链、加密数字货币在该国的合规发展。

6. 越南

2018年4月11日，越南总理签署关于《加强对比特币和其他加密数字货币管理的法律框架的指示》。该文件内容包括越南国家银行（State Bank of Vietnam，SBV）应指示信贷机构和中介支付服务机构不要进行加密数字货币的非法交易；越南国家银行将与该国公安部合作，处理使用加密数字货币作为支付手段的行为；财政部将引导上市公司、证券公司、基金管理公司和证券投资基金，不进行涉及加密数字货币的非法发行、交易和经纪活动；用于挖掘加密数字货币的硬件进口应受到限制；公安、工贸、信息、通信、司法等部门应加大与加密数字货币有关的营销诈骗活动的调查、预防和处理。

2018年7月26日，据越南当地日报 Vietnam News 报道，越南国家证券委员会（State Securities Commission，SSC）日前发布声明，禁止本国上市公司、证券公司、基金管理公司和证券投资基金参与任何与加密数字货币有关的发行、交易和经纪活动，并要求它们遵守与反洗钱相关的法律规定。

2018年8月，越南国家银行警告民众，加密数字货币在越南不是法定货币，并且禁止发行、使用和供应加密数字货币。违反此规定的人将会被罚款150万～200万越南盾（约合6500～11000美元）。

7．泰国

在东南亚其他国家对于区块链技术持怀疑态度之时，泰国早早就做好了区块链的相关布局。

2018年6月8日，泰国证券交易委员会（Securities and Exchange Commission，SEC）发布数字资产交易监管细节，旨在规范数字资产交易。泰国证券交易委员会要求所有市场参与者，包括从事数字资产交易的ICO发行人、交易所、经纪人和交易商必须向泰国证券交易委员会注册；对个人投资ICO设置数额上限，并向数字货币交易所按照交易量收取年费。

2018年7月3日，泰国通过《数字资产商业法令》，赋予数字资产货币和证券的双重属性，如何判定取决于加密数字货币的用途和开发目的：用作商品交换媒介时定义为"加密数字货币"，参与投资或接收特定商品时定义为"数字通证"。

2018年7月4日，泰国证券交易委员会公布有关数字通证的监管法规。新规主要集中于ICO方面，要求：发行方必须为遵循泰国法律注册的公司；对机构投资者、拥有超高资产净值的个人投资者、风险投资公司和私募股权公司进行募资，ICO 可无限制发行；但对散户投资者募资额不得超过 30 万泰铢、约合 9050 美元；ICO 发行只能接受一种法币——泰铢和七种加密数字货币，分别为比特币（BTC）、比特币现金（BCH）、以太币（ETH）、以太经典（ETC）、莱特币（LTC）、瑞波币（XRP）和恒星币（XLM）。

2019 年，泰国甚至修改了税收法案，将加密数字货币公司纳入税收范围，泰国央行表示正在开发自己的区块链环境和加密数字货币，以便在一个更快、更实时的系统中用于银行间结算。作为东南亚最具潜力的新兴市场之一，泰国政府积极转变监管态度，完善相关领域的立法，紧跟数字领域发展脚步，或许也是泰国区块链在整个东南亚地区较为领先的原因。

2019 年 8 月，泰国反洗钱办公室考虑在《反洗钱法》法案中增加要求加密数字货币服务提供商报告不规范活动的义务；此外，泰国证券及交易事务监察委员会同样就加密数字货币交易投资骗局发出相应警告。

2019 年 11 月 25 日，泰国证券交易委员会计划 2020 年修改其数字资产业务法规，以促进加密资产的发展，同时保护投资者免受不必要的风险。

5.5.2 美洲国家

1. 美国

美国对加密数字货币各州及不同机构有相应的监管规则。美国商品期货交易委员会（Commodity Futures Trading Commission，CFTC）将比特币定义为大宗商品，同时会对包括洲际贸易中涉及比特币的欺诈、操纵等行为，以及与比特币直接挂钩的大宗商品期货交易进行监管。

总体而言，美国鼓励区块链创新技术，但严格监管 ICO。

1）加密数字货币监管方面：美国监管机构将比特币界定为"可转化虚拟货币"，受《银行安全法》监管；同时，对于比特币可能涉及的洗钱问题则由美国金融犯罪执法网络（Financial Crime Enforcement Network，FinCEN）进行监督。

2）在投资活动方面：比特币中的"挖矿"合同则属于投资合同，属于 SEC 的监管范畴。同时，美国国内税务局（Internal Revence Service，IRS）出台了适用于比特币等加密数字货币的征税建议，认为比特币等加密数字货币本质上是一种资产，因而需要缴付财产税。

3）对交易所的态度：美国承认数字货币交易所的合法性，但是监管体系也比较严格。如：从 2015 年到 2017 年，纽约州总共收到了 26 份数字货币交易所的许可证申请文件，到 2017 年 10 月为止，只有三家拿到了经营许可，分别是 Circle Internet Financial、XRP、Coinbase。

4）对 ICO 项目态度：首先对项目本身进行"Howey Test"（用于判定一金融工具是否为"证券"），如果被判定为是证券，则会受到美国证券交易委员会的监管，且之前发放的代币属于"未注册证券"，违反了美国的证券法。迄今为止，美国证券交易委员会还未通过任何一个 ICO 项目。

具体而言，美国对加密数字货币和 ICO 的政策如下：

（1）对加密数字货币的具体政策

2016 年 12 月，美联储发布首个区块链报告《支付、清算与结算中的分布式分类账本技术（DLT）》，强调区块链技术在银行交易结算中的突出价值。

2017 年 1 月，美联储发布《美国支付体系改善进度报告》，认可加密数字货币在支付行业领域应用的广泛前景，认为分布式记账的特征可能对传统支付行业的运行模式造成冲击，可能取代传统支付链条中清算结算服务商的角色。

（2）对 ICO 的具体政策

2017 年 7 月，美国证券交易委员会发布 ICO 风险教育的投资者公告，称将依据事实情况与具体环境，界定为有价证券的加密数字货币都将纳入证监会监管体系。

2017年9月，美国证券交易委员会认为ICO代币可被视为有价证券，应当接受监管审查，并为了打击ICO违法行为，设立新部门防止ICO违反财务条例和证券授权。

2017年9月底，美国证券交易委员会首查ICO两家公司利用虚假ICO非法集资。

2018年2月，美国连续举办了两场关于区块链的国会听证会，听证会中，沃尔玛、IBM、NIST方面的发言分别解释了区块链技术现阶段的在各自领域的应用，已具备的功能及未来应用预期，并向美国国会提出一系列建议，包括监管政策应区别区块链在新货币形式中的使用与区块链的更广泛应用等。此外，在此次听证会上，美国证券交易委员会主席指出：未注册的ICO违法，并否认曾批准和将批准ICO。

2018年3月，美国举办了第三场关于加密数字货币的听证会，主要观点有：分清通证资产（ICO代币）和数字资产（加密数字货币），认为数字资产如BTC、ETH、LTC、BCH应当被定义为电子货币而非证券，并表示Coinbase目前并没有交易ICO资产，而对于不同的通证资产，应当区分为商品性通证和证券性通证，从而纳入相应的监管体系；ICO项目的白皮书披露应当更加详细，同时关于美国商品期货交易委员会和美国证券交易委员会之间的管辖权力的分配也是重要问题。

美国联邦政府层面对加密数字货币的政策尚未出台新规定，大都沿用现行法规。

除了美国联邦政府外，在对加密数字货币实施监管这个问题上，纽约州一直走在前列。早在2014年的时候，在其他各州普遍还没什么太大的动作时，纽约州就已经把加密数字货币列入自己的监管框架。此外，美国各个州对于货币服务的法律解释差异较大，因此各州对加密数字货币具有不同的监管态度。

作为虚拟货币经营活动最为活跃的地区，美国对加密数字货币的监管态度一直吸引各方注意。2019年，美国重点关注对加密数字货币的收税和Libra的监管。

随着 Libra 的横空出世，美国国会对加密数字货币不断加强监管，引发了各界的关注。在 Libra 于 2019 年 6 月推出的一个月之后，2019 年 7 月 18 日，G7 会议草案概要发布，其中指出，稳定币必须符合最高标准的金融监管要求。

2019 年 10 月份，美国国税局（IRS）发布了一份关于加密数字货币纳税的指导原则，该份指导原则包括加密数字货币分叉币产生的税收负债、评估作为收入收到的加密数字货币的可接受方法、出售加密数字货币时如何计算应纳税所得额等内容。

2019 年 12 月 19 日，福布斯发布文章称美国国会正在起草和讨论《2020 年加密数字货币法案》，其目的是澄清哪些联邦机构可以监管数字资产。福布斯透露该法案初步审核内容有：

1）将"联邦数字资产监管机构"或"联邦加密监管机构"的职责分配给三个机构：商品期货交易委员会（CTFC）、证券交易委员会（SEC）和金融犯罪执法网络（FinCEN）。

2）将数字资产分为三类：加密数字货币、加密商品和加密证券。

3）联邦加密数字货币监管机构属于以下类别之一，并被定义为唯一有权监管以下内容的政府机构：CFTC-加密商品；SEC-加密证券；FinCEN-加密数字货币。

4）要求每个联邦加密监管机构向公众公开并保持最新状态，以列出创建或交易数字资产所需的所有联邦许可或证明。

5）要求美国财政部长通过 FinCEN 建立类似于金融机构的规则，以追踪加密数字货币交易的能力。

尽管美国对于区块链的态度越来越明朗，但是，由于涉及较为敏感的金融证券领域，区块链行业，尤其是加密数字货币在美国面临的政策环境还是比较严苛的。

2. 加拿大

加拿大相关监管机构表示，与加密数字货币相关的产品应被视为高风险有价证券，ICO 可能被视为有价证券发行行为。与此同时，该国的股票交易所已经成为与加密数字货币相关的股票和加密数字货币领域的交易型开放式指数基金（ETF）的热门目的地。

不过，加拿大仍旧是将加密数字货币视为资产或证券，而不是货币。加拿大央行行长于 2018 年 1 月接受采访时表示，比特币交易就是一种赌博，加拿大央行会在适当的时机出台相应的监管政策。

2019 年 7 月 13 日，加拿大证券管理局（CSA）发布的《2019-2022 年业务计划》中，纳入了关于 DLT（分布式账本技术）和加密资产的部分。CSA 还将考虑与加密资产相关的托管要求，以及区块链证券可能独有的融资问题。

加拿大将在法律上要求加密数字货币交易所自 2020 年 6 月 1 日起在加拿大金融交易和报告分析中心注册，此要求将与加拿大新的反洗钱法律的其他修正案一起生效。

3．墨西哥

2018 年 3 月 1 日，墨西哥众议院通过一项法案，确定了加密数字货币在墨西哥并非法定货币。该法案还将加密数字货币交易所的监管权授予了墨西哥中央银行，此后加密数字货币将作为一种商品存在于墨西哥市场。

2018 年 9 月 10 日，墨西哥政府发布通知，所有在墨西哥提供服务的加密数字货币交易所和银行现在都必须获得墨西哥央行的许可证。相关企业若要获得许可证，必须提供详细的商业计划，包括商业运作、计划收取的佣金，以及验证客户身份的机制。金融机构必须识别涉及加密数字货币交易的所有客户，这些措施是为了防止洗钱和非法活动。

2018 年 9 月 17 日，墨西哥政府颁布法规，金融科技公司必须获得央行批准才能经营加密数字货币业务，将由墨西哥央行来决定某种加密数字货币是否合法，金融科技公司必须获得央行的批准才能经营加密货币相关业务。该法规为加密数字货币与法币的兑换开了绿灯，为中小企业提供了通过集体融资平台从公众获得融资的可能性。

2019年3月，墨西哥央行公布的对加密数字货币的二级监管法律规定，金融公司只能使用内部交易要求的虚拟资产进行交易，但事先必须经过墨西哥中央银行的授权；墨西哥央行不会授权任何金融公司提供加密数字货币交易、转账或者托管服务。

5.5.3 欧洲国家

1．欧盟

欧盟委员会公布，包括英国、法国、德国、挪威、西班牙和荷兰在内的多个欧洲国家签署了一项声明，宣称将共同展开欧洲区块链合作。该声明旨在促进成员国之间的合作，交流技术和监管领域的经验和专门知识，并在欧盟范围内的单一市场创建区块链应用。

目前，已签署区块链合作宣言的国家有：奥地利、比利时、保加利亚、捷克、爱沙尼亚、芬兰、法国、德国、爱尔兰、拉脱维亚、立陶宛、卢森堡、马耳他、荷兰、挪威、波兰、葡萄牙、斯洛伐克、斯洛文尼亚、西班牙、瑞典和英国。

欧盟委员会于2018年2月与以太坊初创企业ConsenSys发起欧盟区块链观察站与论坛（EU Blockchain Observatory and Forum），此后不久，欧盟委员会表示将在2018年中启动一个金融科技实验室（Fintech Lab），以促进发展包括区块链在内的新兴技术。

目前，欧盟委员会仍在审查对加密数字货币的监管框架。负责协调成员国标准的欧洲证券与市场管理局（European Securities and Market Authority，ESMA）已经为投资者提供了与加密数字货币相关的衍生品限制标准，并且正在评估欧盟新的MiFID II规则如何适用于数字资产。

2018年2月7日，欧洲证券与市场管理局发布了最新的监管工作议程，其中概述了该机构将重点关注的五个领域，其中就包括加密数字货币和区块链技术。同时，欧盟方面没有任何禁止甚至限制加密数字货币挖矿的法律。

2019年4月初，欧盟（EU）在官网上宣布，其将成立一个名为国际可信区块链应用协会（International Association of Trusted Blockchain Applications，INATBA）的组织，以推动区块链技术的广泛采用。INATBA是欧盟欧洲区块链合作关系的一个分支，其目标旨在将行业初创企业、中小企业（SME）、监管机构和标准制定机构联合起来，从而将区块链和分布式账本技术（DLT）纳入主流采用。

2020年2月11日，欧盟委员会（European Commission）表示正在收集来自欧盟公民、企业、监管机构和其他利益相关方的反馈，以便在欧洲层面上建立加密资产和市场的监管框架。

2. 德国

2013年8月，德国政府宣布认可比特币的法律和税收地位。2018年3月，德国出台加密数字货币征税文件，指出比特币与法币享有同等地位，增值税仅适用于以加密数字货币支付的货物和服务。

德国当局表示，交易所在交易加密数字货币时可以享受税收优惠，对于加密数字货币挖矿也不应征税，但需要持有牌照合法经营，同时德国已开始严打缺乏经纪服务许可的交易平台。

2019年9月18日，德国政府通过了一项全新国家战略政策，旨在概述该国使用区块链技术的方式，确定政府在区块链领域里的优先职责，包括数字身份、证券和企业融资等。同时，该战略文件中还指出，德国不会容忍像Facebook Libra这样的稳定币对其法定货币构成威胁。

根据该战略路线，德国将认真探索区块链在数字身份领域的应用。德国政府很快启动一个基于区块链技术的数字身份试点项目，旨在研究区块链技术在维护公民身份记录、文件登记、护照和身份证等实际应用中的优势。

德国区块链战略重申了国家计划，该计划将使德国财政部此前宣布的分布式账本证券合法化，并承诺允许证券以纯数字形式存在，包括存在于区块链上。德国区块链战略文件中提到，如果证券通过区块链发行，那么证券交易的执行和结算可以比目前更具成本效益，交易速度也会更快。

2020年3月2日，德国金融监管局（BaFin）发布指导意见，将加密数字货币归类为金融工具。

3．法国

法国财长在2018年初的G20最终声明里表示，将充分认识到加密数字货币的重要性，但是由于加密数字货币的资产性质要多于货币性质，法国要对加密数字货币征税。

在2018年3月初的一份报告中，法国央行提议禁止保险公司、银行和信托公司"参与加密资产的存款和贷款"，该银行还提议禁止向除"最知情的投资者"外的公众推销"加密资产"储蓄产品。同时该报告强调加密数字货币不是法定货币，需要制定反洗钱（AML）与打击恐怖主义融资的措施。

2019年4月15日，法国经济和财政部长在接受采访时表示，推动区块链技术的发展是法国政府的首要任务之一，法国政府计划投资45亿欧元用于突破性创新，包括区块链。

2019年12月6日，法国央行行长表示，法国央行将于2020年第一季度开始测试CBDC，这是其数字欧元项目的一部分。这一决定是各国政府对Facebook等公司计划发行Libra（天秤币）做出的应对举措。

2019年12月19日，法国金融市场管理局（AMF）批准了该国首个ICO申请。一家名为French-ICO的公司开发了一个为加密数字货币项目提供资金的平台，该产品首次被列入白名单。

4．英国

2017年9月，英国金融行为监管局（Financial Conduct Authority，FCA）首次警告投资者ICO项目可能存在欺诈，但仍然处于默许的态度。

2018年2月22日，英国议会财政委员会宣布从即日起开展对加密数字货币和区块链技术相关问题的调查。调查涵盖：查看加密数字货币在英国的作用，对消费者、企业界和政府的潜在"机遇和风险"；调查区块链等分布式账簿技术对金融机构、央行和金融基础设施的潜在影响；彻查英国内阁、央行和金融市场行为监管局对加密数字货币采取的监管应对举措，细查监管这些举措如何可能怎样既为消费者和企业提供保护，又不扼杀创新。

2018年3月2日，英国央行行长在接受采访时表示，加密数字货币并未对金融稳定造成重大风险，但是时候将加密数字货币和相关资产的监管标准同其他金融系统保持一致，而不是直接禁止它们。

2018年3月22日，英国财政大臣宣布成立一个政府加密资产特别工作小组，由英国央行、财政部和金融行为监管局共同参与。

2018年4月6日，英国金融行为监管局发布《对于公司发行加密代币衍生品要求经授权的声明》，表示为通过ICO发行的加密代币或其他代币的衍生品提供买卖、安排交易、推荐或其他服务达到相关的监管活动标准，就需要获得英国金融行为监管局授权。

2018年4月10日，英国国家网络安全中心（National Cyber Security Centre，NCSC）公布了一份报告，分析在过去一年里英国的网络活动如何影响国内的商业环境。该报告专门介绍了加密数字货币劫持技术：黑客入侵到用户联网的个人计算机，利用该计算机进行"挖矿"，唯一带来的影响是设备性能略有下降，用户很难察觉。报告指出，加密数字货币劫持技术利用被劫持用户的身份访问网站，这很可能成为2018年、2019年网络金融安全面临的主要威胁之一。

2018年4月19日，英国央行行长在接受采访时表示，数字资产生态系统需与金融体系的其他部分保持同样标准；加密数字货币具有"极端的波动性"，由于这种波动性的存在才无法被作为货币；政府并非要隔离或取缔加密数字货币，而是监管数字资产生态系统的各个要素；监管是必要的，赞同美国证券交易委员会将加密数字货币归类为证券，并由其管制加密数字货币的发行与交易的方式。

2018年5月26日，英国金融行为监管局表示，正在调查24家涉足加密数字货币业务的未获授权企业，以此判断他们是否可能在开展需要英国金融行为监管局授权的受监管经营活动。英国金融行为监管局并不监管加密数字货币，但监管加密数字货币的衍生品，并表示，将视ICO结构组成方式逐个案例监管。

2018年6月11日，英国金融行为监管局公布了向其监管的银行CEO的致信，警告加密数字货币业务可能面临的风险。信中敦促银行，如果涉及被英国金融行为监管局视为"加密资产"的活动，就要加大对客户活动的审查力度，应采取一些降低金融犯罪风险的举措，比如开展对关键个人的尽职调查，保证在现有的金融犯罪监管框架内能够充分反映加密数字货币相关活动。

自2020年1月10日起，英国金融行为监管局（FCA）已经开始监督使用加密资产开展业务的公司，这一变化属于之前该国反洗钱和反恐融资条例修正案的一部分。2020年2月3日，FCA发布了一份涉及加密资产企业注册申请费规则的手册。FCA强调，如果监管机构拒绝批准注册，则申请费将不予退还。3月份FCA对BitMEX发出未经授权运营警告，据知情人士透露，Deribit、CoinFLEX和Bybit之后可能也会面临该警告。

5. 意大利

2017年5月，意大利政府发布了一项法令，要求涉及加密数字货币使用的服务供应商（如交易所）履行其防止洗钱和非法加密数字货币交易的义务。

2018年2月，意大利经济财政部再次公布法令，指出加密数字货币服务供应商要在意大利相关部门注册,但个人对加密数字货币的使用不受管制。

2018年12月,意大利加入了七个南欧联盟国家,这些国家通过了一项宣言,将在区域内为区块链技术的推广和应用提供帮助。

2019年1月24日,意大利参议院批准了关于区块链行业监管的修正案。该修正案名为"Decreto semplificazioni",此前已于1月23日获得宪法事务和公共工程参议院委员会的批准,这是意大利政府对区块链领域的第一个监管举措。

6. 俄罗斯

俄罗斯政府将加密数字货币划分到合法金融工具、金融衍生品类别。

2018年1月25日,俄罗斯财政部首次提出"数字金融资产"法案。明确了俄罗斯官方对加密数字货币的相关定义,包括代币、智能合约、加密数字货币交易所以及挖矿等术语,制定了ICO的规则,规定ICO的投资限额从5万卢布提升到50万卢布,并合法化了加密数字货币挖矿行为。2018年5月22日,俄罗斯国家杜马一审通过了数字金融资产法议案。

2018年3月20日,以俄罗斯国家杜马金融市场委员会主席为代表的议员们提交了有关虚拟货币和ICO监管的联邦法案,该法案涉及数字金融资产和筹集资金的代替手段,法案将加密数字货币和代币定义为数字金融资产,而非法定货币,不能用于支付俄罗斯的商品和服务,只允许通过已被授权的加密数字货币交换运营商进行交易。并为ICO建立KYC规则,即ICO需要个人身份证明。

2020年2月21日,俄罗斯联邦安全局(FSB)与俄罗斯中央银行达成协议,禁止在俄罗斯境内使用加密数字货币作为支付手段。FSB建议,仅通过专门的运营商才能进行卢布和其他法定货币与加密数字货币的交换,即使俄罗斯公民持有比特币并且不以任何方式使用比特币,他们也必须通过专门的运营商执行身份识别程序。

7. 马耳他

在全球各国对是支持还是打击加密数字货币态度不一之时，坐落在地中海群岛的马耳他正在制定明确的规则，以便让数字货币交易所和加密数字货币的用户们可以看到未来。据悉，这些规则将涵盖关于经纪人、交易所、资产管理人和交易员如何进行合规操作，将为目前不受管制的加密数字货币领域提供一定的法律确定性。该国的税收政策也规定，对在该国的跨国公司的征税率低至5%，并且长期不变。

2018年1月24日，马耳他金融服务局（Malta Financial Service Authority，MFSA）明确表示，已经根据行业反馈更新了现有的规则提案，将允许人们投资加密数字货币和通过ICO发行的代币。

2018年2月，马耳他当局公布新的政策文件中披露了进一步实施加密数字货币监管的计划细节。第一阶段，政府将设立马耳他数字创新局以提供服务供应商注册及技术协议认证服务；第二阶段，将规范ICO监管框架，将加强与加密数字货币直接相关服务的监管，经纪人、交易所、资产管理人及投资担保人等中介都将受到相关条款的约束。

2018年4月，马耳他政府发布了三项新的法案，分别是虚拟金融资产法案、马耳他数字创新法案、创新技术安排与服务法案。其中的虚拟金融资产法案是加密数字货币和ICO提供监管框架而制定的。三项法案均已递交马耳他国会审议。

2018年7月4日，马耳他官方证实，议会将支持并批准上述三项旨在支持区块链产业发展的涉及加密数字货币的法案。

2020年2月25日，马耳他金融服务管理局（MFSA）发布有关STO咨询文件的反馈声明，该反馈声明将为马耳他金融市场中的安全代币发行（STO）的法律确定性铺平道路。马耳他并未改变对加密数字货币市场宽容的立场。

5.5.4 大洋洲国家

2017年9月28日,澳大利亚证券投资委员会(Australian Securities and Investment Commission,ASIC)针对ICO颁布了相关的监管指导文件,文件指出:公开发行代币融资的法律状态取决于某一个具体的代币融资项目是怎么构建的及操作的,以及发行的代币背后所代表的权利。如上文所述,代币认定为管理投资计划、公司股份或金融衍生品等,如果涉及公司法,就适用公司法;如果涉及消费者保护法,就适用消费者保护法,也可能不涉及具体的部门法,只适用比较一般性法律法规,具体情况需具体分析。

2017年12月7日,澳大利亚联邦议会正式通过《反洗钱和反恐怖主义融资法案2017年修正案》,明确了加密数字货币不是财产或者资产,只是一种价值的数字表现形式。并且修正案废除电子货币(E-Currency)的定义,增加数字货币(Digital Currency)的定义,在原有的《反洗钱和反恐怖主义融资法案》的基础上增加了对加密数字货币的监管内容。

2018年4月3日,澳大利亚交易报告和分析中心(Australian Transaction Reports and Analysis Centre,AUSTRAC)向加密数字货币交易服务提供商发出警示:新的反洗钱(AML)/计费触发功能(CTF)计划生效。加密数字货币交易服务提供商必须遵守一系列义务,包括:坚持反洗钱(AML)/计费触发功能(CTF)计划,以识别、减轻和管理洗钱和恐怖主义融资风险;识别和验证客户身份;向AUSTRAC报告可疑事项,包括涉及实物货币1万美元以上的交易;交易记录要保留7年。

不过,新规预留出六个月的缓冲期,在此期间,AUSTRAC将依照过渡期的政策原则执行监管,为数字货币交易所留有一定的回旋余地。AUSTRAC首席执行官Nicole Rose认为,这项改革将保护人们的商业行为免受洗钱和恐怖主义融资的影响,同时,监管将促进数据共享,增强公众和消费者对于这一领域的信心。

2018年5月,澳大利亚证券投资委员会公布,将监管工作的重点放在通过 ICO 推广和出售加密数字货币的误导性或欺骗性行为上。ASIC 称正在向 ASIC 认为行为或表述可能有误导或欺骗性的 ICO 发行方发出征询。征询后，一些发行方已经终止 ICO。

2018 年 6 月 16 日，澳大利亚税务局（Australian Taxation Office，ATO）警告本国加密数字货币投资者必须按期报税，否则后果自负。

2020 年 2 月 7 日，澳大利亚正式公布国家区块链路线图。澳大利亚将在区块链投资和开发方面重点关注三个关键领域，包括：法规和标准；技能、能力和创新；国际投资与合作。

5.5.5　非洲国家

1．南非

目前，尽管南非央行已经表示将研究出台"适当的政策框架和监管制度"，但南非的市场监管机构并没有对加密数字货币或数字货币交易所进行监督。

2．津巴布韦

在津巴布韦，加密数字货币可以在数字货币交易所进行交易并用于汇款支付，但该国政府已经发出警告，加密数字货币与"洗钱、支持恐怖主义、逃税和欺诈"等风险关系密切。

3．肯尼亚

在肯尼亚，即使政府警告说不要交易比特币和其他加密数字货币，比特币和其他加密数字货币仍旧越来越受欢迎。

4．尼日利亚

在尼日利亚，加密数字货币市场不受监管，但尼日利亚的中央银行将比特币交易比作赌博。

第六章

思考区块链

　　从进入公众视野到现在,区块链的历史还不足十年,但它正以迅猛的态势改变着或者即将改变着我们的生活。区块链到底有什么优缺点?区块链发展中应该考虑哪些问题?区块链的发展趋势又是如何?本章将就这些内容进行解读。

6.1 区块链的优缺点分析

1. 区块链的优点

（1）去中心化

由于区块链使用分布式计算和存储技术，区块链中不存在中心化的硬件或管理机构，其中任意节点的权利和义务都是均等的，区块链中的数据块由链上具有维护功能的节点来共同维护。

（2）开放性

除了交易各方的私有信息被加密外，区块链的数据对所有人公开，任何人都可以通过公开的接口查询区块链数据和开发相关应用，因此区域链中的信息高度透明。

（3）自治性

区块链采用基于协商一致的规范和协议（比如一套公开透明的算法）使得整个系统中的所有节点能够在去信任的环境自由安全地交换数据，使得对"人"的信任改成了对机器的信任，任何人为的干预不起作用。

（4）信息不可篡改

一旦信息经过验证并添加至区块链，就会永久地存储起来，除非能够同时控制住整个区域链中超过51%的节点，否则单个节点上对数据的修改是无效的，因此区块链的数据稳定性和可靠性极高。

（5）匿名性

由于节点之间的数据交换遵循固定的算法，其数据交互是无须信任的（区块链中的程序规则会自行判断活动是否有效），因此区块链中的用户相互之间无须通过公开身份的方式让对方信任自己。

2. 区块链的缺点

实际上区块链作为一种新兴技术，其价值固然存在，但也存在一些问题有待解决。

其一，效率低。以比特币区块链为例，数据写入区块中最少要等待10分钟，区块链上的所有节点都需同步数据，这需要更多的时间。比特币区块链中，当前产生的交易有效性受网络传输影响，比特币交易的确认时间大约10分钟/次，该交易达到6次确认的话至少需要一个小时（随后的连续5个区块都对之前一个区块进行确认，这样交易就基本无法篡改了）。

其二，能耗高。区块的生成需要矿工进行无数实际并无意义的计算，这是非常耗费能源的。英国一家电力信息网POWER-COMPARE提供的预测数据显示，按照目前比特币挖矿、交易耗电量的增长速度，至2020年比特币区块链耗电量将会与目前全球用电量持平。尽管这一数据备受质疑，但是那些藏在深山老林的"矿场"则实实在在展现了挖矿的高耗能景象。

其三，区块链的去中心、自治化的特点弱化了国家监管。在监管无法到位的情况下，区块链技术会被应用于非法领域，为灰色产业提供了庇护。

其四，性能问题。就像前面说的，区块链中每个用户都有一份完整账本，并且有时需要追溯每一笔记录，因此随着时间推进，交易数据超大的时候，就会产生区块链的性能问题，如第一次使用比特币钱包时，需要下载历史上所有比特币的交易记录才能正常工作，每次交易为了验证你确实拥有足够的钱而需要追溯历史每一笔交易来计算余额。虽然可以通过一些技术手段来缓解性能问题，但该问题还是明显存在的。

其五，延迟。区块链上的交易是存在延迟性的，拿比特币举例，当前产生的交易的有效性要被区块链上大多数节点得知并确认，需要等到下一个记账周期（比特币控制在10分钟左右），这就产生了延迟。而且当区块链中同时有两个或两个以上的节点竞争到记账权力，那么就会产生两个或两个以上的区块链分支，这时候到底哪个分支记录的数据是有效的，则要再等到下一个记账周期，最终由最长的区块链分支来决定。

因此区块链的交易数据是有延迟性的。

比特币、以太坊与其他交易方式的处理速度对比如图 6-1 所示。

图 6-1　比特币、以太坊与其他交易方式的处理速度对比

其六，交易数据公开透明有风险。区块链采用的分布式账本，相当于链上的每个人手上都有一份完整账本，并且由于区块链计算余额、验证交易有效性等都需要追溯每一笔账，因此交易数据都是公开透明的，如果知道某个人的账户信息，就能知道他的所有财务信息和每一笔交易信息，没有隐私可言。

其七，安全问题形势严峻。任何一个新事物诞生之初总会面对各种各样的难题，而区块链产业目前遇到的最大难题是困扰全球 IT 行业多年的安全问题。表象是比特币等各类数字货币价格动荡，深究之后却发现背后竟有黑客攻击的原因；某些区块链平台犯了看起来很不可思议的低级错误，动辄爆出成千万、上亿美金的损失，甚至直接导致破产，正应了那句 IT 行业内的名言：世界上没有绝对安全的系统。更不可思议的是，这些"收益颇丰"的黑客攻击却往往使用了相对简单的攻击手法。区块链的应用层通常成为攻击者首选的目标，也就是最常见到的各种数字货币交易所。

据统计，数字货币交易所平均每天的交易额经常是数以亿计（单位：美元），但绝大多数的数字货币交易所背后经营者的安全意识和平台自身的安全性都存在不同程度的"漏洞"。据不完全统计，2014 年至 2019 年末，仅由于交易所本身安全性导致的直接损失就高达到 6 亿美元。

扩展阅读：数字货币交易平台历年被黑事件回顾

一、比特儿（Bter.com）被盗事件

时间：2014 年 8 月 15 日

比特儿是一家中国的数字货币交易所。未来币（NXT）等加密数字货币都在上面交易。黑客盗走 NXT 后与交易所管理方通过交易留言进行了谈判，并要求平台方支付比特币（BTC）作为赎金换回 NXT。最终交易所支付了 110 个 BTC，但却未能完全赎回 NXT。

本次比特儿数字货币交易所被黑事件，暴露出了数字货币交易所和加密数字货币在当时没有监管，野蛮生长，安全性无保障的问题。

二、以太币组织 The DAO 被黑事件

时间：2016 年 6 月

事件简介：

以太币的去中心化组织 The DAO 被黑，价值逾 5000 万美元的以太币外溢出 DAO 的钱包。

该事件导致以太币（ETH）的市场价格瞬间缩水，从记录高位

21.50 美元/个跌至 15.28 美元/个，跌幅逾 23%。问题出在其智能合约中有三个严重漏洞，黑客也正是利用这几个漏洞攻击 The DAO 窃取以太币。

The DAO 事件给整个以太坊社区带来了重大影响，也导致了之后的以太坊硬分叉和 ETC（以太经典）的分离。

三、Bitfinex 遭黑客攻击事件

时间：2016 年 8 月

事件简介：

Bitfinex 是交易比特币、以太币和莱特币等加密数字货币的最大交易所之一。

根据 Bitfinex 在 2016 年 8 月 2 日凌晨发布的公告，该交易所在发现了一个安全漏洞后便停止了交易。Bitfinex 后来证实，共有 119 756 个比特币遭窃，该公司已经知道相关系统是如何被入侵的。以当时比特币的价格计算，失窃的比特币价值约 6 500 万美元，受此消息影响，全球比特币价格应声下跌 25%。

随后 Bitfinex 官网发布公告称这次损失将由平台上所有用户共同承担，这将导致每位用户的账户平均损失 36%。

四、Parity 多重签名钱包被盗事件

时间：2017 年 7 月

事件简介：

Parity 是一款多重签名钱包，是目前使用最广泛的以太坊钱包之一，创始人兼 CTO 是以太坊的前 CTO Gavin Woods。

在 2017 年 7 月 19 日，Parity 发布安全警报，警告其钱包软件 1.5 版本及之后的版本存在一个漏洞。据该公司的报告，确认有 150 000 个以太币（ETH）（大约价值 3000 万美元）被盗。据 Parity 官方所说，漏洞是由一种叫作 wallet.sol 的多重签名合约出现 Bug 导致。

本次被盗事件曝光后，造成了以太币价格的震荡，以太币（ETH）价格一度从 235 美元/个下跌至 196 美元/个左右。此次事件主要是由于智能合约代码不严谨导致的，受到影响的智能合约代码均为 Parity 的创始人 Gavin Wood 写的 Multi-Sig 库代码。

五、USDT 发行方 Tether 遭受黑客攻击事件

时间：2017 年 12 月

事件简介：

Tether 公司是 USDT 代币的发行公司。USDT 是一种与美元挂钩的加密数字货币，如今正在被交易所广泛用于进行交易。该公司在公告中声称其系统遭受攻击，已经导致价值 3000 万美元的 USDT 代币被盗。

被盗的代币不会再被赎回，但 Tether 公司表示他们正在试图恢复令牌，以确保这些被盗的资金不会回到加密数字货币经济体系中来。此次黑客攻击事件后，比特币的价格下降了 5.4%。

然而有人认为，Tether 此次被盗的 USDT 绝对不止 3000 万美元。所以，此次事件不再仅仅的是单纯的一次数字货币被盗事件，这同时也直接导致了 Tether 的信任危机。

六、Youbite 被入侵事件

时间：2017 年 12 月 19 日

事件简介：

在 2017 年 12 月 19 日，韩国数字货币交易所 Youbite 宣布在当天下午 4 时（北京时间下午 3 时）左右，交易所遭受到黑客的入侵，造成的损失相当于平台内总资产的 17%。

此家交易所是韩国一家市场份额较小的数字货币交易所，在 2017 年 4 月，这家平台就已经遭受过黑客的攻击，并且损失了近 4000 个比特币。

Youbite 表示，在 4 月份遭遇黑客攻击之后，其加强了安全策略，将其余 83% 的交易所资金都安全地存放在冷钱包里。可是尽管如此，运

营该交易所的公司 Yaipan 随后还是申请了破产，并停止了平台交易。该交易所将所有客户的资产价值减记至市场价值的 75%，客户可立即提取这部分资产。该公司表示，将在破产程序结束时偿还剩余的资金。

通过上述安全事件，我们应该认识到，加密数字货币的过分炒作，不仅直接搅动着金融市场，其本身也面临着诸多安全隐患。

七、BitHumb（韩国）被盗事件

时间：2018 年 6 月

事件简介：

2018 年 6 月 19 日 23 点，黑客利用其掌握的 Bithumb 热钱包地址私钥，将热钱包中的比特币不断转移到自己不同的钱包地址，每笔交易产生的手续费高达 0.1 个 BTC，共转移大约 1268 个比特币后，Bithumb 交易所终于察觉到了该异常行为，将 Bithumb 的每笔交易的费用设定在了 0.2 个 BTC 以上，拉锯战正式展开。

黑客与 Bithumb 的较量一直持续到第二天早晨，Bithumb 交易所发布紧急公告，强烈要求用户不要在此时向交易所充值，宣布此次事件造成共计 350 亿韩元的代币损失。

而据最新消息，在 Bithumb 被盗事件中，黑客盗取的 3200 万美元代币已经在暗网进行秘密清洗，赃款已经无法追回。

八、Coinbin（韩国）被盗事件

时间：2019 年 2 月

事件简介：

2019 年，韩国 Coinbin 交易所遭到黑客洗劫，被盗 2600 万美元。据查，Coinbin 交易所表面上是遭遇黑客攻击，实质是内部人员"洗劫"交易所。Coinbin 在 2017 年 4 月和 12 月分别遭到黑客攻击，2019 年 2 月其遭遇的第三次攻击却来自公司内部高管，前任首席执行官故意盗窃了内有上百个 ETH 钱包的私钥，价值 2600 万美元被自己人盗取。

面对巨额的虚拟财产,不仅黑客垂涎欲滴,连公司自己人也忍不住化身黑客,上演监守自盗的大戏。

6.2 区块链冷思考

6.2.1 区块链是否存在泡沫

所谓泡沫(经济泡沫)是指一系列资产(尤其是虚拟资产)价格膨胀,使其市场价格远远超过了它实际代表的价值,形成虚假繁荣和含有过多"泡沫"的经济总量。

产生经济泡沫的两个主要原因是:投机成为一种潮流,在投机者的推动下,资产价格持续上升;资产具有过度的、异常的评价收益。这种过高的评价收益使资产的市场价格远远脱离了它实际代表的价值即经济的真实基础。

泡沫终究会破裂。

区块链是一项伟大的创新,但是巴菲特、比尔盖茨等传统行业大佬却不止一次地指出目前区块链行业存在巨大的泡沫。

区块链是否存在泡沫?也许曾经的互联网泡沫可以给我们启示。

从 1991 年开始,美国科技股迎来了爆炸式的增长,以互联网产业为代表的纳斯达克指数的表现在 10 年间一直遥遥领先于其他指数。

1999~2001 年,全球共有 964 亿美元风险投资进入互联网创业领域,其中有 80% 被投向了美国。在全部 10755 笔风险投资交易中,有 7174 笔来自美国,大量的美国投资者将资金从房地产转移至互联网。

然而,就在更多人想要入场赚一笔时,这个被资本堆砌的泡沫出现了裂痕,全球的互联网产业出现了大萧条,互联网泡沫随之破裂。

以引领全球互联网产业的美国来说,2000 年 3 月 13 日,纳斯达克指数在创出 5048 点历史新高之后开始崩盘，当日跌幅超过 4%；半年后跌至 1088 点，创下 3 年新低，较历史高峰下跌近 80%，IT 上市公司市值缩水 5 万亿美元。全球有超过 2000 家互联网公司倒闭，美国就有 210 家互联网公司破产。

我们再来看看现在火爆的区块链行业吧。

以比特币来说，2009 年比特币发行之初，1 美元相当于 1300 个比特币，如今一枚比特币的价格高达数千美元，暴涨了一百多万倍。2016 年 5 月，加密数字货币整体市值为 84.2 亿美元，比特币市值占比为 82.7%，截至 2018 年 1 月，加密数字货币整体市值已达到 7541.8 亿美元，比特币市值占比大幅下降至 32.7%，各类币种纷纷崛起。

以国内来说，2017 年上半年，一个 ICO 项目出来之后，分秒之内就能筹集数亿元融资金额。当年 9 月 4 日一纸监管令下，国内 ICO 市场似乎归于沉寂，然而，据业内人士透露，当前海外 ICO 项目数量是 2017 年 9 月份之前的数十倍，常常是一个项目还未落地，在私募阶段认购份额就被抢购一空。在巨大的造富效应的刺激之下，越来越多的热钱涌进区块链行业，很多仅仅停留在 PPT 阶段的区块链创业计划就能动辄融资数亿美元的现实，令无数传统投资者和创业者为之痴狂，其狂热程度与 20 世纪 90 年代的互联网早期形态如出一辙。

所以，如今的区块链行业必然存在泡沫，而经历过互联网泡沫的人都知道，区块链泡沫的破灭也是必然的，只是不知道何时会破灭。人们一边迫切地想要赚一笔快钱，一边在焦灼地等待着区块链行业的"世通事件"的出现。

扩展阅读：世通事件

所谓世通事件，是指 21 世纪初全球第一大互联网供应商美国世通（Worldcom）的财务丑闻，这成为互联网泡沫破灭的导火索。

1999 年，美国世通决定以 1150 亿美元的惊人价格收购美国主要电信商 Sprint，但最终此项收购被美国政府否决。世通的命运由此急转直下，盈利和收入增长不断放缓，股价回落。2001年，世通高额负债的状况引起美国证券监管机构的关注，经调查发现，世通用于扩建电信系统工程有关的大量费用没有被作为正常成本入账，而是作为资本支出处理，这一会计"技巧"为世通带来了38亿美元的巨额"利润"，但是世通丑闻从此昭然于天下。2002年6月24日，世通股价跌破1美元，而1999年6月其股价最高曾达到每股64.5美元。2002年7月31日，纳斯达克将世通摘牌。

美国世通利用兼并、收购等手段疯狂扩张，一次次上演"小鱼吃大鱼"和"快鱼吃慢鱼"的戏法，利用高杠杆从一个小公司迅速发展为全美第二大长途电话公司、全球第一大互联网供应商，直到财务丑闻发生后，最终破产。这一案件的发生导致市场监管趋严，大量资金从互联网市场撤退，由高风险资本堆起来的巨大泡沫，终于在这一刻轰然破裂。

但是如同没有人质疑互联网技术对人类社会发展带来的贡献一样，区块链技术革命性的思想和其应用价值也是显而易见的。

从互联网发展至今20余年的历史来看，互联网泡沫过后，经过大浪淘沙，一批互联网巨头们，比如亚马逊、谷歌、Facebook、苹果、阿里巴巴……它们成为富可敌国的经济体，其创造的新型商业模式也已成为主流商业模式。

未来的区块链行业肯定也会像当年的互联网产业一样，会出现区块链行业巨头，当然这些巨头肯定不会产生在那些只靠华丽包装，只为圈钱而生的投机性区块链项目中。

6.2.2 区块链能否成为基础设施

发展时间不过数年的区块链有可能成为人们生活中不可或缺的基础设施吗？要思考或者回答这个问题首先要了解什么是基础设施。

基础设施（Infrastructure）是指为社会生产和居民生活提供公共服

务的物质工程设施，是用于保证国家或地区社会经济活动正常进行的公共服务系统。它是社会赖以生存发展的一般物质条件。传统意义上的基础设施包括交通、邮电、供水、供电、商业服务、科研与技术服务、园林绿化、环境保护、文化教育、卫生事业等市政公用工程设施和公共生活服务设施等。

目前来说，区块链技术尚未得到大规模普及，主要在货币、政务和金融领域有较小规模的应用，公众认可度较低，因而还不能被称为一种基础设施。但是不可否认的是，区块链具有成为基础设施的潜力。

区块链技术构建了一种以更低成本建立信任的机制，这一机制在诸多商业场景，尤其是金融领域中可以发挥巨大的功效。区块链技术可以让所有市场参与人均可无差别获取市场中所有交易信息和资产归属记录，有效解决信息不对称问题；智能合约嵌入减少了支付结算环节的出错率，简化了流程并提高效率；同时各参与方之间基于透明的信息和全新的信任机制无须再耗费人力、物力、财力去进行信息确认，这将大大降低各机构之间的信任成本。

因而从目前来讲，区块链至少在一段时间内具备成为某一个行业基础设施的潜力。

可以畅想一下，随着区块链技术的日益成熟，凭借其本身具备的诸多优势，还是有很大可能性成为某一种为整个社会所需的基础设施的，比如说，在未来的某一天基于区块链技术的加密数字货币如果成为人们日常使用的货币，那区块链必然就成为基础设施。

从目前区块链技术的发展来看，其成为基础设施还只能是一种可能，而且这一过程需要时间。以已经成为基础设施的 IT 技术——互联网来讲，从 1994 年我国正式接入国际互联网为起点，互联网从少数专业人士或科研机构用来传送信息的工具，到成为年轻人趋之若鹜、不"上网冲浪"就落伍的新生事物，再到发展成为人们生产生活不可或缺的基础设施，这期间用了 20 多年时间。而目前的区块链从产生到为人所知仅有 10 年，所以区块链作为一种有潜力的技术，要想成为一种基础设施恐怕还需要一段时间。

6.2.3 币改还是链改

近来，区块链行业里不管是币圈还是链圈都在谈论一个话题——"币改"和"链改"。到底什么是币改？与之相对的另一个话题链改又是什么？币改或者链改意味着什么呢？

1. 币改

币改，是指以区块链技术为依托，对于企业和其他经济主体所拥有和形成的多元资产形态（如股权、物权、有价证券以及商品、服务等），改造为统一的通证（Token）形式，组织形态变更为社群组织形式，以社群自治方式维护其生产经营和其他经济活动。简而言之，就是对资产等经济要素的通证化（即 Token 化，可以简单理解成资产上链，并通过一定的共识体系推进经济组织本身的优化升级）改造。

通证经济是随着区块链而诞生的一个全新概念，众多区块链项目都是通过发行有价值的通证 Token（也就是各种币），并制定与之相对应的通证分配及流转制度，达成促进项目关联方的共同协作、优化区块链生态体系的最终目的。而币改就是将传统企业进行通证化改造，让其发行和应用通证。目的在于将它们的业务按照通证经济的思路和模式重构，通过通证，改变传统利益分配格局，激励企业深度参与。理想状态是，将已经发展成一定规模并且适合通证经济模型的企业进行通证化改造，这将有效改变被劣质项目搅乱的市场环境。

但是业内很多人士都对于币改的初衷和未来产生过质疑。CoinTiger 交易所创始人富兰克林就在其朋友圈表示，币改是一项工具，更适合新公司，因为新公司一派新气象，没有负累。而老公司连股东层面都难以搞定，遑论其他。有人更是质疑币改不过又是一次炒概念，因为优质资产就是优质资产，劣质资产就是劣质资产，不会因为发币（也就是币改）烂项目就变成好项目。

2. 链改

什么是链改？

从广义上来说，对传统企业进行区块链经济化改造，让其上链经营，成为区块链经济组织，就是链改。

从本质上来说，链改就是要把每一个价值创造者创造出来的价值合理地分配给他，更多的是其背后的生产关系改良，即应用通证经济来改造传统行业。

现阶段来说，所有依靠区块链技术和通证经济模型能够减低企业运营成本、提升效率、创新商业模式的行为都可以称之为链改。

就链改的行动方式与路径而言，并没有比较成熟的方式，仍需要依托互联网、数字经济、币改、票改等技术为参考在探索中前进。但是，有一点是达成绝对共识的，那便是在合规的前提下赋能实体经济与数字经济。

具体来说，在实体经济中，有成熟产品和应用的平台或企业，可以通过"链改"走上数字经济转型之路，完成实体经济的区块链改造，优化企业组织架构，提高企业运营效率。链改需要在金融赋能实体经济、在组织变革与演化、在商业逻辑重构、在信用体系建设、在国家民生工程与扶贫、政务等方面发挥关键作用，同时产业区块链化更有助于主动拥抱监管，在合法合规的前提下帮助区块链经济健康发展。

链改是基于产业的、基于生态的实体经济的优化过程，最终要实现价值落地，金融类应用只是其中一项，也不是只用区块链技术，传统的人工智能、大数据、云计算、芯片等技术也会应用于其中。

3. 币改还是链改？

币改更加看重 Token 的作用，希望 Token 流通于各个场景，简单来讲，币改思考的方向主要是资本运作和通证经济的改造；链改则更加侧重于应用区块链技术和思维对传统经济的改造，在资本运作和通证经济学以外，还包括价值传递和组织架构的改造。单纯强调资本运作和通证经济的改造势必缺乏根基，单纯思考价值传递和组织架构的改造则难以真正发挥作用，只有基于价值传递、组织运行、资本运作和通证经济等多个维度进行全局考虑和通证经济设计才能真正实现企业的区块链改造。

6.3 区块链行业发展趋势

区块链采用 P2P 技术、密码学和共识算法等技术，具有数据不可篡改、系统集体维护、信息公开透明等特性。区块链可以提供一种在不可信环境中进行信息与价值传递交换的机制，是构建未来价值互联网的基石。

自 2009 年以来，加密数字货币在全球范围内兴起，区块链技术逐步走进人们的视野。目前，世界各国政府、产业界和学术界都高度关注区块链的应用发展，相关的技术创新和模式创新不断涌现。

在此，为读者总结全球区块链应用发展的 10 大趋势。

1．国家层面大力推动，我国区块链产业有望加速发展

欧美各国高度重视区块链的发展。当前英国、瑞士等欧洲国家区块链发展较为迅速。美国产业界也早已认识到区块链的价值，从技术、底层平台到行业应用进行了深入探索，积极推动区块链产业发展。

日本、新加坡、韩国等亚洲主要国家同样对区块链技术的应用持积极态度，根据链塔智库统计，截止到 2019 年 5 月底，其数据平台收录的 8000 多项区块链项目中，其中亚洲项目占比达到 60%，领先其他大洲，其次为北美，占比达到 22%。

2019 年 10 月 24 日，习近平总书记在中央政治局第十八次集体学习时强调，把区块链作为核心技术自主创新重要突破口，加快推动区块链技术和产业创新发展。

习近平总书记在此次集体学习时的重要讲话，深刻阐明了区块链技术在新的技术革新和产业变革中的重要作用，对推动区块链技术和产业发展提出明确要求，具有很强战略指导性和现实针对性，立刻引发了各方的高度关注。

区块链从业者将关注点更多地聚焦到了区块链技术本身，希望这种汇聚了分布式数据存储、点对点传输、共识机制、加密算法等计算机技术的新型应用模式，能够成为信息技术革命与实体经济良性融合发展的一个突破口，为实体经济的可持续发展、为数字经济的实质性突破贡献更大的力量。

2．区块链行业应用加速推进，从加密数字货币向非金融领域渗透扩散

区块链技术作为一种通用性术，从加密数字货币加速渗透至其他领域，和各行各业创新融合。

未来，区块链的应用将由两个阵营推动，它们分别属于 IT 阵营和加密数字货币阵营。IT 阵营从信息共享着手，以低成本建立信用为核心，逐步覆盖数字资产等领域；加密数字货币阵营从货币出发，逐渐向资产端管理、存证领域推进，并向征信和一般信息共享类应用扩散。

3．企业应用是区块链的主战场，联盟链/私有链将成为主流方向

2016~2018 年，大型互联网企业纷纷布局区块链，初创企业进入井喷模式，投融资频次及额度剧增，区块链产业规模不断扩大。

目前，区块链的实际应用集中在加密数字货币领域，属于虚拟经济。而未来的区块链应用将脱虚向实，更多的传统企业使用区块链技术来降成本、提升协作效率，激发实体经济增长。

与公有链不同，在区块链的企业应用中，大家更关注区块链的管控、监管合规、性能、安全等因素。因此，联盟链和私有链这种强管理的区块链部署模式，更适合企业在应用落地中使用，是区块链技术在企

业中应用的主流发展方向。

4. 应用催生多样化的技术方案，区块链性能将不断得到优化

票据、支付、保险、供应链等不同应用，对区块链技术在实时性、高并发性、延迟和吞吐等多个维度上的需求高度差异化，这将催生出多样化的区块链技术解决方案。区块链技术还远未定型，在未来一段时间还将持续演进，共识算法、服务分片、处理方式、组织形式等技术环节上都有性能优化与提升的空间。

5. 区块链安全问题日益凸显，安全防护需要技术和管理全局考虑

安全问题是包括区块链在内的每一项技术诞生后都要面对的问题，安全问题无法解决就一定会制约着区块链技术的发展。

区块链技术从数学原理上讲是近乎完美的，具有公开透明、难以篡改、可靠加密、防 DDoS 攻击等优点。但是，从工程上来看，它的安全性仍然受到基础设施、系统设计、操作管理、隐私保护和技术更新迭代等多方面的制约。需要从技术和管理上全局考虑，加强基础研究和整体防护，才能确保区块链应用的安全。

6. 区块链的跨链需求增多，互联互通的重要性凸显

随着区块链应用领域的不断拓展，支付结算、物流追溯、医疗病历、身份验证等领域的企业或行业，都将建立各自的区块链系统。未来这些众多的区块链系统间的跨链协作与互通是一个必然趋势。

可以说，跨链技术是区块链实现价值互联网的关键，区块链的互联互通将成为越来越重要的议题。

7. 区块链竞争日趋激烈，专利争夺成为重要领域

未来，企业将在区块链专利上加强布局。2014 年以来，区块链专利申请数量出现爆发式增长。而随着参与主体的日渐增多，区块链企业在专利领域的竞争将越来越激烈，这一竞争将是全方位的，包括技术、模式、专利等多个维度。

目前，区块链专利主要分布在北美洲的美国、欧洲的英国、亚洲的中国和韩国，中美之间的区块链专利数量差距在减小，我国2016年的申请量已超越美国。可以预见，未来的区块链专利争夺将日趋激烈。

从全球专利申请量的变化趋势来看，区块链领域专利申请数量稳步上涨，但增幅逐渐放缓，从2015年约3000%的涨幅降到2018年的40%。全球区块链专利发展渐渐从高速发展期进入稳步增长期。我国的专利数量越来越多，占全球新增专利比重也在逐年升高，从2014年的33.33%上涨到2018年的82.1%。

8．技术与监管存在冲突，但矛盾有望进一步调和

区块链的去中心化、去中介和匿名性等特性与传统的企业管理和政府监管体系不协调。但也应该看到区块链给监管体系带来的机遇。未来区块链行业将积极迎合监管需求，在技术方案和模式设计上主动内置监管要求，不仅要做到合规运作，还要做到大幅度节约监管合规的成本。

9．可信是区块链的核心要求，标准规范的重要性日趋凸显

2017年4月，ISO（国际标准化组织）成立的全球范围内首个区块链标准委员会 ISO/TC307 正式举办第一次大会，在大会上正式成立语言工作组，参考架构、分类和本体工作组，用例研究组，安全隐私研究组，身份认证研究组及智能合约研究组等七个小组来推进区块链行业的全球标准制定进程。值得一提的是，上述区块链标准委员会是在2016年4月由澳大利亚标准协会向ISO首先提出，并于2016年9月正式成立，我国也在其中。

2017年5月，由工业和信息化部主导，由蚂蚁金服等十多家企业提供技术支持的国内首个区块链行业技术标准参考——《区块链参考架构》正式在杭州发布。

国内外的两个标志性事件意味着全球区块链行业技术标准的制定工作正在稳步进行。

未来，以区块链为基础的价值传递网络上，将完全用算法和软件来构建信任基础，并通过建立区块链行业技术标准，从用户的角度出发、以业务为导向，从智能合约、共识机制、私钥安全、权限管理等维度，规范区块链的技术和治理，增强区块链的可信程度。

10．央行数字货币的推出会加速，主权区块链时代即将到来

欧盟各国（包括已脱欧的英国）就对加快建立欧洲独立结算体系进行了深入的探讨和研究。2018年，德国提出倡议：建立一个通用的泛欧支付平台，创建基于区块链技术的加密数字欧元。

2019年12月，有欧洲央行官员表示，目前正在研究欧洲统一数字货币的几种设计方案，这一数字货币的用户可以直接在欧洲央行开立银行账户，这将大大降低交易成本。

尽管美国对数字货币严加提防，但随着全球央行正越来越热衷于发行自己的数字货币，一向保守的美联储也开始讨论是否要发行"数字美元"以维持美元优势。

中国人民银行打造的 DCEP，是我国为全球准备的"世界货币"。DCEP 不仅仅可以实现现行的世界货币——美元的所有功能，还可以节省发行资金，更准确地计算通货膨胀率和其他宏观经济指标，更好地遏制洗钱、恐怖分子融资等非法活动，更便利地在全球范围内进行汇兑流通。

参 考 文 献

[1] 金色财经.2019 年终回顾|一文尽览国内外区块链政策监管与扶持[EB/OL]. [2019-12-30].https://www.jinse.com/news/blockchain/562668.html.

[2] 链得得."九四"一周年：全面复盘全球数字货币监管政策与市场趋势[EB/OL]. [2018-9-4]. http://www.chaindd.com/nictation/3114734.html.

[3] 36 氪（Odaily 星球日报）.星球图说：一张图看懂国内互联网巨头的区块链布局[EB/ OL].[2018-08-06].https://36kr.com/p/5146800.

[4] 钛媒体.诸侯暗战，深剖互联网巨头们的区块链大布局[EB/OL]. [2018-3-23]. http://www.tmtpost.com/3145560.html.

[5] 火星财经（链内参）.致 10 年：这部比特币编年简史值得收藏！[EB/OL]. [2018-8-24]. http://www.huoxing24.com/newsdetail/201808241317-12525543.

[6] 36 氪（鲸准干货）.去中心化交易所研究报告| 鲸准研究院出品[EB/OL]. [2018-4-15]. http://36kr.com/p/5128951.html.

[7] 搜狐（鲸准 Jingdata）.重磅发布！2018 中国区块链行业白皮书 | 鲸准研究院出品[EB/OL]. [2018-2-1]. http://www.sohu.com/a/220368858_99995182.

[8] 徐明星，刘勇，段新星，等.区块链重塑经济与世界[M].北京：中信出版社，2016.

[9] 唐塔·普斯科特，亚力克斯·塔普斯科特.区块链革命：比特币底层技术如何改变货币、商业和世界[M].凯尔，孙铭，周沁园，译.北京：中信出版社，2016.

[10] 井底望天，武源文，史伯平，等.区块链世界[M].北京：中信出版社，2016.

[11] 徐明星，田颖，李霁月. 图说区块链：神一样的金融科技与未来社会[M]. 北京：中信出版社，2017.

[12] 唐文剑，吕雯. 区块链将如何重新定义世界[M]. 北京：机械工业出版社，2016.

[13] 谭磊. 区块链 2.0[M]. 北京：电子工业出版社，2016.

[14] 赵增奎，宋俊典，庞引明，等. 区块链：重塑新金融[M]. 北京：清华大学出版社，2017.

[15] 黄步添，蔡亮. 区块链解密：构建基于信用的下一代互联网[M]. 北京：清华大学出版社，2016.

[16] 长铗，韩锋，等. 区块链：从数字货币到信用社会[M]. 北京：中信出版社，2016.

[17] 龚鸣. 区块链社会：解码区块链全球应用与投资案例[M]. 北京：中信出版社，2016.

[18] 阿尔文德·纳拉亚南，约什·贝努，爱德华·费尔顿，等. 区块链：技术驱动金融[M]. 林华，王勇，帅初，等译. 北京：中信出版社，2016.

[19] 林晓轩. 区块链技术在金融业的应用[J]. 中国金融，2016（08）：17-18.

[20] 中国人民银行宜宾市中心支行课题组，黎明，梁尤伟. 数字货币发展应用及货币体系变革探讨—基于区块链技术[J]. 西南金融，2016（05）：69-72.

[21] 程华，杨云志. 区块链发展趋势与商业银行应对策略研究[J]. 金融监管研究，2016（06）：73-91.

[22] 胡乃静，周欢，董如振. 区块链技术颠覆金融未来及在上海金融中心的发展建议[J]. 上海金融学院学报，2016（03）：31-41.

[23] 陈东海. 我国虚拟货币管理存在的问题及对策建议[J]. 浙江金融，2007（09）.

[24] 施婉蓉，王文涛，孟慧燕. 数字货币发展概况、影响及前景展望[J]. 金

融纵横，2016（07）.

[25] 伍旭川. 区块链技术的特点、应用和监管[J]. 金融纵横，2017（04）.

[26] 贺曲夫，徐习景，彭容. 超主权货币取向的国际货币体系改革背景下比特币发展展望[J]. 经济师，2017（04）.

[27] 邓伟. 比特币价格泡沫：证据、原因与启示[J]. 上海财经大学学报，2017（02）.

[28] 陈道富，王刚. 比特币的发展现状、风险特征和监管建议[J]. 学习与探索，2014（04）.

[29] 李秀辉. 货币形态转变的机制与趋势——从交子与比特币的比较说起[J]. 社会科学战线，2016（12）.

[30] 时珺. 虚拟货币 P2P 借贷抵押机制研究——以比特币为例[J]. 中国商论，2017（05）.

[31] 张相玉. 基于消费者权益保护视角的数字货币发展中的问题与建议[J]. 浙江金融，2016（12）.

[32] 袁勇，王飞跃. 区块链技术发展现状与展望[J]. 自动化学报，2016，42（4）：481-494.

[33] 百度文库. 摩根士丹利：区块链使用案例分析报告[EB/OL]. [2017-9-6]. https://wenku.baidu.com/view/8437482e53ea551810a6f524ccbff121dd36c518.html.

[34] 百度文库. 高盛：区块链从理论走向实践[EB/OL]. [2018-8-18]. https://wenku.baidu.com/view/8437482e53ea551810a6f524ccbff121dd36c518.html.

[35] 百度文库. 腾讯区块链方案白皮书 [EB/OL]. [2018-1-14]. https://wenku.baidu.com/view/8437482e53ea551810a6f524ccbff121dd36c518.html.